中国艺术研究院基本科研业务费项目
"丝绸之路多元文明交流互鉴工作坊（2022年度）"
项目号2022-2-22

王国维与传统学术的现代转向

"丝绸之路多元文明交流互鉴工作坊"论文集

喻　静 ◎ 主编

文化藝術出版社
Culture and Art Publishing House

图书在版编目（CIP）数据

王国维与传统学术的现代转向："丝绸之路多元文明
交流互鉴工作坊"论文集 / 喻静主编. —北京：
文化艺术出版社, 2023.11
ISBN 978-7-5039-7530-1

Ⅰ.①王… Ⅱ.①喻… Ⅲ.①丝绸之路—文化交流—
文化史—世界—文集 Ⅳ.①K103-53

中国国家版本馆CIP数据核字(2023)第233554号

王国维与传统学术的现代转向
——"丝绸之路多元文明交流互鉴工作坊"论文集

主　编	喻　静
责任编辑	蔡宛若　田守强
责任校对	董　斌
书籍设计	赵　蠹
出版发行	文化藝術出版社
地　址	北京市东城区东四八条52号（100700）
网　址	www.caaph.com
电子邮箱	s@caaph.com
电　话	（010）84057666（总编室）　84057667（办公室） 　　　　84057696—84057699（发行部）
传　真	（010）84057660（总编室）　84057670（办公室） 　　　　84057690（发行部）
经　销	新华书店
印　刷	国英印务有限公司
版　次	2023年12月第1版
印　次	2023年12月第1次印刷
开　本	710毫米×1000毫米　1/16
印　张	15
字　数	240千字
书　号	ISBN 978-7-5039-7530-1
定　价	78.00元

版权所有，侵权必究。如有印装错误，随时调换。

目 录
CONTENTS

甲骨文商史研究120年
　　——从"罗王之学"到现代学术体系的形成　孙亚冰 …………001
"二重证据法"与王国维的史学实践　孙闻博 ………………022
断裂与重建：清华简"诗"类文献的文本与礼乐关系　凌 彤…034
试说周代金文中"姓＋某母"一类女子称谓
　　——王国维先生《女字说》志疑　苏 浩 ………………059
西北汉简所见汉代边郡基层官吏的选任与罢免
　　——以"伉健吏"为缘起　焦天然 ………………………069
王国维训诂学的成就和方法　郜同麟 …………………………093
王国维与清内阁大库档案　伍媛媛 ……………………………110
内阁大库中的清代录书史书起源新探　张一弛 ………………119
王国维的金石观　谷 卿 ………………………………………136
"传统"的发明
　　——"整理国故"运动与王国维"文学革命的先驱者"形象
　　建构　李浴洋 ………………………………………………153
王国维与现代中国"美术"观念的起源　谈晟广 ……………187
观堂与选堂　陈民镇 ……………………………………………208

甲骨文商史研究120年
——从"罗王之学"到现代学术体系的形成

孙亚冰

殷墟甲骨文自1899年被发现以来，已经有120年了，在这120年里，甲骨文为古文字学注入了新的活力，为中国上古史，尤其是殷商史研究，开辟了新纪元。甲骨文的发现，不仅坐实了商朝的存在，而且推动了考古学、古文献学的发展，将中国学术带入"释古""考古"的轨道，可谓是19世纪末20世纪初最伟大的发现之一。据统计，120年间，正式出版、发表的与甲骨学、殷商史相关的著作和论文大约有14000种，在古文字、殷商史研究等方面取得了丰硕成果。本文仅对120年间学界在利用甲骨文资料研究殷商史方面取得的成果做一简单总结。甲骨文是殷商史研究的第一手材料，也是最重要的材料，从无意发现到肆意乱挖再到科学发掘，材料数量逐渐增多，内涵也越来越丰富，促使殷商史研究的内容不断扩大并推陈出新，而科学规范的整理著录，则能达到方便科研、提升研究的效果。鉴于材料对殷商史研究的重要性，本文从甲骨文材料的重要发现和整理著录的角度切入，将120年的殷商史研究划分为三个阶段，每个阶段以介绍代表人物的重要成果为主，兼及其他学者的主要成果，以窥不同时代的研究风向。挂一漏万，不当之处，期望方家指正。

第一个阶段：从1899年到1927年

王懿荣1899年发现甲骨文，1900年遭逢庚子之变，自杀身亡，他虽然对甲骨没有深入研究，但作为金石学家，他已经认识到甲骨为"商代卜骨"，其文"在篆籀之前"[1]。1903年，刘鹗出版第一部甲骨文著录书《铁云藏龟》，发现祖先"以天干为名，实为殷人之确据也"[2]，并开始考订文字。1904年，孙诒让看到《铁云藏龟》后感叹："不意衰年睹兹奇迹，爱玩不已，辄穷两月力校读之……"完成了第一部甲骨文研究专著《契文举例》，是书分上下两卷十章，上卷八章：（一）日月；（二）贞卜；（三）卜事；（四）鬼神；（五）卜人；（六）官氏；（七）方国；（八）典礼。下卷两章：（九）文字；（十）杂例。此书虽然以文字考释为主，但上卷八章将卜辞内容归类分析，可见作者发掘卜辞隐含史实的努力，不过由于材料所限，孙氏所揭示的史实有限，而且对一些重要问题的看法出现了偏差，如认为"祖乙、祖丁、祖辛等见《史记·殷本纪》，皆商先王之号，但殷时尚质，尊卑不嫌同称，诸侯及臣民或亦得以甲乙为号"[3]，从而错失了与《史记·殷本纪》商王世系的对勘。

20世纪初，西学东渐，中国传统学术向现代学术转变，出现了各种思潮，其中影响最大的当数以胡适、顾颉刚为代表的疑古派，胡适"用《诗经》作时代的说明，丢开唐、虞、夏、商，径从周宣王以后讲起"[4]。顾颉刚提出著名的古史"层累造成说"，他们对文献记载的上古史充满怀疑。但疑古派在甲骨学等新发现面前，"遇到了巨大的挑战，简直足以在

---

[1] 王汉章：《古董录》，《河北第一博物院画报》第50期，1933年。
[2] 《铁云藏龟·自序》，抱残守缺斋石印本，1903年。
[3] 《契文举例·叙》，上海蟫隐庐石印本，1927年8月。
[4] 顾颉刚编著：《古史辨·自序》第1册，上海古籍出版社1982年版，第36页。

事实上拆毁它赖以建立的理念根基"①。

  王国维认为"疑古之过，乃并尧舜禹之人物而亦疑之。其于怀疑之态度及批评之精神，不无可取，然惜于古史材料，未尝为充分之处理也。吾辈生于今日，幸于纸上之材料外，更得地下之新材料，由此种材料，我辈固得据以补正纸上之材料，亦得证明古书之某部分全为实录，即百家不雅驯之言亦不无表示一面之事实，此二重证据法，惟在今日始得为之。虽古书之未得证明者，不能加以否定，而其已得证明者，不能不加以肯定，可断言也"②。王氏提出的"二重证据法"，纠正了疑古派的偏颇，引领中国学术走上了"释古""考古"的道路，其影响深远，至今仍被奉为出土文献研究的圭臬。王氏在提出"二重证据法"之前，已经进行了学术实践，他在《殷卜辞中所见先公先王考》及《续考》（1917）发现卜辞中的"高祖王亥"就是《史记·殷本纪》《史记·三代世表》中的"振"，《史记索隐》引《系本》作"核"，《世本·作篇》作"胲"，《汉书·古今人表》作"垓"，《楚辞·天问》作"该"，《吕氏春秋·勿躬篇》作"王冰"，"王亥"的故事还见于《山海经·大荒东经》《竹书纪年》等，王氏因此感叹："《山海经》一书，其文不雅驯，其中人物，世亦以子虚乌有视之。《纪年》一书，亦非可尽信者。而王亥之名竟于卜辞见之，其事虽未必尽然，而其人则确非虚构，可知古代传说存于周秦之间者，非绝无根据也。"③而近年问世的战国时代的清华简《保训》篇中，也记载了

---

① 刘梦溪主编：《中国现代学术经典》丛书"总序"，河北教育出版社1996年版，第26页。
② 王国维：《古史新证——王国维最后的讲义》，清华大学出版社1994年版，第2—3页。
③ 王国维：《殷卜辞中所见先公先王考》，载《观堂集林》第二册，中华书局1959年版，第416—417页。

与王亥相关的事迹，可见这一传说在当时确实很流行。王氏认为"传说之中亦往往有史实为之素地"①，对经典文献既不尽信，也不全盘否定，是真正的科学态度。他全面梳理先公先王称谓与世系，又发现"《史记》所述商一代世系，以卜辞证之，虽不免小有舛驳，而大致不误，可知《史记》所据之《世本》全是实录。而由殷周世系之确实，因之推想夏后世系之确实，此又当然之事也。又，虽谬悠缘饰之书如《山海经》《楚辞·天问》，成于后世之书如《晏子春秋》《墨子》《吕氏春秋》，晚出之书如《竹书纪年》，其所言古事亦有一部分之确实性，然则经典所记上古之事，今日虽有未得二重证明者，固未可以完全抹杀也"②。通过对商朝世系的研究，王氏不仅说明了文献记载渊源有自，而且证实了商朝的存在，并推测夏朝也非拟构。现在国内外有一部分学者仍然不相信夏朝的存在，最重要的原因就是没有发现像甲骨文一样的第一手文字证据。甲骨文使中国信史从周宣王向前提前了大约700年。

王国维除研究商王世系，还考订商代地名，研究殷代礼制，比较殷周制度差异，在《殷周制度论》（1917）一文中说："中国政治与文化之变革，莫剧于殷周之际。""周人制度之大异于商者，一曰立子立嫡之制……二曰庙数之制，三曰同姓不婚之制。"③这种观点与孔子周因于商礼，有所损益的看法不同，在当时的影响很大。但现在的研究证明，殷代与西周初年的文化差异不大，变革并不剧烈，而且殷代也有嫡庶之分，

---

① 王国维：《古史新证——王国维最后的讲义》，清华大学出版社1994年版，第1页。
② 王国维：《古史新证——王国维最后的讲义》，清华大学出版社1994年版，第52—53页。
③ 王国维：《殷周制度论》，载《观堂集林》第二册，中华书局1959年版，第451、453—454页。

宗法制度。尽管如此，王氏将殷商史研究引向政治制度、思想文化层面，拓展研究广度和深度，功不可没，而对文化制度方面的研究，至今仍方兴未艾。

王国维在殷商史领域之所以能推陈出新，离不开罗振玉对甲骨文材料的大力搜集和刊布。罗氏从1906年开始搜集甲骨，1909年在得知甲骨出自安阳小屯后，就派人或亲自前往小屯探访，尽力搜购，并出版了《殷虚书契》(1913)、《殷虚书契菁华》(1914)、《铁云藏龟之余》(1915)、《殷虚书契后编》(1916)、《殷虚古器物图录》(1916)等，"甲骨自出土后，其搜集保存传播之功，罗氏当居第一，而考释之功亦深赖罗氏"[①]。罗氏的考释见于《殷商贞卜文字考》(1910)、《殷虚书契考释》(1915，增订本1927年)，罗氏释出"报乙、报丙、报丁、示壬、示癸、大乙"等，也启发了王国维的考证。

这一阶段，研究者还有王襄、叶玉森、商承祚、余永梁、林泰辅、内藤虎次郎、明义士、沙畹、金璋、方法敛、库寿龄等，但取得成绩最大、影响最深远的当数罗、王二氏。

第二个阶段：从1928年到1977年

第一阶段的研究所利用的甲骨材料全部为非科学发掘品，1928年中研院史语所在安阳进行考古发掘，揭开了科学发掘甲骨的帷幕。中研院1928—1937年共发掘15次，得甲骨24918版；河南民俗博物院1929年、1930年发掘3次，得甲骨3656版；中国社科院考古所在解放后殷墟的历次发掘中，出土甲骨数量最多的是1973年小屯南地的发掘，得甲骨5335

[①] 郭沫若：《中国古代社会研究》，人民出版社1954年版，第170页。

版。科学发掘不仅极大地丰富了商代文字、物质方面的史料，而且有利于将甲骨材料与考古地层、区位相结合，为分期断代提供科学依据，比如小屯南地的发掘确定了师组卜辞属于早期，而1976年妇好墓的发掘也为历组卜辞提前说提供了证据。

董作宾参与史语所发掘，负责整理甲骨资料，先后发表了《商代龟卜之推测》(1929)、《大龟四版考释》(1931)、《甲骨文断代研究例》(1933)、《骨文例》(1935)等重要论文。他在《商代龟卜之推测》《骨文例》中利用定位法研究卜辞的行款走向、刻写规律，对正确释读卜辞至关重要；在《大龟四版考释》中发现了"贞人"，认为通过贞人可以定卜辞时代，提出了卜辞断代八项标准；在《甲骨文断代研究例》中，将八项标准修改增加为十项标准，分别是：（一）世系；（二）称谓；（三）贞人；（四）坑位；（五）方国；（六）人物；（七）事项；（八）文法；（九）字形；（十）书体。依据这些标准，将卜辞按王世划分为五期：

第一期　武丁及其以前（盘庚、小辛、小乙）
第二期　祖庚、祖甲
第三期　廪辛、康丁
第四期　武乙、文丁
第五期　帝乙、帝辛

"五期说"可谓凿破鸿蒙，是甲骨文发现以后最为系统的断代研究，具有里程碑意义。尽管董氏后来又提出新旧派学说，误将师组、子组、午组卜辞归为"文丁卜辞"，但瑕不掩瑜，"五期说"的开创，使大多数甲骨都变成了有时代的文献材料，推动殷商史研究进一步细化。

抗战期间，董作宾完成了《殷历谱》(1945)，是书探讨殷代历法，将各种卜辞排列成谱，在这个过程中，他发现了"五祀统"，即周祭卜辞。周祭是商代祭祀的一大特点，按固定的祀序祭祀先王和直系先王配偶，一个祭祀周期相当于一个太阳年，通过对周祭祀谱的复原，可以大致确定时王的在位年代，以及某些事件发生的具体时间，"夏商周断代工程"在研究帝乙、帝辛的年代时，就充分利用了周祭卜辞。董氏之后，研究周祭卜辞的有陈梦家、岛邦男、许进雄、常玉芝等，祀谱复原尽管越来越完善，但现在发现还有研究空间，仍需要持续不断的研究。《殷历谱》研究帝辛日谱，绘制帝辛十祀征人方往返路线图，《左传·昭公十一年》云"纣克东夷而陨其身"，可见征人方是帝辛时代的一件大事，这次战争涉及一组能系联的地名，是研究商代地理的突破口。不过，商代地理虽然研究者众多，但大多数地名的地望至今仍难定案。

同样参加殷墟发掘并整理过甲骨的胡厚宣，在商史研究方面尤为努力。甲骨文包括记事刻辞和卜辞两部分，"大小巨细，几无事不可以征之。方今古史之学，旧籍文献，时代较晚，真伪杂糅，众说淆乱；史前考古，方在萌芽，虽有所获，终无体统。惟商史研究，赖有甲骨文字，前途最有可期"[1]。胡氏志在利用"二重证据法"，借助甲骨文等材料，重建"殷商新史"，"解决甲骨学殷商史上的重要问题，如殷代的封建制度、婚姻家族宗法制度、农业、气候、方国、天神、图腾崇拜、五方观念、疾病梦幻、四方风名、奴隶暴动、人祭人殉、刑法暴政及祖名下乙等等"[2]。胡文集中见于《甲骨学商史论丛初集》第四册（1944）及《二集》

---

[1] 胡厚宣：《甲骨学商史论丛初集·自序》，成都齐鲁大学国学研究所专刊之一，1944年。
[2] 胡厚宣：《古代研究的史料问题》，云南人民出版社2005年版，第116页。

上、下册（1945）。其中最饶有趣味的是"四方风名"的发现，"四方风名"最早见于善斋骨版，郭沫若以为伪刻，胡氏在 YH127 坑出土的一版龟腹甲上发现了相同的记载，判定善斋骨版不伪，并在《山海经》《尧典》等书中找到了相关资料，从而又证明了荒诞不经的文献中隐含有上古史影，杨树达云"昔王静安以《楚辞》《山海经》证王恒、王亥，举世莫不惊其创获。及君此文出，学者又莫不惊叹，谓君能继王君之业也"[①]。"四方风名"与商人的宇宙观、四季概念等密切相关，为学界所津津乐道，后继研究者众多，如杨树达、陈邦怀、于省吾、严一萍、林沄、裘锡圭、李学勤、饶宗颐、冯时、常正光、郑慧生、连劭名、松丸道雄、李家浩、蔡哲茂、魏慈德、曹锦炎、江林昌等。

胡厚宣在研究中发现甲骨文"材料出土日多，零星片段，搜集为难。而考字释文，必遍索十余万片之模糊影拓摹本，其工作亦诚为烦苦。学者苟不悉心耐性，奋力攻求，盖鲜有不流为断章取义，以臆为说，而终陷于穿凿附会之境也"[②]。他认为要想避免断章取义、穿凿附会之弊端，就必须要得见更多的材料，于是发奋搜集国内外公私藏品，出版了《厦门大学所藏甲骨文字》（1944）、《甲骨六录》（1945）、《战后平津新获甲骨集》（1946）、《战后宁沪新获甲骨集》（1951）、《战后南北所见甲骨录》（1951）、《战后京津新获甲骨集》（1954）、《甲骨续存》（1955）等著录书。胡氏所见甲骨之多，达到当时所知全部材料的十之八九，不仅如此，他对这些甲骨流传情况亦如数家珍，无人能及。

---

① 杨树达：《战后京津新获甲骨集·序》，载胡厚宣《战后京津新获甲骨集》，群联出版社 1954 年版。
② 胡厚宣：《甲骨学商史论丛初集·自序》，成都齐鲁大学国学研究所专刊之一，1944 年。

郭沫若于20世纪20年代末开始研究甲骨文、金文及中国上古史，并异军突起。他1930年出版的《中国古代社会研究》，欲用中国史料续写恩格斯的《家庭、私有制和国家的起源》，此书是第一部运用马克思主义理论系统阐述中国历史的著作。在第三篇"卜辞中的古代社会"中，郭氏道："中国学者，特别是研究古文字一流的人物，素少科学的教养，所以对此绝好的史料，只是零碎地发挥出好事家的趣味，而不能有系统的科学的把握。……在这种封建观念之下所整理出来的成品，自然是很难使我们满足的。"[1]他通过分析卜辞、金文、文献所反映的生产状况和社会组织，认为商代属于氏族社会末期。后来，在《殷周是奴隶社会考》(1942)、《十批判书·古代研究的自我批判》(1944)、《奴隶制时代》(1952)中将殷代又确定为奴隶社会。郭沫若参与了30年代的中国社会史论战（编按：张越先生2022年11月在古代史所举办的"《中国古代社会研究》与中国马克思主义史学的形成"讲座中谈到，郭著在社会史论战中被批判，郭本人是被动参与，他当时在埋头研究古文字，没有主动参与论战），以及解放后的古史分期讨论，是马克思主义史学的领军人物。在他的带领下，学界展开了商代社会性质的论战，有同意商代为奴隶制的，但所处阶段说法不一[2]；有认为殷代尚处于原始氏族社会后期军事民主制阶段的。[3]为了讨论商代社会性质，学界又掀起了对"众"、人祭、人殉等身份的辩论，以及商代家族、婚姻、祭祀、继承、官僚制度等问题的探讨。马克思主义曾为商史研究提供过新方法和新理论，发挥

---

[1] 郭沫若：《中国古代社会研究》，人民出版社1954年版，第172页。
[2] 参见孙海波《从卜辞试论商代社会性质》，《开封师院学报》创刊号，1956年。
[3] 参见于省吾《从甲骨文看商代社会性质》，《东北人民大学人文科学学报》1957年第2、3期合刊；又《驳唐兰先生"关于商代社会性质的讨论"》，《历史研究》1958年第8期。

过积极作用，但由于"文革"期间教条化和政治化研究的泛滥，使得改革开放后该方法理论逐渐衰落。

郭沫若在商史研究方面的贡献还有很多，如将卜辞中的"戋甲""羌甲""䍃甲"与文献中的"河亶甲""沃甲""阳甲"分别对应，纠正了以往的错误看法；发现卜辞只祭祀直系先王的配偶，"有妣名者为王统之直系，其属于旁系者则无之"[①]；创造了地名系联法，将商代地理研究从孤立地名研究提升到群组地名研究，并发现了"沁阳田猎区"。地名系联法经后人逐步完善，已成为商代地理研究的主要方法。郭氏编纂甲骨著录书，将卜辞按内容分为八大类："一、干支；二、数字；三、世系；四、天象；五、食货；六、征伐；七、畋游；八、杂纂"。这样的编排方法既体现卜辞的内在联系，又方便学者做专项研究，为后来著录书提供借鉴。

这一阶段，科学发掘的甲骨和传世的甲骨数量激增，各种著录书不断问世，国内外学界也认识到，利用甲骨文研究商代史前途无量，所以纷纷加入这一行列，甲骨学成为一门国际显学，商史研究范围扩大，名家辈出，成果丰硕，除上举董、胡、郭的贡献外，还有[②]徐中舒考证农业工具耒耜及殷人服象[③]；吴其昌考证"伐"为人祭[④]；朱芳圃利用卜辞撰写

---

① 郭沫若：《卜辞通纂·序》，载《郭沫若全集·考古编》第二卷，科学出版社2002年版，第2页。
② 这里只择要列举与殷商史有关的成果。本阶段出版、发表的专著、论文，更详细的情况参见宋镇豪主编《百年甲骨学论著目》"编年索引"，语文出版社1999年版，第650页。
③ 参见徐中舒《耒耜考和殷人服象及象之南迁》，《国立中央研究院历史语言研究所集刊》第2本第1分，1930年。
④ 参见吴其昌《殷代人祭考》，《清华周刊》第37卷第9、10期合刊·文史专号，1932年。

商史[1]；唐兰开创卜辞结构分析法[2]；吉卜生考察卜辞中的农业、田猎、音乐等[3]；魏特夫研究商代气象卜辞[4]；德效骞利用月食卜辞考证商朝年代[5]；周鸿翔整理美国所藏甲骨，结合史籍与甲骨文补写殷帝王本纪[6]；饶宗颐搜集欧美亚甲骨，提出"分人研究法"，将卜人做通体研究[7]；池田末利、赤冢忠研究商代祭祀与宗教[8]；张政烺分析商代十进制氏族组织及农业耕

---

[1] 参见朱芳圃《甲骨学商史编》，中华书局1935年版。
[2] 参见唐兰《卜辞时代的文学和卜辞文学》，《清华学报》第11卷第3期，1936年。
[3] 参见［英］吉卜生（Harry E. Gibson）《商代的交通》（Communication in China During the Shang Period），《中国杂志》1937年第26卷第5期（*China Journal of Science and Arts*,Vol.26,No.5,1937）；《从商代甲骨卜辞看商代农业》（Agriculture in China During the Shang Period: from Information Collected from the Inscribed Shang Bone），《中国杂志》1937年第26卷第6期（*China Journal of Science and Arts*,Vol.26,No.6,1937）；《商代的田猎》（Hunting During the Shang Period），《中国杂志》1937年第27卷第6期（*China Journal of Science and Arts*, Vol.27,No.6,1937）；《商代的家畜和祭祀》（Domesticated Animals of Shang and their Sacrifice），《亚洲学会杂志》1938年第69期（*Journal of the North China Branch of the Royal Asiatic Society*,No.69,1938）。
[4] 参见［德］魏特夫（Karl August Wittfogel）《商代卜辞中之气象纪录》（Meteorological Records from the Divination Inscriptions of Shang），《地理评论》1940年第30卷第1期（*Geographical Review*, Vol.30,No.1,1940）。
[5] 参见［美］德效骞（Homer H. Dubs）《商代的年代》（The Date of the Shang Period），《通报》1951年第40卷第4、5期（*T'oung Pao*,Vol.40,Livr.4/5,1951）；《商代的年代：后记》（The Date of the Shang Period :A Postscript），《通报》1953年第42卷第1—2期（*T'oung Pao*, Vol.42,Livr.1/2,1953）。
[6] 参见［美］周鸿翔《商殷帝王本纪》，香港，1958年。
[7] 参见饶宗颐《殷代贞卜人物通考》，香港大学出版社1959年版。
[8] 相关文章分别收入［日］池田末利《中国古代宗教史研究——制度与思想》，日本东京东海大学出版会1981年版；［日］赤冢忠《中国古代的宗教和文化——殷王朝的祭祀》，日本东京角川书店1977年版。

作方式①；鲁实先讨论殷历②；丁山探讨商代的氏族与方国③；于省吾讨论商代社会性质和交通制度等④；白川静研究商代宗族和社会⑤；贝冢茂树整理京都大学甲骨，区别出"王族""多子族"卜辞⑥；李学勤研究卜辞地理，提出"非王卜辞"的概念以及历组卜辞提前说⑦；金祥恒考察商代祭祀⑧；裘锡圭研究商代五刑⑨；张光直主张商代王位继承为"乙丁制"⑩；松丸道雄、黄然伟研究田猎卜辞等⑪；许进雄整理加拿大甲骨，致力周祭卜辞和

---

① 参见张政烺《古代中国的十进制氏族组织》，《历史教学》1951年第2卷第3、4、6期；《甲骨文"肖"与"肖田"》，写于1963年5月，发表于《历史研究》1978年第3期；《卜辞裒田及其相关诸问题》，《考古学报》1973年第1期。此后还有对"尊田""土田"的研究，参见《张政烺文史论集》，中华书局2004年版。
② 参见鲁实先《殷历谱纠谲》，台湾中央书局1954年版。
③ 参见丁山《甲骨文所见氏族及其制度》，科学出版社1956年版。书中第二部分是未完稿"殷商氏族方国志"。
④ 参见于省吾《殷代的交通工具和驲传制度》，《东北人民大学人文科学学报》1955年第2期。
⑤ 相关文章都收入《白川静著作集》的"甲骨文と殷史"和"甲骨金文学论丛"卷，日本平凡社2000年版和2008年版。
⑥ 参见[日]贝冢茂树《京都大学人文科学研究所藏甲骨文字》图版、本文篇和索引，1959—1968年。
⑦ 参见李学勤《评陈梦家殷虚卜辞综述》，《考古学报》1957年第3期；《帝乙时代的非王卜辞》，《考古学报》1958年第1期；《殷代地理简论》，科学出版社1959年版；《论"妇好"墓的年代及有关问题》，《文物》1977年第11期。
⑧ 参见金祥恒《卜辞中所见殷商宗庙及殷祭考》（上、中、下），《大陆杂志》1960年第20卷第8、9、10期；《殷商祭祀用牲之来源说》，载《中国文字》第8册，1962年；《甲骨文"出日、入日"说》，载《中国文字》第26册，1967年。
⑨ 参见赵佩馨《甲骨文中所见的商代五刑》，《考古》1961年第2期。
⑩ 参见张光直《商王庙号新考》，《"中央研究院"民族学研究所集刊》1963年第15期。
⑪ 参见[日]松丸道雄《关于殷墟卜辞中的田猎地——为研究殷代的国家构造》，载《东洋文化研究所纪要》第31册，1963年；黄然伟《殷王田猎考》（上、中、下），载《中国文字》第14、15、16册，1964年12月、1965年3月、6月。

钻凿形态的研究[①]；张聪东通过古文字考察商代祭祀及宗教[②]；吉德炜否定命辞为疑问句，研究商代历史文化[③]；林沄发现卜辞中的铸铜史料[④]；司礼义探究正反对贞卜辞的规律及隐含的意愿倾向[⑤]；伊藤道治研究中国王朝的形成[⑥]；曾毅公、郭若愚、张秉权、桂琼英、严一萍等缀合甲骨，提供更完整的史料；陈梦家、岛邦男对卜辞断代和商代的祖先、人物、祭祀、历法、农业、方国、地理等做综合研究。[⑦]

第三个阶段：从1978年至今

这个阶段，出版的重要著录书有《甲骨文合集》（1978—1983）、《怀特氏等收藏甲骨文集》（1979）、《小屯南地甲骨》（1980、1983）、《东京

---

① 参见许进雄《殷卜辞中五种祭祀的研究》，《台湾大学文史丛刊》之二十六，1968年；《卜骨上的凿钻形态》，台湾艺文印书馆1973年版。
② 参见[德]张聪东《甲骨文所见商朝的祭祀：中国上古宗教之古文字学的研究》（*Der Kult der Shang-Dynastie im Spiegel der Orakelinschriften:Eine Palaographische Studie Zur Religion im Archaischen China*），德国法兰克福威斯巴顿哈拉索维茨出版社1971年版。
③ 参见[美]吉德炜（David Keightley）《释贞——关于商代占卜性质的一个新假设》（*Shih Chen: A New Hypothesis about the Nature of Shang Divination*），美国加利福尼亚蒙特雷太平洋海岸亚洲学会讨论会论文，1972年；《商代史料——中国青铜时代的甲骨文》（*Sources of Shang History: The Oracle Bone Inscriptions of Bronze Age China*），美国加利福尼亚大学出版社1978年版。
④ 参见燕耘《商代卜辞中的冶铸史料》，《考古》1973年第5期。
⑤ 参见[美]司礼义（Paul Serruys）《商代卜辞语言研究》（*Studies in the Language of the Shang Oracle Bone Inscriptions*），《通报》1974年第60卷第1—3期（*T'oung Pao*, Vol.60, Livr.1/3, 1974）。
⑥ 参见[日]伊藤道治《中国古代王朝的形成——以出土资料为中心的殷周史的研究》，日本创文社1975年版。
⑦ 参见陈梦家《殷虚卜辞综述》，科学出版社1956年版；[日]岛邦男《殷墟卜辞研究》，日本弘前大学文理学部中国学研究会发行，1958年。

大学东洋文化研究所藏甲骨文字》(1983)、《英国所藏甲骨集》(1985、1992)、《法国所藏甲骨录》(1985)、《天理大学附属天理参考馆藏品·甲骨文字》(1987)、《苏德美日所见甲骨集》(1988)、《德瑞荷比所藏一些甲骨录》(1997)、《甲骨文合集补编》(1999)等；进入21世纪，甲骨著录方式出现改进，多采用拓片、彩照、摹本三位一体的著录方式（有的没有摹本或拓本，彩照有的带反面或侧面），提高了材料的准确度和立体感，如《殷墟花园庄东地甲骨》(2003，2016年修订本)、《中国国家博物馆藏文物研究丛书·甲骨卷》(2007)、《殷墟甲骨辑佚——安阳民间藏甲骨》(2008)、《北京大学珍藏甲骨文字》(2008)、《史语所购藏甲骨集》(2009)、《中国社会科学院历史研究所藏甲骨集》(2011)、《俄罗斯国立爱米塔什博物馆藏殷墟甲骨》(2013)、《殷墟小屯村中村南甲骨》(2012)、《旅顺博物馆所藏甲骨》(2014)、《殷墟甲骨拾遗》(2015)、《卡内基博物馆所藏甲骨研究》(2015)、《重庆三峡博物馆藏甲骨集》(2016)、《典雅劲健：香港中文大学藏甲骨集》(2017)、《符凯栋所藏殷墟甲骨》(2018)、《复旦大学藏甲骨集》(2019)、《安阳博物馆藏甲骨》(2019)等。另外，还有史语所、中国国家图书馆等网站公布的甲骨信息。各种工具书，如文字编、文字诂林、内容类纂、论著目等则是商史研究的必要补充。值得一提的是，随着科学技术的进步，电子技术和网络资源越来越发达，在资料搜索方面，学界也越来越倚重于快捷高效的电子资源。

1978—1983年大型著录书《甲骨文合集》（以下简称《合集》）陆续出版，此书选录甲骨41956片，按五期分法编排，每期又按卜辞主要内容分为4大类21小类（个别期类目不全），即：

一、阶级和国家

1.奴隶和平民；2.奴隶主贵族；3.官吏；4.军队、刑罚、监狱；5.战争；6.方域；7.贡纳

二、社会生产

8.农业；9.渔猎、畜牧；10.手工业；11.商业、交通

三、思想文化

12.天文、历法；13.气象；14.建筑；15.疾病；16.生育；17.鬼神崇拜；18.祭祀；19.吉凶梦幻；20.卜法；21.文字

四、其他

在具体问题处理上，《合集》充分利用了学界的研究成果，如"'祭祀'类所收各片系只存祭名而残缺其余内容者，一般按不同的祭名分别集中排列。而第二、五期出现规律性的祭祀形式，本书对此类卜辞则另按其固有规律排列，以便于人们继续深入研究之用"。"'同文卜辞'（亦即所谓'成套'卜辞）中的各片，均按兆序数字从小到大排列，以体现各版原来占卜时的顺序。"[①] 从这些编排设计看，《合集》的确"为古代社会研究提供了一部丰富的'资料汇编'"[②]，厥功至伟，在没有索引的情况下，很方便学者汇集数据进行专题研究。以今天的研究水平看，《合集》有这样或那样的失误，但在当时的研究条件下，能将所见到的材料都搜集起来，再进行去重、缀合、分类等烦琐工作，《合集》工作组确实是倾尽了全力。通过《合集》的编纂，也培养了一批商史专家，如王贵民、萧良琼、谢济、孟世凯、齐文心、张永山、杨升南、彭邦炯、王宇

---

① 郭沫若主编：《甲骨文合集·序》，中华书局1978—1983年版。
② 郭沫若主编：《甲骨文合集·前言》，中华书局1978—1983年版。

信、罗琨、常玉芝等，他们在商代政治、经济、军事、社会结构、地理、医学、农业、官僚、礼制、祭祀、历法、断代等方面都做出了卓越贡献。传承有续，2010—2011年由宋镇豪主持，以历史所科研力量为主撰写而成的十一卷本《商代史》出版，此书利用文字、文献、考古等材料，考察了商代的人物、国家社会、都邑、经济、科技、生活礼俗、宗教祭祀、战争军制、地理方国、商族起源、先商社会和殷遗殷监，涵盖了商代历史的主要方面，是一部集大成性的断代史著作。

李学勤1977年正式提出历组卜辞提前说，说明同一个王世可以有多种卜辞，同一种卜辞未必限于同一个王世。在此基础上，他又进一步提出了"两系说"，将王卜辞分为两个系统：宾组—出组—何组—黄组；师组—历组—无名组。[①]林沄对"两系说"进行补正，认为这两个演进序列是由师组卜辞分化而来，最后又合流为黄组卜辞，它反映的不是当时有两个占卜机构，而是王室占卜集团因师承关系形成了不同流派。[②]此后，学界对卜辞进行更细致的分类，进一步完善该学说。根据甲骨出土位置，两系又被称为"村北系"和"村中、南系"。李学勤2008年分析征夷方卜辞，将"村中、南系"的演变序列修改为：师历间组—历组—无名组—无名组晚期。认为"无名组晚期"的时代一直下延到帝辛时期。[③]"历组卜辞提前说"提出后，学界进行了热烈的讨论，支持者有裘锡圭、林沄、李先登、黄天树、彭裕商等，反对者有张永山、罗琨、陈炜湛、林小安、谢济、严一萍等，刘一曼、曹定云主要从考古地层的角度论证历

---

① 参见李学勤《西周甲骨探论·序》，载王宇信《西周甲骨探论》，中国社会科学出版社1984年版。
② 参见林沄《古文字研究》（第九辑），中华书局1984年版。
③ 参见李学勤《帝辛征夷方卜辞的扩大》，《中国史研究》2008年第1期。

组不能提前，林沄则反对以考古地层作为历组断代的依据。在2019年安阳召开的"纪念甲骨文发现120周年国际学术研讨会"上，围绕这个问题又展开了激烈的争论。① 不管怎样，"历组卜辞提前说"以及"两系说"都开创了甲骨文断代的新时期，这实际上也是甲骨文史料的重新"洗牌"，"两系说"在文字考证、语法研究、历史研究等方面，发挥着重要作用。

李学勤1957年在贝冢茂树、陈梦家研究的基础上，提出了非王卜辞的概念，认为非王卜辞的问疑者不是王，从而改变了以往认为卜辞全部属于商王的看法，虽然也有学者对此提出疑问，但1991年殷墟花园庄东地以及2003年济南大辛庄甲骨文的发现，证明了非王卜辞确实存在。非王卜辞是研究商代贵族家族内部构成以及贵族与商王关系的直接史料。林沄认为非王卜辞的占卜主体是男性家族首脑，称其为"子卜辞"，黄天树认为"非王卜辞"的内涵更宽泛、更科学。② 非王卜辞的研究者还有彭裕商、常耀华、刘一曼、蒋玉斌等。殷墟非王卜辞的种类很多，最主要的九大类：子组、午组、妇女类、圆体类、劣体类、刀卜辞、侯南类、屯西类、花东类，时代有武丁时代的，也有廪辛—武乙时代的。③ 2015—2016年，殷墟大司空J25出土了7版刻辞卜甲，这很可能是武丁时代的又一种非王卜辞。④

---

① 最新讨论，持反对意见的参见常玉芝《殷墟甲骨断代标准评议》（一）（二），载宋镇豪主编《甲骨文与殷商史》新8、9辑，上海古籍出版社2018、2019年版；曹定云《论历组卜辞时代争论与"两系说"使命之终结》，《殷都学刊》2020年第1期。
② 参见林沄《从武丁时代的几种"子卜辞"试论商代的家族形态》，载吉林大学古文字研究室编《古文字研究》第1辑，中华书局1979年版；黄天树《谈谈"非王卜辞"研究中的一些问题》，载中国古文字研究会、河南大学甲骨学与汉字文明研究所编《古文字研究》第33辑，中华书局2020年版。
③ 参见蒋玉斌《殷墟子卜辞的整理与研究》，博士学位论文，吉林大学，2006年。
④ 参见岳洪彬、岳占伟《安阳殷墟大司空村东南地2015—2016年发掘报告》，《考古学报》2019年第4期。

李学勤在甲骨分期和史料性质区分方面贡献很大，推动了相关研究。除此外，他在商代地理、亲族制度、商文明特征与传播、商代晚期年代确定等方面也都有不赏之功。

裘锡圭研究商代史的方法是先考释文字，再结合文献、考古学、民族学等材料进行论证。如通过考释甲骨文"刖""剭"，说明商代有刖刑和宫刑；通过考证"庸""丰""鼗""竽""万"等字，揭示了商代的众多乐器名称以及商代的万舞，为研究古代音乐史增添史料；通过对"勿""发"等字含义的诠释，说明商代还未出现牛耕、商代祭祀有射牲之礼；通过考释"褮"字，证明商代有焚烧女巫、女奴、尪人进行求雨的历史，结合《山海经》等文献，发现卜辞中还有作土龙求雨的史料；通过考证"塾""阜"字，解读卜辞中与建筑有关的史料；结合考古数据与甲骨文"黍""脲""雍"等字的考释，全面考察商代的农作物、农业生产工具和农业生产过程，说明当时的生产水平还比较低下，耕作方式主要采用撂荒制；结合文献与甲骨文"帝""介"等字的考释，说明商代确有嫡庶观念，商代存在与周代类似的宗法制度，卜辞中的"多生"即文献中的"百姓"，指王族族人，卜辞中狭义的"众"指排斥在宗族组织之外的商族平民，相当于周代国人下层的平民，是为商王服农业生产劳役的主要力量，并非奴隶；通过对卜辞中"田""牧""卫"等职官的研究，论证"侯""甸""男""卫"等诸侯名称起源于职官名称；考证"奠"字的含义，揭示商王处置臣服者的方法——将他们奠置在鄙野之地，为商王提供各种服务；在亲属称谓方面，将"毓"读为"戚"、"丁"读为"嫡"、"姛"读为"姊"，这些见解对正确理解商代的祭祀制度、家族制度有重要意义；在历法方面，考证时称"昏"，解读"甲子乡乙丑"的含义，释"木月""林月"为"生月"，论证商代历法有连大月和连小月的配置，将所谓的"廿祀"纠正为"曰祀",为晚商年代的确定提供文字证据。此外,他还发现商代有逆祀现象,有瞽人,殷人对白马很重视等。商周史研究有别于后代历史,它非常依赖文字考据,不懂文字的商周史研究是很难取得成功的,裘氏将文字考证与商史研究完美结合,使商史研究更上一层楼。

裘锡圭的论文多收在《裘锡圭学术文集》,除了文字考释、商史研究外,裘氏在历组卜辞的断代、命辞性质、卜辞结构、甲骨文特殊写法、卜辞语法、缀合等方面也都有巨大的贡献。

这个阶段,甲骨文著录大量问世,重要的材料基本上都已出版,甲骨分期的讨论、甲骨缀合、新释文字、考古发掘、科技手段的增加,都使得相关问题得以深度探讨,从而带动商史研究不断发展。商史研究的情况,再举一些例子[①]：张政烺发现并研究商周时代的筮法[②]；林沄通过子卜辞研究商代的家族,通过"比"字的考释,确定商代为方国联盟[③]；姚孝遂研究商代俘虏和田猎等[④]；温少锋、袁庭栋研究商代的科技[⑤]；常玉芝专精商代历法和祭祀[⑥]；朱凤瀚结合甲骨、金文和考古资料研究商代家族

[①] 参见《百年甲骨学论著目》和《中国考古学年鉴》的"甲骨文、金文研究综述",这里只择要列举部分成果。
[②] 参见张政烺《张政烺文史论集》,中华书局2004年版。
[③] 参见林沄《林沄文集》,上海古籍出版社2020年版。
[④] 参见姚孝遂《商代的俘虏》,载吉林大学古文字研究室编《古文字研究》第1辑,中华书局1979年版；《甲骨刻辞狩猎考》,载四川大学历史系古文字研究室编《古文字研究》第6辑,中华书局1981年版。
[⑤] 参见温少锋、袁庭栋编著《殷墟卜辞研究——科学技术篇》,四川省社会科学院出版社1983年版。
[⑥] 参见常玉芝《商代周祭制度》,中国社会科学出版社1987年版；《商代周祭制度》(增订本),线装书局2009年版；《殷商历法研究》,吉林文史出版社1998年版。

形态[1]；末次信行研究商代气象卜辞[2]；杨升南探讨商代经济[3]；宋镇豪研究商代的建筑、婚姻、交通、饮食、服饰、农业礼俗、习俗、疾患、宗教信仰等[4]；彭邦炯钻研商代方国、农业、医学等[5]；罗琨、张永山探讨商代军事[6]；晁福林研究商代祭祀和社会[7]；夏含夷探讨卜辞的细微断代法，借此系联史料[8]；赵林研究商代的亲属制度[9]；黄天树梳理卜辞中的丧葬、园囿、城邑、时称、气象等史料[10]；魏慈德整理过YH127坑甲骨中的史料[11]；陈逸文研究过农业卜辞[12]；韩国学者赵容俊、具隆会研究商代的巫术和神灵崇拜[13]；王子杨发现甲骨文中记载的流星雨现象[14]；蔡哲茂、李宗焜、赵鹏、韩江苏、张惟捷、古育安、林宏明等对商代人物做研究；刘钊、张宇卫、李发等探讨军事卜辞；陈炜湛、杨杨、刘风华、葛亮等讨论田猎

---

[1] 参见朱凤瀚《商周家族形态研究》，天津古籍出版社1990年版及2004年版（增订本）。
[2] 参见［日］末次信行《殷代气象卜辞之研究》，日本玄文社1991年版。
[3] 参见杨升南《商代经济史》，贵州人民出版社1992年版。
[4] 参见宋镇豪《夏商社会生活史》，中国社会科学出版社1994年版及2005年版（增订本）。
[5] 参见彭邦炯《甲骨文农业资料考辨与研究》，吉林文史出版社1997年版；《甲骨文医学资料释文考辨与研究》，人民卫生出版社2008年版。
[6] 参见罗琨、张永山《中国军事通史·第一卷：夏商西周军事史》，军事科学出版社1998年版。
[7] 参见晁福林《夏商西周史丛考》，商务印书馆2018年版。
[8] 参见［美］夏含夷《古史异观》，上海古籍出版社2005年版。
[9] 参见赵林《殷契释亲——论商代的亲属称谓及亲属组织制度》，上海古籍出版社2011年版。
[10] 参见黄天树《古文字研究——黄天树学术论文集》，人民出版社2018年版。
[11] 参见魏慈德《殷墟YH127坑甲骨卜辞研究》，台湾花木兰文化出版社2011年版。
[12] 参见陈逸文《商代农业卜辞研究》，硕士学位论文，台湾政治大学，2007年。
[13] 参见［韩］赵容俊《殷商甲骨卜辞所见之巫术》，台湾文津出版社有限公司2003年版；《殷商甲骨卜辞所见之巫术》（增订本），中华书局2011年版；［韩］具隆会《甲骨文与殷商时代神灵崇拜研究》，中国社会科学出版社2013年版。
[14] 参见王子杨《武丁时代的流星雨记录》，《文物》2014年第8期。

卜辞；钟柏生、郑杰祥、齐文心、曹定云、王恩田、王蕴智、赵平安、沈建华、刘桓、孙亚冰、门艺、陈絜等研究商代地理和方国；葛英会、连劭名、郑慧生、刘源、李立新、谭步云、章秀霞、姚萱等利用卜辞考索商代祭祀、礼制、风俗，而陈剑、沈培、蒋玉斌、王子杨、周忠兵、谢明文、方稚松、何景成、宋华强、单育辰等在进行文字考释时，也都涉及相关的商史问题，并多有发明。[①]

李学勤在甲骨文发现一百周年时，曾为未来的甲骨学研究列举了七个大课题：文字研究、卜法文例研究、缀合排谱研究、礼制研究、地理研究、非王卜辞研究和西周甲骨研究。[②] 20年过去了，这七个课题都取得了骄人成绩。不过，当前的甲骨学研究，比较偏重甲骨缀合和文字考释，殷商史研究力量则较为薄弱，这或许与甲骨文的材料特征有关，三分之二的文字还未释出，大多数材料没有记录时间，不能有效地排列成连续的史料，这些因素严重阻碍商史研究。当然，商史研究范围很广，也不能只局限于甲骨文，张光直在《商文明》中总结商史研究的五种途径：一、传统历史文献；二、青铜器；三、卜甲和卜骨；四、考古学；五、理论模式。综合利用这五种途径，当是未来商史研究的康庄大道。

（作者单位：中国社会科学院古代史研究所）

[①] 相关研究可查阅每年的《中国考古学年鉴·甲骨文金文研究综述》和中国知网。朱凤瀚先生1997年对近百年的甲骨文研究做过非常详细的总结，读者也可参见《近百年来的殷墟甲骨文研究》,《历史研究》1997年第1期。
[②] 参见李学勤《甲骨学的七个课题》,《历史研究》1999年第5期。

"二重证据法"与王国维的史学实践

孙闻博

一、问题的提出

1925年，王国维在清华国学研究院讲授《古史新证》，并提出"二重证据法"。这是王氏在疑古思潮冲击下，申诉传世材料于古史研究中的有效性而表达的认识，而且仅限于有限的几种文字材料。随后，现代考古学兴起，围绕这一方法的评价变动便已产生。当时对史料态度有革命性变化的学人包括胡适、傅斯年、顾颉刚、李济等。李济反复声明耽溺于文字史料是过时的，并强调要得到"整个的知识"。[①]

近年，有关"二重证据法"的反思性探讨，一度较为集中。一般认为不应该把"二重证据法"的地位抬得太高。"从古代到近代，不少人都在这样做，并不是王国维发明的新方法。"[②] 一些研究还表达了更多质疑。乔治忠认为这一方法"在中国现代史学史上起到阻断史学革命、将传统

[①] 参见王汎森《什么可以成为历史证据——近代中国新旧史料观点的冲突》（原载《新史学》第8卷第2期，1997年），收入《近代中国的史家与史学》，复旦大学出版社2010年版，第104—139页。相关又可参读 Lothar von Falkenhausen, "On the Historiographical Orientation of Chinese Archaeology", *Antiquity*, Vol.257, No.67, 1993, pp.839–849。

[②] 裘锡圭、曹峰：《"古史辨"派、"二重证据法"及其相关问题——裘锡圭先生访谈录》（原载《文史哲》2007年第4期），收入《裘锡圭学术文集·第六卷：杂著卷》，复旦大学出版社2012年版，第303页。

史学过早衔接于新史学的作用。此后史学界在上古史的研究中，将'二重证据法'的负面作用扩大、滥用，造成不良影响，应当及早摒弃"①。西山尚志借鉴卡尔·波普尔（Karl Raimund Popper）的批判性合理主义，提到"二重证据法所导出的结论总是正确的（即不可证伪的），所以二重证据法是'非科学'的理论"，"王国维'二重证据法'是不能证伪的陈述和不带风险的理论，所以不能带来任何进步"。②

此外，学者还注意对"二重证明法"与"二重证据法"可能存在差异的探讨，从而将思考进一步引向深入。李锐提到"王国维的'二重证据法'，从其'二重证明法'而来……讨论处于传说和史实之间的人物及其行事，有明确的对象性和时代性，相比其来源'二重证明法'，范围要小很多"，"今人在谈论'二重证据法'时，往往将其扩大为'二重证明法'，乃至滥用"。③梁涛认识稍有不同，"从'二重证明法'到'二重证据法'，王国维的思想实际有一个发展的过程，至少在表述上更为周严了。既强调地下材料对纸上材料的证明，也意识到前者对后者还有修正的一面"④。他进而建议"应当结合出土古书和传世古书，对古书通例进行充分研究，运用'二重证据法'穷其流变，对古书的成书和传流等问题进行更为深入的研究，而不能仅仅局限于古书的真、伪之争"⑤，并提出

---

① 乔治忠：《王国维"二重证据法"蕴义与影响的再审视》，《南开学报（哲学社会科学版）》2010年第4期。
② ［日］西山尚志：《我们应该如何运用出土文献？——王国维"二重证据法"的不可证伪性》，《文史哲》2016年第4期。
③ 李锐：《"二重证据法"的界定及规则探析》，《历史研究》2012年第4期。
④ 梁涛：《二重证据法：疑古与释古之间——以近年出土文献研究为例》，《中国社会科学》2013年第2期。
⑤ 梁涛、白立超：《"二重证据法"与古书的反思》，《清华大学学报（哲学社会科学版）》2013年第3期。

"原型—意义流变说"①。所论对今后传世及出土古书的利用把握,多有启示意义。经过上述学者的努力,我们从不同侧面增进了对"二重证据法"的认知。

二、回归文本与王说新诠

理解与把握王国维的"二重证据法",须回归文本本身,并结合王氏个人的史学实践。所谓"二重证明法""二重证据法",具体分别为:

> 故今日所得最古之史料,往往于周秦、两汉之书得其证明,而此种书亦得援之以自证焉。吾辈生于今日,始得用此二重证明法,不可谓非人生之幸也。②

> 至于近世,乃知孔安国本《尚书》之伪、《纪年》之不可信。而疑古之过,乃并尧舜禹之人物而亦疑之。其于怀疑之态度及批评之精神不无可取,然惜于古史材料未尝为充分之处理也。吾辈生于今日,幸于纸上之材料外,更得地下之新材料。由此种材料,我辈固得据以补正纸上之材料,亦得证明古书之某部分全为实录,即百家不雅驯之言亦不无表示一面之事实。此二重证据法,惟在今日始得为之。虽古书之未得证明者不能加以否定,而其已得证明者不能不加以肯定,可断言也。③

---

① 梁涛:《二重证据法:疑古与释古之间——以近年出土文献研究为例》,《中国社会科学》2013年第2期。
② 罗振玉校补:《雪堂丛刻》(三),北京图书馆出版社2000年版,第299页。
③ 王国维:《古史新证——王国维最后的讲义》第一章"总论",清华大学出版社1994年版,第2—3页。

第一则涉及"二重证明法"。一些学者谈到"所关注的主要是'古制'","偏重于用传世材料来解读出土材料"。① 不过从原文来看,王氏所言既包括以出土材料证古书,也包括"援之"古书以证出土材料,二者同时并重,并将它们分别视作各自独立的系统而开展工作。因而王氏本身的理论自觉萌生较早,且应是基本贯穿始终的。这里虽然在"证明"同时,没有言及"证伪",但是考虑到载录此内容的《明堂庙寝通考》在后来收入《观堂集林》初刻本时,便已删去相关文字②,我们或许更应集中关注作者之后提出的有关"二重证据法"的第二则表述。

后一经典表述被学界反复称引,然仍有三点可以申说。

1. 所言有具体语境,有特定针对对象:"疑古"。"二重证据法"由于针对"疑古"而发,特别是对古书的辨伪,进而影响对古史的判断,故论述从"材料""古书"而非古史出发:"惜于古史材料未尝为充分之处理","补正纸上之材料","古书之某部分","百家不雅驯之言",最后并特别强调"虽古书之……而其……",并在此基础上将对古史的认知加以收束:"全为实录","亦不无表示一面之事实","未得证明者不能加以否定","已得证明者不能不加以肯定"。由于有的放矢,《古史新证》所运用材料和关注问题自然"急遽缩小"。不过,这并不意味着"二重证据法"本身不能适用于更广阔的研究领域。陈寅恪云:

---

① 李锐:《"二重证据法"的界定及规则探析》,《历史研究》2012年第4期。这一点,后有学者也表认同。后晓荣、杨燚锋:《背景与动机:"二重证据法"提出的学术反思》,《南都学坛(人文社会科学学报)》2017年第5期。
② 学界多有指出。参见李锐《"二重证据法"的界定及规则探析》,《历史研究》2012年第4期;梁涛《二重证据法:疑古与释古之间——以近年出土文献研究为例》,《中国社会科学》2013年第2期。

其学术内容及治学方法，殆可举三目以概括之者。一曰取地下之实物与纸上之遗文互相释证。凡属于考古学及上古史之作，如……二曰取异族之故书与吾国之旧籍互相补正。凡属于辽金元史事及边疆地理之作，如……三曰取外来之观念，与固有之材料互相参证。凡属于文艺批评及小说戏曲之作，如……要皆足以转移一时之风气，而示来者以轨则。吾国他日文史考据之学，范围纵广，途径纵多，恐亦无以远出三类之外。①

细按陈先生所论，作为三类之一的"取地下之实物与纸上之遗文互相释证"，主要对应考古学及上古史的各种论题研究，如《殷卜辞中所见先公先王考》《鬼方昆夷猃狁考》。这一工作同样属于"足以转移一时之风气，而示来者以轨则"。结尾且特别提到，相关研究方法在"文史考据之学"的"范围"抑或"途径"方面，皆具有较为广泛的涵盖性。

2. 表述倾向明显："补正"，"证明……某部分全为实录"，"不无表示一面之事实"，"未得证明者不能加以否定"，"已得证明者不能不加以肯

---

① 陈寅恪：《王静安先生遗书序》（原载《海宁王静安先生遗书》，商务印书馆1940年版），收入《金明馆丛稿二编》，生活·读书·新知三联书店2009年版，第247—248页。

定"。除"补正"在增补同时兼有订正之义外①,"证明……某部分全为实录"乃指所证明某部分"全为实录","不无表示一面之事实"乃指"表示一面之事实","未得证明者不能加以否定"乃指"未得证明者加以肯定","已得证明者不能不加以肯定"乃指"已得证明者加以肯定"。由此,我们可以清楚地看到,其他四句实际均为正面语汇,竟无半分纠误、订讹之意。"全为""不无""不能加以""不能不加以"的表述方式,更使这种语气的强调色彩益加明显。裘锡圭提示《古史新证》"在第四章之后,王氏又根据第三章和第四章'商诸臣'的内容,写下如下一段案语","这跟上引'总论'的话是紧相呼应的"②,此即:

> 由此观之,则《史记》所述商一代世系,以卜辞证之,虽<u>不免小有舛驳而大致不误</u>。可知《史记》所据之《世本》<u>全是实录</u>。……又虽谬悠缘饰之书如《山海经》《楚辞·天问》,<u>成于后世</u>之书如《晏子

---

① "利用文献与出土文物互证。也就是说,研究上古,既要利用文献,又要利用实物,用出土实物来证明文献,用文献记载来解读出土文物。反复验证,他概括这种方法为'二重证据法'。"张广达:《王国维在清末民初中国学术转型中的贡献》(原载香港浸会大学中文系编《人文中国学报》第12期,上海古籍出版社2005年版),收入《史家、史学与现代学术》,广西师范大学出版社2008年版,第49页。"二重证据法不仅承认出土资料在证实或证伪文献资料方面的重要作用,而且承认文献资料对于说明或论证出土资料的重要性。"刘家和:《关于殷周的关系》,载《史学、经学与思想:在世界史背景下对于中国古代历史文化的思考》,北京师范大学出版社2005年版,第297—301页。相关论说又可参见朱渊清《走向现代的中国历史学》,载《书写历史》,上海古籍出版社2009年版,第542—543页;梁涛《二重证据法:疑古与释古之间——以近年出土文献研究为例》,《中国社会科学》2013年第2期。
② 裘锡圭:《〈古史新证——王国维最后的讲义〉前言》(原载王国维《古史新证——王国维最后的讲义》,清华大学出版社1994年版),收入《裘锡圭学术文集·第六卷:杂著卷》,复旦大学出版社2012年版,第111页。

春秋》《墨子》《吕氏春秋》，晚出之书如《竹书纪年》，其所言古事亦有一部分之确实性。然则经典所记上古之事，今日虽有未得二重证据者，固未可以完全抹杀也。①

再审读这段内容，所谓"不免小有舛驳而大致不误"，"全是实录"，"虽谬悠缘饰之书……成于后世之书……晚出之书……亦有一部分之确实性"，甚至"虽有未得二重证据者，固未可以完全抹杀也"，同样均为正面语汇，同样均无纠误、订讹之意。以往研究，多偏重从所论以"证明"为多而"证伪"稍显不足等方面去评判。其实，王国维治学自哲学始，之后始转而专攻文史之学，怎会不知上述如此主张之下，逻辑似不够"谨严""周洽"，容易引人议论？② 再考虑到"王氏使用这种方法的实例来说，他既证明了《殷本纪》所记殷王世系的可靠，也指出了其中的一些错误"③。那么，他特意使用这些排比表述，并下如此"断言"，恐怕有着专门的考虑。须知学人倡导某说，多秉持矫枉必须过正之念。由此，我们认为，王氏所言意在强调方法运用之最要者，在于扩充史料，应尽力发掘和增加材料的可利用范围。值得注意的是，傅斯年曾表示"改了'读书就是学问'的风气"，"西洋人作学问不是去读书，是动手动脚到处

---

① 王国维：《古史新证——王国维最后的讲义》"第四章"，清华大学出版社1994年版，第52—53页。
② 如王国维说"今人勇于疑古，与昔人之勇于信古，其不合论理正复相同，此弟所不敢赞同者也"（吴泽主编，刘寅生、袁英光编：《王国维全集·书信》，中华书局1984年版，第437页），可见他在学理逻辑方面其实颇为清醒敏锐。
③ 裘锡圭：《中国古典学重建中应该注意的问题》（原载《郭店楚简的思想史的研究》第四卷，东京大学文学部中国思想文化学研究室2000年版），收入《裘锡圭学术文集·第二卷：简牍帛书卷》，复旦大学出版社2012年版，第335页。

寻找新材料，随时扩大旧范围"。① 二人史学理念并不相同，但他们在扩展史料来源的思路上却颇为接近。这在当时不仅有益于增进对中华民族文化传统的自信心，而且在学术研究的实践层面，具有建设性，开创新局面。陈寅恪也谈道，"然真伪者，不过相对问题，而最要在能审定伪材料之时代及作者，而利用之。盖伪材料亦有时与真材料同一可贵。如某种伪材料，若径认为其所依托之时代及作者之真产物，固不可也。但能考出其作伪时代及作者，即据以说明此时代及作者之思想，则变为一真材料矣。中国古代史之材料，如儒家及诸子等经典，皆非一时代一作者之产物。昔人笼统认为一人一时之作，其误固不俟论，今人能知其非一人一时之所作，而不知以纵贯之眼光，视为一种学术之丛书，或一宗传灯之语录，而断断致辩于其横切方面。此亦缺乏史学之通识所致"②，提示真伪材料皆有发挥自身史料价值的广阔天地。陈氏注重发掘史料价值和扩展史料范围的认知，与王、傅所论可谓殊途同归。由此言之，王国维所提出的"二重证据法"，或非"不言而喻"，与"从古代到近代，不少人都在这样做"，也存在一些差别。③ 相较于当时的"信古派""疑古派"，王国维被视作"考古派"④，后来约定俗成又被称作"释古派"。

3. 所论虽似偏重文字材料，但与考古学仍然关系密切。李学勤特别

---

① 傅斯年：《历史语言研究所工作之旨趣》（原载《历史语言研究所集刊》第一本第一分，1928 年），收入《傅斯年全集》第四册，台湾联经出版事业股份有限公司 1980 年版，第 1314 页。
② 陈寅恪：《冯友兰中国哲学史上册审查报告》（原载《学衡》第 74 期，1931 年），收入《金明馆丛稿二编》，生活·读书·新知三联书店 2009 年版，第 280 页。
③ 郭沫若说"王国维，研究学问的方法是近代式的"。《中国古代社会研究》"自序"，《郭沫若全集·历史编》第一卷，人民出版社 1982 年版，第 8 页。后续分析又可参见吴怀琪《王国维的二重证据法和古史新证论》，《河北学刊》1987 年第 5 期，等等。
④ 胡厚宣：《王国维的"二重证据法"》，《历史教学问题》1988 年第 3 期。

提示,"在1925年,中国的现代考古学刚刚发轫。作为中国人自己首次主持的山西夏县西阴村田野发掘,是1926年进行的。至于1928年开始的河南安阳殷墟发掘,则已是王国维所不及见。在这样的条件下,王国维讲义提到的'地下之材料'仅有甲骨文、金文,但从他广阔的学术视野而论,应该是泛指种种考古文化遗存。因此,王国维先生的'二重证据法'实际是对古史研究中历史学与考古学关系的表述"①。相较于其他学人的论述,我们觉得,这一认识应当更显通达。还可略作补充的是,以简牍学研究领域而言,"中国学者从着手伊始,其实同样注意相关考古信息的利用"②,而代表性人物之一就是王国维。罗振玉、王国维撰写《流沙坠简》,仅能利用沙畹提供的简牍照片。在当时非常困难的条件下,研究虽然权且按简牍内容分组,但是对每支敦煌汉简的出土地点与简牍尺寸均详加记录③,予以充分重视。书前的王氏自序也明确表达了这一理念,"乃略考简牍出土之地,弁诸篇首,以谂读是书者"④。此外,书末另据斯坦因《塞林提亚——中亚和中国西域考古记》,专门绘制有敦煌烽燧分布

---

① 李学勤:《"二重证据法"与古史研究》,《清华大学学报(哲学社会科学版)》2007年第5期。
② 相关分析参见孙闻博《河西汉塞军人的生活时间表》(原载杨振红、邬文玲主编《简帛研究2015·春夏卷》,广西师范大学出版社2015年版),收入《秦汉军制演变史稿》第五章,中国社会科学出版社2016年版,第329页。
③ 参见罗振玉、王国维《流沙坠简》"考释",中华书局影印本1993年版,第75—247页。
④ 罗振玉、王国维:《流沙坠简》"王国维序",中华书局影印本1993年版,第3、12页。该序又收入王国维《观堂集林》卷一七《史林九》,彭林整理,河北教育出版社2001年版,第509页。经笔者对照,因中华书局影印本《流沙坠简》据1934年修订版重印,故二书所收序文内容尚存一些差异。

图，并将各烽燧编号及汉代名称、所出简牍列为一表①，也可为证。

三、"二重证据"如何处理？

厘清"二重证据法"提出的具体学术背景，并对它作为一种方法的含义加以解释后，此研究方法在今日仍可运用。如裘锡圭所言"王氏的这些意见和他的学术实践，对我国现代学术界产生了深远的、有益的影响"②。其实严格说来，如何结合两种性质不同的材料开展历史学研究，恐怕才是今日更须加以思考的。

传世文献与出土文献在性质、来源上分属于不同的系统，首先应在各自系统下相对独立地开展工作。③传世文献的利用，应从史料来源、史书编撰、文本结构、叙述模式、抄写流传等方面进行综合研究，思考并把握它的基本特征及其内涵。这一方面的工作，极为重要。张广达指出"王国维首先圈点研读基本文献，育成训诂、古文字、音韵的独到功底，

---

① 罗振玉、王国维：《流沙坠简》"跋""表"，中华书局影印本1993年版，第249、283—294页。相关著录体例的分析，还可参见邢义田《对近代简牍著录方式的回顾和期望》（原载《史学评论》1980年第2期，收入《秦汉史论稿》，东大图书公司1987年版），收入《地不爱宝：汉代的简牍》，中华书局2011年版，第580—583页；张广达《王国维的西学和国学》（原载《中国学术》2003年第4期），修订稿收入《史家、史学与现代学术》，广西师范大学出版社2008年版，第32页。
② 裘锡圭：《〈古史新证——王国维最后的讲义〉前言》，载《裘锡圭学术文集·第六卷：杂著卷》，复旦大学出版社2012年版，第111页。
③ 近年鉴于走马楼吴简研究，学者已有"二重证据分合法"的提出与系统思考。详细阐说，参见凌文超《长沙走马楼三国吴简采集简研究述评》（原载《中国中古史研究：中国中古史青年学者联谊会会刊》第4卷，中华书局2014年版），收入《走马楼吴简采集簿书整理与研究》第九章，广西师范大学出版社2015年版，第470—471页；凌文超《吴简与吴制》绪论，北京大学出版社2019年版，第8—12页。

然后据以治古史绝学。王国维以此自课，也以此教人。没有这一功底，任何一般的和特殊的治学方法都无从派上用场。例如，人们时时称道王国维提出了'二重证据法'，然而，'二重证据法'再好，缺乏功底则不起作用"①。相关论述，立足于王国维自身的史学实践，体悟透彻，发人深省。

与此同时，出土文献及考古文物资料本身属于相关考古学文化的重要组成，应对遗址、墓葬的考古学信息有整体性认知。②材料的利用注意形制、格式、书写、功能以及堆积叠压形态，与其他简牍、考古遗物的伴生关系等问题。

由此而言，关于传世文献、出土文献各自的物质性、材料边界范围，研究者都应充分重视，先须做好基础工作。

就历史研究而言，传世文献可能提供更整体性面向，但对具体内容的反映，向为疏略。一些志书记载虽然常被奉为经典，但是所记不仅局限于特定时间节点，流变呈现不够充分系统，而且作为史例实际常为孤证，其中一些恐怕并非具有定说性质，需结合出土文献等考古文物资料加以进一步检验。而出土文献虽显丰富具体，并随材料积累多有较传世文献更为真切翔实的内容。但是，我们在使用相关材料时，一方面要注意材料本身的埋藏、遗弃性质，考虑它们属于实用抑或明器；另一方面还要充分注意它的地域性和时段性，以及由具体材料所获认识的适用范围。

---

① 张广达：《王国维的西学和国学》，载《史家、史学与现代学术》，广西师范大学出版社 2008 年版，第 27 页。
② 参见孙闻博《简帛学的史料辨析与理论探求》，《中国史研究动态》2016 年第 2 期。

在此基础上，史学研究中传世、出土材料的结合要非常谨慎，不是简单的彼此相证、混一而用，而是在作为"证据"使用时，应始终存在"二重"的层次与界限把握，注意研究分寸，合理推导，适度解释。只有这样，才有望让材料的使用更具效力，更有说服力。或许，我们更应沉潜用力，专注于传世"证据"的掌握体会应达到怎样程度、考古"证据"的掌握体会应达到怎样程度。由此而言，"二重证据法"用得好不好，功夫又在"方法"之外。

综上，王国维"二重证据法"虽针对"疑古"，但适用于更广阔的研究领域。与正经补史不同，所论多为正面语汇，意在扩充史料，尽力发掘、增加材料的利用范围，虽偏重文字材料，但与考古学仍关系密切。今日处理"二重证据"，应重视史料的物质性、边界范围，始终注意"二重"的层次与界限把握。

（作者单位：中国人民大学国学院、
"古文字与中华文明传承发展工程"协同攻关创新平台）

断裂与重建：清华简"诗"类文献的文本与礼乐关系

凌 彤

王国维在《汉以后所传周乐考》中指出，《大戴礼记·投壶篇》中的诗，与齐、鲁、韩、毛四家诗的篇次是不一样的，这是由于《大戴礼记》载录的是它们被乐家传承的系统。王国维认为：

> 古乐家所传《诗》之次弟，本与《诗》家不同。……此《诗》、乐二家，春秋之季已自分途。《诗》家习其义，出于古之师儒。孔子所云"言《诗》""诵《诗》""学《诗》"者，皆就其义言之。其流为齐、鲁、韩、毛四家。乐家传其声，出于古之太师氏。子贡所问于师乙者，专以其声言之。其流为制氏诸家。《诗》家之《诗》，士大夫皆习之，故《诗》三百篇至秦汉具存。乐家之诗，惟伶人世守之。

亦即，《诗》在春秋之季，其传承过程发生了声和义的分途，以至秦汉之际，诗家、乐家便不能相通。诗家传承的诗，依靠文字可以流传下来；乐家传承的诗依托仪式，但是仪式展演频次下降，乐曲形式古今迭代，除了专职于此的人，其他人就不大可能掌握了。那么，春秋战国时期的诗乐分途是如何形成又如何表现的？为什么有一部分战国"诗"类文献却具有很明显的仪式性？借由清华简"诗"类文献，可以进一步探求在王国维所揭示的诗乐分途的背景下,《诗》的礼乐化形态究竟是如何变化的。

一、语境与仪式:"诗"的礼乐化形态及传承

(一)"诗"的原始语境与双重功能

战国时期人们如何理解"诗"的形态与功能,决定了战国"诗"类文献的核心与边界。而战国"诗"类文献形态的形成与"诗"体的形成过程密不可分。如果要明确"诗"体的形成过程,则需要探究"诗"的原始意义。我们不妨通过"诗"的字形结构来推测它的原始意义。

"诗"字,《说文》云:"志也,从言寺声。"但是"'言+寺=诗'的构形方式在很长一段时期内并不被广泛接受,代替'诗'字的往往是'寺'或者'×+寺'的构形"[①],杨树达认为"志字从心㞢声,寺字亦从㞢声,志寺古音无二。古文从言㞢,言志即言㞢也"[②],陈世骧直接指出"'诗'和'志'对于'诗'字的关系,都是从㞢得声的共同关系",而"说某字从某声,根本上也就是从该某声而生某义"[③],也就是说,"诗"的字义,要从"㞢"处寻求。而"㞢"在甲骨卜辞中是祭名[④],又有"之""止"二相反义,"正是原始构成节奏之最自然的行为"。"寺"字

---

① 俞琼颖:《"诗"字渊源初探》,载邓章应主编《学行堂语言文字论丛》(第四辑),四川大学出版社2014年版,第155页。
② 杨树达:《积微居小学金石论丛·释诗》,科学出版社1955年版,第25—26页。
③ 陈世骧:《陈世骧文存》,辽宁教育出版社1998年版,第14页。
④ 参见黄锡全《甲骨文"㞢"字试探》,载四川大学历史系古文研究室编《古文字研究》(第六辑),中华书局1981年版,第201页。

下半部分的手形符号,"既是狩猎力量的表征,又有感恩献祭的含义"①。由此,"诗"的抽象概念产生之前,它的声符和形符已经预示了它的多义性,也暗示了它与某种原始仪式之间的原始关联。

当人们以"诗"的概念来命名"诗"的实体时,"诗"的观念就产生了。这时,自然形态的"诗"从基本的行止活动、具有巫术宗教意味的仪式逐渐转换为一种具有文体概念的"诗"。"诗"的形态和功能都随之发生了变化。郭英德指出:"人们在特定的交际场合中,为了达到某种社会功能而采取了特定的言说行为,这种特定的言说行为派生出相应的言辞样式,于是人们就用这种言说行为(动词)指称相应的言辞样式(名词),久而久之,便约定俗成地生成了特定的文体。"②这启示我们,在追溯"诗"的文体概念时,可以从"诗"特定的言说语境和社会功能中探寻。

前文已述,"诗"最早的言说语境便是仪式活动,"诗"是神圣仪式的组成部分,且在仪式活动中的功能主要通过修辞来体现。当人们对"诗"的文辞有了实觉的认识时,"诗"终会从仪式中独立出来。《诗经》中的《崧高》"吉甫作诵,其诗孔硕",《卷阿》"矢诗不多,维以遂歌"就显现出一种"诗"与"歌""诵"的对立意识。我们从中不难感受到"诗"的指向在于言说的内容,而"歌"的指向体现在音乐性上。当人们产生了歌诗分立的意识,"诗"的言说内容也就逐渐从古老的"仪式"中独立出来,进而拥有了更广阔的言说语境。

歌诗分立后,除了礼仪活动之外,"诗"也可以表达意见与情感。这时产生了相当一部分作为讽谏怨刺之用的"诗","诗"的个体要素也得

---

① 陈世骧:《陈世骧文存》,辽宁教育出版社1998年版,第22页。
② 郭英德:《中国古代文体学论稿》,北京大学出版社2005年版,第29页。

到了释放。郑司农于《周礼·春官·瞽矇》"讽诵诗"处注曰:"讽诵诗,主诵诗以刺君过。"郑玄注曰:"讽诵诗,谓暗读之,不依咏也。"孙诒让正义云:"不依咏,谓虽有声节,仍不必与琴瑟相应也。"[①] 作为讽诵之"诗",本不必与音乐结合,本身即是独立的言辞样式。《左传·文公元年》秦穆公引《桑柔》曰"芮良夫之诗",《左传·昭公二十年》有"祭公谋父作《祈招》之诗,以止王心",这些"诗"都与讽谏怨刺的言说语境相关。

随着制度的发展,"诗"的言说语境仍在变化。一部分讽谏怨刺之"诗",作为先在的文化资源,通过西周采诗、献诗制度又与礼乐仪式相结合,承担了仪式乐歌的角色。"诗"不再仅仅作为讽谏怨刺之辞,而复为礼乐制度中的重要组成部分,这一过程即"歌诗合流"。但这种合流不同于混沌时期的诗乐舞一体,而是有意识地被赋以新的政治功能。此时,"诗"既可以佐助礼仪,又可以承载德义之教,同时具有礼乐仪式功能和德教义府双重功能。[②] 此时的"诗",已经被纳入官方的文化建构系统中,呈现出一种新的"礼乐化形态"。

(二)诗体的发展与诗乐分途

在西周的礼乐教育体制下,具备"礼乐化形态"的"诗"需要被传承下去。这种传授不仅包括可供阅读的文字,也涵盖仪式展演的形式。不同的传授方式侧重不同的诗歌功能。王小盾、马银琴曾根据《周礼》等文献的记载,析出"国子之教"(乐语之教)和"瞽矇之教"(乐教)两

[①] 孙诒让:《周礼正义》,中华书局1987年版,第1865—1866页。
[②] 关于歌诗合流的相关论述参见马银琴《两周诗史·绪论》,社会科学文献出版社2006年版,第8—19页;马银琴《周秦时代〈诗〉的传播史》,社会科学文献出版社2011年版,第7—39页。

种传诗路径。①二者在管理制度、教授内容和培养对象上都有差别。具体而言,"国子之教"由大司乐、乐师、籥师负责,面向"国之子弟",目的是培养行政人才,主持仪式,使于四方;"瞽矇之教"则由大师、小师负责,面向"瞽矇",目的是培养专业乐人,在各类仪式上表演,为礼乐展演提供技术指导。"诗"是二者共同的文本基础,相比之下,瞽矇传诗更加注重诗之"声",国子之教更加注重诗之"言语""德义"。②

两个传诗系统在"礼"的指导下相互渗透,相辅相成。专业乐工通过"风""赋""比""兴""雅""颂"的方式劝诫讽谏,国子也掌握全套的礼乐表演形式。这时,"诗"既能够作为阅读性文本传播,也能够作为仪式性文本使用。之后,随着社会历史的发展,不同的言说行为产生了各式文本和丰富的形态特征,于是形成了新的作为文本方式的文体分类标准。"书"有典、谟、诰、誓、训、命六体,"诗"有风、雅、颂、赋、比、兴。细究《诗》文本的篇章分类——风、雅、颂,实与宫廷仪式中

---

① 参见王小盾《诗六义原始》,载王昆吾《中国早期艺术与宗教》,东方出版中心1998年版,第219—222页;马银琴《周秦时代〈诗〉的传播史》,社会科学文献出版社2011年版,第7—39页。

② 刘雨、张亚初《西周金文官制研究》考证西周乐官官职时发现:"大师之职未见于殷代卜辞。从西周铭文看,目前仅见于恭王以后,也就是说,这种职官的上限不超过西周中期。"由于"儒家所传西周的礼书,都不是原始资料,已经儒家按其政治理想重新编定。儒家作为经典的《周礼》,或称《周官》,名为记载周朝政权组织及其相关典章制度的,实际上是经过儒家重新编定的理想化政典"(杨宽《西周史》"前言"),《周礼》对于乐官官职的描述未必都同于《诗经》被编集的年代,可能部分出于战国时期的建构。西周铭文中的大师未必与乐曲相关,但《周礼》毕竟也蕴含了西周以来的文化资源,其所反映出的古人传《诗》分"声教""义教"两条路应当是符合事实的。参见刘雨、张亚初《西周金文官制研究》,中华书局1986年版,第3页;杨宽《西周史》"前言",上海人民出版社2003年版,第2页。

的乐歌形态密切相关。① 总体而言，在由行为方式向文本方式过渡的文体生成阶段，诗的文体形态特征与其作为乐歌的表演形式相关联。

在"诗"体形成时期，它的形态特征植根于这一文体独特的行为方式——作为表演性的乐歌佐助礼典，但"诗"的社会功能亦深深地蕴藏在其文本方式中——作为德教义府用于讽谏。行至春秋，礼乐制度发生了变革，外交聘问场合下的"赋诗言志"逐渐成为仪式歌奏之外常见的诗歌传播方式。在各种因素的影响下，"《诗》作为赋诵讽谏的文本方式及其功能特征渐趋凸显，而作为仪式的行为方式及功能特征则愈益淡化"②。随着"诗体"的独立，它早已具备了整齐用韵的形态，不再需要通过成为仪式乐歌来彰显自己的身份，"诗"和"乐"也可以解绑了。当《诗》不搭配先前的礼乐仪式依然可以广泛传播时，"诗"和"乐"的传承也走向分途。

诗乐分途一方面导致礼乐机构的失职：由于歌乐舞仪式主要依靠活态承载，当乐工不能充分理解诗乐仪式所蕴含的"讽谏"之教时，他也很难全面掌握各种礼仪形式下的用乐规范，原有的乐教体系就很难传承下去。《乐记·宾牟贾》篇记述孔子和宾牟贾讨论《大武》曲调一事，显示出鲁国乐工传承不力，所谓"有司失其传"，导致《大武》乐曲中"声淫及商"，这显然是不应该出现的旋律。这正是因为乐工不懂得这种曲调只能反映出"武王之志荒"的涵义，如此演奏便与诗的德教功能相悖。③这种情况发展至汉代，就是"乐家有制氏，以雅乐声律世世在大乐官，

---

① 参见王小盾《诗六义原始》，载王昆吾《中国早期艺术与宗教》，东方出版中心1998年版，第24—25页。
② 郭英德：《中国古代文体学论稿》，北京大学出版社2005年版，第40页。
③ 参见孙希旦《礼记集解》（下册），中华书局1989年版，第1022页。

但能纪其铿锵鼓舞，而不能言其义"(《汉书·礼乐志》)。

另一方面导致王侯公卿的失态：贵族子弟对于诗乐的表演形式和声调也不清楚。《左传·襄公四年》记载穆叔如晋，晋侯先后以《文王》《鹿鸣》享穆叔，前者虽文意甚好，但却不符合礼典规范，因此穆叔舍前者而拜后者。《左传·文公四年》记载宁武子聘鲁，文公为之歌《湛露》及《彤弓》，同样不符合制度，因此宁武子也不敢承受。说明春秋时期，有的诸侯国君已经不复掌握应有的诗乐礼仪了。与此同时，各国国君喜爱郑卫新声，对古乐也造成了冲击。《汉书·艺文志》说"周衰俱坏，乐尤微眇，以音律为节，又为郑卫所乱，故无遗法"，说的就是新乐取代古乐，最终导致乐教衰落、古乐凋零的状况。

自歌诗合流走到诗乐分途，阅读性的《诗》本是战国《诗》学传承的历史必然选择。但《诗》的礼乐化形态中本来具备的乐、舞形式却并未消失，而是发生了转型。清华简《周公之琴舞》《耆夜》《芮良夫毖》等文献就能够反映出"诗"在特定历史语境中的独特形态与诗功能的转型过程。① 从其中的"作歌一终""琴舞九卒""作毖再终"这些语词中，我们可以发现它们的结构与礼乐仪式有着密切关系，而它们的内容又与周史密切相关。从中我们可以复现"诗"类文献在不同的历史语境中的文本与礼乐关系。

---

① 有很多学者将其置于"《诗》类文献"的范畴中研究。然而，我们目前只能从现有材料中看出它们所具备的文本形态，却并没有充分的证据说明它们曾经进入作为经典传习的《诗》本，因此我们不妨暂将其称为"诗"类文献。

二、文辞与乐歌：清华简"诗"类文献的性质及构造

（一）《芮良夫毖》的文体归属

清华简《芮良夫毖》，开篇即言创作缘由：周邦屡次有祸，周边频繁进犯。周厉王和他的卿士独占山泽之利，一直争富，不体恤国家，不治乱持危。因此芮良夫作两篇"毖"以劝诫。这两篇"毖"有韵，但整篇文献究竟是"韵文"还是"诗"，学界有不同看法。[①] 不论将其隶属于何种文体归属，大部分学者均以为此篇为西周末年周厉王时代动乱之下芮良夫的劝谏之辞——"毖"[②]，且内容可与芮良夫所作《大雅·桑柔》《逸周书·芮良夫解》互参。

[①] 赵平安认为《芮良夫毖》结构类于《尚书》中的《酒诰》《康诰》《多士》等，且两篇"毖"之有韵，类似《尚书》中《五子之歌》之有韵，可见君臣之言可以以韵文形式呈现，而《国语》《逸周书》所见芮良夫颇熟悉诗歌，因此其文可以以诗歌形式呈现。陈鹏宇则运用西方口传理论分析了《芮良夫毖》中的"诗类套语"和"非诗类套语"，认为此篇是朝臣受民间歌谣影响而创作的规谏性质的作品，类似于后世的表奏。二人皆将其划入《书》类文献。而李学勤、高中华、姚小鸥、马楠、马芳等更多的学者认为其类似于《大雅》，属于《诗》类文献。参见赵平安《〈芮良夫毖〉初读》，《文物》2012年第8期。陈鹏宇《清华简〈芮良夫毖〉套语成分分析》，《深圳大学学报（人文社会科学版）》2014年第2期。李学勤《新整理清华简六种概述》，《文物》2012年第8期。高中华、姚小鸥《论清华简〈芮良夫毖〉的文本性质》，《中州学刊》2016年第1期。马楠《〈芮良夫毖〉与文献相类文句分析及补释》，《深圳大学学报（人文社会科学版）》2013年第1期。马芳《从清华简〈芮良夫毖〉看"毖"诗及其体式特点》，《江海学刊》2015年第4期。

[②] 但曹建国从文辞不可入乐、思想、用韵等方面考察其为战国中晚期作品。参见曹建国《清华简〈芮良夫毖〉试论》，《复旦学报（社会科学版）》2016年第1期。不过文辞、思想层面的证据并不牢固，已有驳论。参见周天雨《新出简帛文学资料整理研究》，硕士学位论文，陕西师范大学，2018年，第43—49页。而音韵学的证据，曹建国的论文中也列举了"反例"，因此本文认为曹建国先生的观点有待商榷。

判断《芮良夫毖》的文体归属，需要明确古代文体分类的生成方式。前文已述，最早的文体分类源于人们对文体的行为方式及其社会功能的体认。不同的礼乐仪式场合由不同身份的人主导，因此拥有了适用于不同场合的言说方式，随之对应了不同的文辞样式。审视《芮良夫毖》的文体，我们可以发现，就其形态特征而言，"终""启"及用韵的体式，彰显出其合乐之歌的属性，呈现出其文本的仪式性特点。就其行为方式和社会功能而言，"毖"见于传世文献《尚书·酒诰》篇"厥诰毖庶邦庶士越少正、御事""汝劼毖殷献臣""汝典听朕毖"句，而《诗经·大雅·桑柔》中有"为谋为毖"，《诗经·周颂》中有一诗名曰"小毖"。《芮良夫毖》的结构与《周书》相似，表达诫敕之意的"毖"可以与"诰""谟"比肩，呈现文本的阅读性特点。这种谏辞与乐辞的组合方式，正显示出"诗体"形成过程中由行为方式、社会功能向文本方式过渡的痕迹。因此，我们既可以将其划归"书"类文献，也可以归入"诗"类文献。强调"书"类文献时，我们侧重的是它文辞蕴含的社会功能及阅读性；强调"诗"类文献时，我们侧重的是它作为乐歌的言说方式及仪式性。之所以称"类"而不称"体"，盖因彼时文体边界尚不清晰，各体尚在形成过程中。《芮良夫毖》这种模糊的文体归属，不仅反映了"诗体"形成初期的状况，也暗示出"诗"初入乐时诗文本阅读性与仪式性尚未分离的状态。

（二）《耆夜》的礼乐背景

清华简《耆夜》记载了武王伐耆后举行"饮至"典礼的情景。其中周公"作歌一终"曰《蟋蟀》。这篇《蟋蟀》不仅能与今本《唐风·蟋蟀》相互参照，还可与新出安大简中的《魏风·蟋蟀》相互参照。不过三者章次、句式、字词不尽相同。

在安大简出土之前，学者曾多次讨论今本《蟋蟀》和清华简本《蟋蟀》的流传序列，这些在牛清波《清华简〈耆夜〉研究述论》中均有收集整理。① 后来柯马丁提出："两篇《蟋蟀》文本是通过它们总体上的主题、意象以及一套有限范围的表述而联系在一起的，这些表述明显使它们区分于其他诗歌：它们是某一个共享素材库或是'诗歌材料'的两个独立的具体实现。不难想象，如果有其他的'蟋蟀'诗被发现，它们也将是不同的。"② 但安大简和毛诗本的极度相似无疑是对柯马丁"共享素材库"说法的冲击，新出文献确证战国时期显然有着较为稳定的《诗》本。学者们结合《耆夜》中其他诗篇作出的套语、典型词语时代性、语法、用韵分析，判定《耆夜》最终写成于战国，而战国晚期以前的词语、用法都在简文中留有痕迹。③ 因此笔者更相信《耆夜》中的《蟋蟀》

---

① 牛清波：《清华简〈耆夜〉研究述论》，《文艺评论》2017 年第 1 期。
② ［美］柯马丁：《早期中国诗歌与文本研究诸问题——从〈蟋蟀〉谈起》，顾一心、姚竹铭译，《文学评论》2019 年第 4 期。
③ 根据牛清波的整理诸说大致如下：陈致认为诗中"穆穆克邦""万寿无疆""丕显来格"等语词是西周中晚期铜器铭文中习见的祝寿词，不可作于周初。吴良宝认为，传世文献中训为"到""至"义、接引时间词的"及"，时代均在春秋时期以后，目前所见出土文献中的用例时代均不早于战国时期。杜勇认为《耆夜》开篇"武王八年"的纪年方式不符合西周初年周人用"祀"不用"年"的用例，应与《竹书纪年》、清华简《系年》一样，成书于战国时代。曹建国从用词用韵方面进行了考察，认为简文《耆夜》是战国时人的作品，而托名于周公。陈鹏宇对《耆夜》各诗的"套语"成分进行了分析统计，发现前四诗套语成分比例远高于简文《蟋蟀》诗。他认为，《耆夜》主旨在劝诫，整篇以《蟋蟀》为点睛。前四诗是时人为了烘托《蟋蟀》创作的。简本《蟋蟀》渊源有自，套语成分比例较低，其中的晚期成分，可能来自《耆夜》编纂者所做的改动。《耆夜》的编纂年代很可能在战国早期。李守奎认为，《耆夜》中的诗皆以篇首二字命题，符合先秦诗的命题习惯。但"作歌一终曰《乐乐旨酒》：'乐乐旨酒，宴以二公'"的表述显然晚出。《耆夜》的史料有所依据，但不是周初文献的抄录，应当（转下页）

绝非周初之作，而是战国时人据已有的《蟋蟀》(《唐风·蟋蟀》或《魏风·蟋蟀》或是春秋战国之际存在的与《蟋蟀》同题相似的逸篇）的加工再造①。

　　既然我们很难判断二者的流传序列，不如悬置此问题，转而探讨简本《蟋蟀》与《耆夜》的关系。《蟋蟀》一诗，《毛诗序》谓："刺晋僖公也。俭不中礼，故作是诗以闵之，欲其及时以礼自虞乐也。此晋也，而谓之唐，本其风俗，忧深思远，俭而用礼，乃有尧之遗风焉。"王先谦《诗三家义集疏》载齐诗说为："君子节奢刺俭，俭则固。孔子曰：大俭极下，此《蟋蟀》所为作也。"载鲁说为："独俭啬以龌龊，忘《蟋蟀》之谓何。"《孔子诗论》谓之"知难"，《孔丛子·记义》孔子云："吾……于《蟋蟀》，见陶唐俭德之大也。"三家诗及《诗论》均未称"刺晋僖公"，但言"俭德"之难。从文意上看，各章前半段是在说岁月流逝当及时行乐，后半段则警示切勿好乐无荒。孔子所谓"知难"，在于"良士"能够在这种岁月流逝中保持俭朴的道德持守。《左传·襄公二十七年》载："印段赋《蟋蟀》，赵孟曰：'善哉！保家之主也，吾有望矣！'"……

（接上页）是后代学者的改写。季旭昇认为，"从"训"自"义直到战国中期中山王"兆域图"中才出现，《耆夜》简文中已有"从朝及夕"之例，表明简文已非西周初年的原貌，当经过东周人的改动。郝贝钦将《耆夜》简文中的用韵、用词与《诗经》、西周铜器铭文进行了对比，认为《耆夜》的最初史料可能来自殷末周初，但肯定是经过西周中晚期至春秋前期时人的重新整理和加工。参见牛清波《清华简〈耆夜〉研究述论》，《文艺评论》2017年第1期。

① 《左传》季札观乐歌《唐风》之后评："思深哉！其有陶唐氏之遗民乎！"班固《汉书·地理志下》："其民有先王遗教，君子思深。……故唐诗《蟋蟀》《山枢》《葛生》之篇曰：'今我不乐，日月其迈''宛其死矣，他人是愉''百岁之后，归于其居'，皆思奢俭之中，念死生之虑。"因此李山认为："社会流行像《唐风·蟋蟀》和《耆夜》之《蟋蟀》之类的歌唱，或许是很古老的事情。……'蟋蟀'一类主题的歌唱，也许早就随着蜡祭这一节日的形成而在唐尧之地流行了，而且一直流传到周代。"参见李山《诗经析读》，中华书局2018年版，第268页。

印氏其次也，乐而不荒。乐以安民，不淫以使之，后亡，不亦可乎？"看来古义如此，诸说大致相同。而《耆夜》中的《蟋蟀》，也是周公有感于岁月流逝，而用以提醒群臣保持戒惧，"康乐而毋荒"的。只不过《蟋蟀》及其余四首诗，是被放置在饮至典礼的背景中的。

饮至礼散见于先秦典籍：

归而饮至，以数军实。（《左传·隐公五年》）

凡公行，告于宗庙，反行，饮至，舍爵、策勋焉，礼也。（《左传·桓公二年》）

秋七月丙申，振旅，恺以入于晋，献俘授馘，饮至大赏。（《左传·僖公二十八年》）

有功，于祖庙舍爵策勋焉，谓之饮至。天子亲征之礼也。（《孔丛子·问军礼》）

此外，《诗经》中的《鲁颂·泮水》记载鲁侯在泮宫饮酒，明代姚舜牧《诗经疑问》、朱朝瑛《读诗略记》认为它属于饮至典礼。《小雅·六月》，宋代严粲《诗缉》、明代何楷《诗经世本古义》认为它是天子燕饮吉甫的饮至礼。亦有学者认为《小雅·彤弓》《小雅·出车》《小雅·采薇》等属于对饮至礼的运用[1]。廖群发现《三国志·吴书·诸葛恪传》有"感《四牡》之遗典，思饮至之旧章"一句，亦可作为饮至礼有歌《诗》

---

[1] 参见马智全《饮至礼辑考》，载西北师范大学历史文化学院、甘肃简牍博物馆编《简牍学研究（第五辑）》，甘肃人民出版社 2014 年版。杨晓丽《〈诗经〉中的饮至礼》，《古籍整理研究学刊》2017 年第 3 期；廖群《"乐三终"与"饮至"歌〈诗〉考》，《文学评论》2018 年第 2 期。

之仪的旁证。除传世文献外，出土文献也有相关记载。陈梦家先生考证虢季子白盘所记录的事件符合饮至礼的背景，李学勤先生考证西周金文中成王时期的周公东征鼎中的"舍秦"亦即"饮至"等。①总之，饮至礼是军礼的一部分，主要包含战争之后师旅征伐得胜，回来进行的一系列的仪式，如告庙、舍爵、策勋、赏赐、饮酒、观乐等。②

但《耆夜》所载饮至礼，不仅与礼书文献所载礼仪不完全相合③，也与反映饮至礼的《诗经》文献《小雅·六月》不同。《小雅·六月》反复提到"戎车"，体现出其诗的军礼背景，而《蟋蟀》用"役车"，孔颖达正义云："'庶人乘役车'，《春官·巾车》文也。彼注云：'役车方箱，可载任器以供役。'然则收纳禾稼亦用此车，故役车休息，是农功毕，无事也。《酒诰》云：'肇牵车牛，远服贾用，孝养厥父母。'则庶人之车，冬月亦行。而云休者，据其农功既终，载运事毕，故言休耳，不言冬月不行也。"④作为"庶人之车"的"役车"，显然与"戎车"不类。⑤对此，程浩认为《耆夜》所记是西周王室的礼制，与《仪礼》反映的诸侯之礼不应该放在同一层面进行讨论。⑥前已论，《耆夜》本身并非周初文献，而极有可能成于战国。战国人对于春秋的礼制尚且不能熟稔，何况西周的礼制？

---

① 参见陈致《战国竹简重光：清华大学李学勤先生访谈录》，《明报月刊》2010 年 5 月，第 61 页。
② 参见王少林《清华简〈耆夜〉所见饮至礼新探》，《郑州大学学报（哲学社会科学版）》2015 年第 6 期。
③ 参见丁进《清华简〈耆夜〉篇礼制问题述惑》，《学术月刊》2011 年第 6 期。
④ 《十三经注疏·毛诗正义》，中华书局 2009 年版，第 767 页。
⑤ 参见王化平《论清华简所见〈蟋蟀〉改编自〈唐风·蟋蟀〉》，载《中国简帛学刊》第四辑，社会科学文献出版社 2021 年版。
⑥ 参见程浩《清华简〈耆夜〉篇礼制问题释惑——兼谈如何阅读出土文献》，《社会科学论坛》2012 年第 3 期。

再者,《耆夜》所表现的内容与《尚书·酒诰》的思想亦有不同。历史上周公以禁酒著称。《尚书·酒诰》是周公命康叔在殷商故地卫国宣布戒酒的诰辞,其中规定:"群饮,汝勿佚,尽执拘以归于周,予其杀。"可见周公的禁酒态度是非常坚决的。但在《耆夜》记载的饮至礼上,周公却劝武王、毕公尽兴饮酒。虽说《耆夜》赋《蟋蟀》有提醒人们康乐毋荒的思想,但频频饮酒却是不同于《蟋蟀》和《酒诰》的态度。而这也提醒我们,原本的《蟋蟀》并不是饮至军礼的背景,《耆夜》也并非历史的实录,而是战国时人拟托周公而作的文章。

既然《耆夜》成于战国,而文本所显示的饮至礼背景又与西周古礼不合,我们几乎可以认定,《耆夜》所载《蟋蟀》文本与饮至礼背景的结合是战国人有意为之。《耆夜》的作者从古老的歌唱中选择了一些诗篇(包括《蟋蟀》),又从当时的礼乐仪式中选择了一类模式,把这些流传已久的诗文本同新的礼乐形式组合在一起,并将其置于西周初年饮至礼的背景下,以帮助它们在战国礼崩乐坏的环境中重现实现这些文本的乐章价值和表演功能。《蟋蟀》一诗本有警示之义,拟托周公之作则类似《战国策》众多拟托之文,一则追古,二则增信。作者试图借周公之口言说康乐毋荒的道理,同时也可以唤起人们对于古礼的记忆。只不过彼时人们对古礼的记忆已然模糊断裂,所以礼仪细节的构造多有疏漏,造成了诗旨与内容、礼制的冲突。

(三)《周公之琴舞》的表演标记

清华简《周公之琴舞》记载周初周公与成王相互致告诫之诗,并行礼奏乐九曲之事。周公作一首诗,成王作九首诗。周公之诗只有"启",而成王作诗每篇分为"启""乱"两部分。《周公之琴舞》从内容上看是周初之事，但文本间却出现了一些西周中期和春秋时期才流行的语词[1]，其所使用的代表乐器"琴"，也是战国及战国以后文献的特点。[2] 这些证据说明出土《周公之琴舞》应当是战国时整理后的写本。

不过，亦有学者认为《周公之琴舞》在形式上比较原始，语言风格古奥。[3] 两种观念可以调和起来看，比如李守奎解释："《周公之琴舞》是战国楚地写本，这些诗一定经历了曲折的流传过程，经历了漫长的时间，经历了异地辗转，经历了文字转写。在这些文本流传和文字转写过程中，掺入后代的一些因素不难理解。"[4] 马银琴也对当前学界的主要研究成果进行了简要梳判："就目前学界对于《周公之琴舞》的研究状况而言，基本上都取一种认可的态度，即使不能确认《周公之琴舞》所载诗作完全出自周公、成王之手，也均承认其文辞之传承必有先代的文本依据。"[5] 这些

---

[1] 参见李山《诗经析读》，中华书局2018年版，第814页。
[2] 郭沫若认为，《诗经》中的琴瑟只用于燕乐男女之私，而《颂》中不见琴瑟，表明宗庙祭祀不用琴。李守奎认为到目前为止，还没有西周时期已经出现琴的充分证据。在战国中期以前，瑟是弦乐的主体，琴的使用可能并不像瑟那样普遍。出土材料中琴最早见于战国楚文字。《仪礼》所记礼仪多言瑟而很少说到琴，表明当时瑟是弦乐的主体。出土实物中，直到战国时期瑟依旧是陪葬的主体；琴不仅数量上很少，年代也略晚于瑟。所以较早的文献中只说"鼓瑟"而不说"鼓琴"。而战国人讲古史，多用琴而少用瑟，比如《孟子》中只有琴而未见瑟。《礼记》中单言鼓琴，琴逐渐占据主体位置。秦汉以后，瑟逐渐流为古董，琴成为弦乐的主流。而《左传》中大量出现有名的琴师与琴的演奏，可能是《左传》的编写者用当时语言的转写。参见郭沫若《十批判书》，载《郭沫若全集·历史编》第2卷"后记"，人民出版社1982年版，第487—488页；李守奎《先秦文献中的琴瑟与〈周公之琴舞〉的成文时代》，《吉林大学社会科学学报》2014年第1期。
[3] 参见廖名春《清华简〈周公之琴舞〉与〈周颂·敬之〉篇对比研究》，《深圳大学学报（人文社会科学版）》2013年第6期。
[4] 李守奎：《先秦文献中的琴瑟与〈周公之琴舞〉的成文时代》，《吉林大学社会科学学报》2014年第1期。
[5] 马银琴：《〈周公之琴舞〉与〈周颂·敬之〉的关系——兼论周代仪式乐歌的制作方式》，《清华大学学报（哲学社会科学版）》2019年第2期。

论断洵为的当。

不少学者认定《周公之琴舞》源于周初的文本依据是"成王儆毖,琴舞九卒"中的第一首诗。其内容与《周颂·敬之》极为相近,但前半部分以"启曰"始,后半部分以"乱曰"始。二者的异同引发学者对于二者流传序列及诗歌体式的大量争论,并由此引申出对《周公之琴舞》文本结构的讨论——周公之诗是否缺佚。[①] 而一切问题最终都指向如何看待先秦诗文本与礼乐观念、制度的互动关系上。因此,我们首先要判断《周公之琴舞》文本性质以及《周颂·敬之》与《周公之琴舞》的关系。

《周颂·敬之》并非周初的颂诗。历代经学家将《诗经·周颂》中《闵予小子》《访落》《敬之》《小毖》四首视为一组。通过对组诗的背景考察,马银琴、李山等皆认定《周颂·敬之》是西周中期周穆王登基之初

[①] 两种争论分别以李守奎和李学勤为首。李守奎认为周公诗是不完整的,首列周公诗只有四句,很可能只是一首颂诗的开头部分,其余省略或者已经散佚了。此后,江林昌、赵敏俐、徐正英、马芳、谢炳军等人继踵。而李学勤、蔡先金、邓佩玲等则认为《周公之琴舞》不存在缺失,而是作者有意编排的结果。参见李守奎《清华简〈周公之琴舞〉与周颂》,《文物》2012年第8期;李守奎《〈周公之琴舞〉补释》,中国文化遗产研究院编《出土文献研究》第十一辑,中西书局2012年版;江林昌《清华简与先秦诗乐舞传统》,《文艺研究》2013年第8期;赵敏俐《〈周公之琴舞〉的组成、命名及表演方式蠡测》,《文艺研究》2013年第8期;徐正英、马芳《清华简〈周公之琴舞〉组诗的身份确认及其诗学史意义》,《复旦学报(社会科学版)》2014年第1期;谢炳军《清华简〈周公之琴舞〉与两周"礼乐文章"——兼论之关系》,《历史文献研究》2017年第2期;李学勤《新整理清华简六种概述》,《文物》2012年第8期;李学勤《论清华简〈周公之琴舞〉"疐天之不易"》,中国文化遗产研究院编《出土文献研究》第十一辑,中西书局2012年版;李学勤《论清华简〈周公之琴舞〉的结构》,《深圳大学学报(人文社会科学版)》2013年第1期;蔡先金《清华简〈周公之琴舞〉的文本与乐章》,《西北师大学报(社会科学版)》2014年第4期;邓佩玲《〈诗经·周颂〉与〈大武〉重探——以清华简〈周公之琴舞〉参证》,《岭南学报》2016年第1期。

典礼上的仪式乐歌，且可与《尚书·顾命》篇互参。①《尚书·顾命》君臣间有对答，《周颂·敬之》篇也很有可能是君臣之间的对答之辞。《毛诗序》以《周颂·敬之》为"群臣进戒嗣王也"，鲁诗同。依此，则前半部分是群臣的戒辞，后半部分是新王的答辞。若依仪式论之，《周颂·敬之》甚至可以是群臣与周王之间的礼乐对唱。②而《周公之琴舞》则是周公与成王之间相互"儆毖"之辞，借"琴舞"的形式表达出来。"成王之诗"每一首都标示出"启""乱"，这种标记明确显示出文本的乐歌属性。③

前已论，出土《周公之琴舞》是战国的整理本，而《周颂·敬之》是穆王时诗。假设简本《敬之》与传世本《敬之》皆有一个古老的来源，则其必源于君臣之间的对话，意即相互敬戒之辞。作者用《敬之》之"戒"意，很可能是战国时《敬之》早已有相对固定的传本，而《周公之琴舞》对其进行了改造。至于《周公之琴舞》中的诗并不如《敬之》齐

---

① 参见马银琴《两周诗史》，社会科学文献出版社2006年版，第152—158页；李山《诗经析读》，中华书局2018年版，第813页。将《闵予小子》《敬之》《访落》与《尚书·顾命》对比的研究源于傅斯年，参见傅斯年《傅斯年全集》，台湾联经出版事业公司1980年版，第218—220页。
② 参见李山《诗经析读》，中华书局2018年版，第813页。
③ "启"和"乱"原本是不同的诗乐表演方式，文献却几乎付之阙如。但有些观点很有启发：赵敏俐根据《礼记·乐记》"今夫古乐，进旅退旅，和正以广，弦、匏、笙、簧，会守拊、鼓，始奏以文，复乱以武，治乱以相，讯疾以雅"的记载，认为"始奏"和"复乱"的部分应当存在不同的表现形式，一种是"文舞"，一种是"武舞"。李辉则由《商颂·那》之"乱辞"推测"'乱'不仅有卒章显志的功能，也意味着歌者角色视角的转变"，而《周公之琴舞》反映了周公和成王轮唱的模式。胡宁则比较《闵予小子》《访落》与《周公之琴舞》的用语，将十首诗的表演形式进行复原，认为其属于"以重大历史事件或场景为表现内容的'歌舞剧'"。参见赵敏俐《〈周公之琴舞〉的组成、命名及表演方式蠡测》，《文艺研究》2013年第8期；李辉《〈周公之琴舞〉"启＋乱"乐章结构探论》，《文史》2020年第3期；胡宁《楚简诗类文献与诗经学要论丛考》，中华书局2021年版，第178页。

整,则可以从文类上观之。成于战国的《周公之琴舞》,亦包含"敬毖"一类语词,语言风格有相似处,或许对《芮良夫毖》这类文献的形态有所继承。作者很有可能按照"书"类文献的特点,将《周颂·敬之》改为更加古奥的语句,以此达到拟托周公成王之辞的目的。至于其余的诗篇,可能是单独的创作,也可能有古老的来源,总之都被统合进了新的诗篇。因此不论"启"和"乱"的具体形式如何,《周公之琴舞》与《周颂·敬之》所显示的礼乐仪式都不相同。

从内容上看,《周颂·敬之》的背景是群臣进戒穆王,是周穆王登基典礼之乐歌,仪式的主体是穆王;《周公之琴舞》的背景是周公与成王相互致以儆戒,仪式的主体是周公和成王。从形式上看,《周颂·敬之》文本并未明确表演方式,只是阅读性的文本。我们只能从文本内容和诗序分析其对答方式是群臣与穆王的礼乐对唱。而《周公之琴舞》的文本则明确彰显出其乐歌的属性,"启"和"乱"揭示出"琴舞"礼仪的表演形式,可以说是一个仪式性的文本。由于"《周公之琴舞》的乐歌属性,反映的只是这组文辞被改造为具有鲜明时代与地域特征的'琴舞'歌辞之后所呈现的特征"[①],我们正可以从中窥见战国时代文本与礼乐的组合方式。

《敬之》入《诗》,本有一套礼仪展演形式相配。但流传至战国诗乐分途后,目前所见的传世本《周颂·敬之》已经成为独立的阅读性文本,因此没有标示表演记号。早期学《诗》者因为接受了系统的乐教,可以理解《诗》本背后的礼仪展演形式。而到了《周公之琴舞》的创作时代,作者就需要将"启""乱"这些礼仪要素标示出来,以修复早已断裂的诗礼联系。就《周公之琴舞》中文本与乐舞的形式看,应当是战国人保

---

① 马银琴:《〈周公之琴舞〉与〈周颂·敬之〉的关系——兼论周代仪式乐歌的制作方式》,《清华大学学报(哲学社会科学版)》2019年第2期。

留了《敬之》或《顾命》君臣相儆戒的主题,将改造后的文本与新的礼乐情境相结合,创作了《周公之琴舞》这一类"诗"文献,同时也创作出"琴舞"这样的诗乐形式。其诗用之义本由《毛诗序》及战国诸诗说对《敬之》的理解揭示;其诗乐之功则不同于《敬之》在穆王时期作为《诗》文本所具备的礼乐面貌,而是由新的"琴舞"形式呈示。通过上述努力,文本的阅读性和仪式性再次合二为一。

三、改制与突破:"诗"类文献的收编与重组

(一)孔子的乐教重建

如何理解诗乐分途背景下《耆夜》《周公之琴舞》中文本与礼乐仪式的结合呢?这与儒家对乐教的重建相关。尽管春秋时期乐教衰落、古乐凋零。但在孔子的理念里,无论是诗的文辞还是诗的礼乐形式,都是"礼教"的一部分,与王道人伦相系,所以孔子传《诗》仍然没有忽视"乐"的层面。比如《论语》中有"兴于《诗》,立于礼,成于乐""师挚之始,《关雎》之乱,洋洋乎盈耳哉!"孔子还提到"吾自卫返鲁,然后乐正,《雅》《颂》各得其所"。相应的,孔门诗教也包括《诗》言"与"《诗》乐"两个部分。

《史记·孔子世家》记载:"古者《诗》三千余篇,及至孔子,去其重,取可施于礼义……三百五篇孔子皆弦歌之,以求合《韶》《武》《雅》《颂》之音。""以求合《韶》《武》《雅》《颂》"暗示出之前已存在一个不合乎音乐规范的《诗》本,而孔子以合乎规范的古乐取缔之,将《雅》诗与应当配《雅》的音乐编配相和,将《颂》诗与应当配《颂》的音乐编配相合,是为"然后

乐正，《雅》《颂》各得其所"。这是孔子对于《诗》乐新的建构。

这种新的建构也反映在《孔子诗论》中。《孔子诗论》载：

  《颂》，塝德也，多言后，其乐安而迟，其歌绅而荡，其思深而远，至矣！《大雅》，盛德也，多言□□□□□□□□□，□矣！《小雅》，□德也，多言难而怨怼也，衰也，少矣！《邦风》，其纳物也博，观人俗焉，大敛材焉。其言文，其声善。

这里的"乐""歌""声"彰示出孔子对于《国风》《雅》《颂》声乐之教具体的建构内容（尽管涉及《雅》的部分文字残缺，但我们不难根据上下文做出推断）。孔子把他所推崇的文武周公、正声雅乐融入配诗的乐曲和仪式中，向弟子传授，试图恢复《诗》本礼乐化的形态。同时，孔子对于"其乐""其歌"的描述，落脚点在于"情"与"志"。这说明孔子的乐教不仅重视《诗经》古老仪式中的雅乐形态，更重视其中蕴含的人伦之道。由此观之，孔子所建构的基于人性的《诗》中乐教甚至超越了仪式层面，而达成了秩序与道德的统一。在孔子的《诗》学乐教中，仪式只是完成政教伦理的必备手段。

孔门弟子中一部分人继承了孔子在乐教层面的诗学建构。如孔子的学生子游为鲁国的武城宰，同样推行乐教：

  子之武城，闻弦歌之声。夫子莞尔而笑，曰："割鸡焉用牛刀？"子游对曰："昔者偃也闻诸夫子曰：'君子学道则爱人，小人学道则易使。'"子曰："二三子，偃之言是也！前言戏之耳。"（《论语·阳货》）

053

这是乐教在为政中的应用。另有《乐记》传与孔子弟子公孙尼子相关，可以算是孔门乐教理论相关著作。① 此外，《礼记》中不少篇目，也保留了战国中晚期儒家弟子对于仪式中的《诗》乐的认识。如《礼记·射义》："《采蘋》，乐循法也。"《礼记·射义》："《驺虞》者，乐官备也。"《礼记·射义》引诗："发彼有的，以祈尔爵。"《礼记·聘义》引诗："言念君子，温其如玉。"《礼记·礼运》引诗："相鼠有体，人而无礼。人而无礼，胡不遄死?"《礼记·檀弓下》引诗："凡民有丧，扶服救之"等。② 曾小梦统计："《礼记》中因阐述礼仪、乐舞制度所提到的《诗》乐共计40次，其中风7篇，为周南《关雎》《葛覃》《卷耳》和召南《驺虞》《采蘋》《采蘩》《鹊巢》；小雅12篇，为《鹿鸣》《四牡》《皇皇者华》《鱼丽》《南有嘉鱼》《南山有台》《南陔》《白华》《华黍》《由庚》《崇丘》《由仪》，后6篇今已失其辞；周颂2篇，为《清庙》和《武》；逸诗1篇，《狸首》。"③《大戴礼记》也有记载，如《投壶》篇："凡雅二十六篇，其八篇可歌，歌《鹿鸣》《狸首》《鹊巢》《采蘩》《采蘋》《伐檀》《白驹》《驺虞》。"通过上述文献，可约略探知《诗》在战国时期儒家传承系统中的乐教形态。

然而，上述大部分属于乐教的《诗》学建构，并非《诗》教的礼乐化传承。儒家诗学传承中占据核心地位的并非礼乐仪式，而是"诗义"。无论是传世文献《荀子·乐论》《礼记·乐记》，还是出土文献《性自命出》和《性情论》，都证明了诗乐是基于人伦和人的普遍情感的，也就是

---

① 《隋书·音乐志》引梁沈约云："《乐记》取《公孙尼子》。"《史记·乐书正义》亦云："《乐记》者，公孙尼子次撰也。"
② 根据王锷《〈礼记〉成书考》的结论，上述几篇成书于战国中晚期。
③ 曾小梦：《先秦典籍引〈诗〉考论》，博士学位论文，陕西师范大学，2008年。

"性"与"情"。① 这些对诗乐的努力阐释最终铸造出一座《诗》义的大厦，掩盖住了礼乐形态的基石。正如马银琴所分析的："与孔子的初衷相去甚远，他所开创的儒家诗教并没有回复礼乐化的形态，《诗》、礼、乐并立的论说方式反而进一步强化了诗与乐的剥离，使诗教最终摆脱乐教的束缚，走上了更加彻底的伦理德义发展之路。"② 除《孔子诗论》《乐记》等文献记载了"诗乐"的相关内容外，大部分儒家文献如大小戴《礼记》《孔子家语》《孟子》《荀子》，出土文献如《五行》《缁衣》《性自命出》《民之父母》等，它们传承的主要是"诗言"的部分。也因此，到了战国礼崩乐坏的背景下，时殊世异，《诗》的乐教传承几乎无所依傍。

（二）儒家弟子的礼乐复兴

尽管如此，在孔门寥落的《诗》乐传承中，仍然有部分人为《诗》的礼乐形态重建做出了相当的贡献，子夏的影响就功不可没。子夏曾为魏文侯师，《礼记·乐记》记载魏文侯与子夏论乐，子夏区分了古乐与新乐：

> 今夫古乐，进旅退旅，和正以广，弦、匏、笙、簧，会守拊、鼓，始奏以文，复乱以武，治乱以相，讯疾以雅。君子于是语，于是道古，修身及家，平均天下，此古乐之发也。……今夫新乐，进俯退俯，奸声以滥，溺而不止，及优、侏儒，獶杂子女，不知父子。乐

---

① 参见李美燕《〈荀子·乐论〉与〈礼记·乐记〉中"情"说之辨析——兼与郭店竹简〈性自命出〉乐论之"情"说作比较》，载《诸子学刊》第二辑，上海古籍出版社2009年版，第307—317页；刘冬颖《出土文献与先秦儒家〈诗〉学研究》，知识产权出版社2010年版；李天虹《郭店竹简〈性自命出〉研究》，湖北教育出版社2003年版。
② 马银琴：《周秦时代〈诗〉的传播史》，社会科学文献出版社2011年版，第36页。

终，不可以语，不可以道古。此新乐之发也。(《礼记·乐记》)

"君子于是语，于是道古"，说明判断古乐的标准在于是否使用"语"，是否能够"道古"。宋代学者方慤解释说："语，即大司乐所谓'乐语'也。道古，道古之事。"郑注说："《大司乐》曰'道者，言古以剀今'，盖谓是矣。"而"言古以剀今"的"乐语之教"正是当年国子所接受的诗乐礼教。子夏还用《诗》来解释声音之义，告诉魏文侯"君子之听音，非听其铿锵而已也，彼亦有所合之也"。

魏文侯也同样尊周、尊儒好古，《汉书·艺文志》载："六国之君，魏文侯最为好古，孝文时得其乐人窦公，献其书，乃《周官·大宗伯》之《大司乐》章也。"子夏及其门人于是至西河传播经学。子夏特为重视古乐、新乐的区别，也经熟于乐教的伦理阐发，这应当源于孔子的《诗》学乐教。有学者认为，魏文侯曾在窦公、子夏的帮助下重新整治礼乐，"正六律，和五声，弦歌诗、颂"，做出了复兴古乐的努力。[①]

[①] 参见张树国《清华简组诗为子夏所造魏国歌诗》，《杭州师范大学学报（社会科学版）》2020年第4期；马银琴《安大简〈诗经〉文本性质蠡测》，《中国文化研究》2020年第3期。此外，郭伟川曾对《周礼》的成书过程做出详考，他认为《周礼》成书于战国魏文侯时期，是在魏文侯的主导下，由子夏为首的西河学派在周公《周官》篇"六卿"官制的基础上，整理编制成《周礼》的"六官"系统。笔者认可郭伟川的意见，在此简要介绍他的论证：魏文侯制礼作乐具备可能性：战国初期，魏文侯重用李悝、西门豹等振兴经济吏治，又出兵西河、北伐中山，奠定中原霸业。魏文侯师事子夏时，已经取得了武功，开始着力于文治。由于魏文侯尊周继晋、尊儒好古，所以子夏及其门人才能来到西河传播经学。王者功成作乐，治定制礼，大规模的整理经籍礼乐文献成为可能。此外，魏国为毕公高之后，春秋时期，魏文侯先祖魏绛的和戎之策成就晋国霸业，晋遂"以乐之半赐魏绛"。晋悼公在赏赐魏绛时还说："夫赏，国之典也，藏在盟府，不可废也。"所以魏文侯的祖先拥有"金石之乐"，魏文侯整理礼乐文献具备先在的文化资源。另外，汲冢竹书的文献篇目和编排顺序也可为此提供文献佐证。参见郭伟川《〈周礼〉制度渊源与成书年代新考》第四章，国家图书馆出版社2016年版。

但笔者在此想强调的是，战国时期重整礼乐的活动，最终是要为当时的统治形势所服务的。《诗》原有的礼乐内容，包括雅乐的声调和仪式的调度，已经不符合当时人们的习惯。即便是魏文侯意图了解古乐，但实际上自己却是听雅乐"唯恐卧"，而听郑卫新声则"不知倦"，这也反映了当时人们音乐审美兴趣的普遍倾向。在乐教几乎不传、新乐广受追捧的情况下，西周的古乐形态是不可能真正复兴的。换句话说，"古乐"和"诗"的断裂已经无法修复，古乐不受到世人欣赏，难以活态传承，只能被阅读性文本收编，进入礼学文献，最终固化成阅读性文本的条文，只见名字，不见形式。

对此，孔门弟子也完全可以作出判断。孔子尚且不能恢复古礼，子夏及其门人也只能作出妥协。在他向魏文侯解释为何选择古乐时，他强调古乐使用"乐语"，能够"道古"，也就是"言古以剀今"。"乐语"本来属于礼乐仪式技能，用以联结诗和礼乐仪式。但古乐凋零后，"道古"难以通过乐语仪式存在，"丧失了在诗礼之间的连缀功能"[1]。但只要能够"言古以剀今"，也不妨古调新弹，让诗本与仪式重新组合。在这种局势下，尽管有人在尽力尝试复兴"诗"的礼乐化形态，也只能类似于某种"文艺复兴"，最多汲取一部分古礼古乐的元素，而思想、形式都有了新的变化，清华简《耆夜》《周公之琴舞》就是例证。[2]

---

[1] 宋健：《乐语"道古"的诗礼应用及文学意义》，《文学遗产》2020年第4期。

[2] 张树国曾分析《耆夜》《周公之琴舞》为子夏所造魏国歌诗。他发现《耆夜》组诗有意抬升魏文侯初祖毕公高地位，并赋予其《唐风·蟋蟀》的著作权；《周公之琴舞》则取材于"周公致政，成王嗣位"，为战国魏文侯僭位大造舆论。参见张树国《清华简组诗为子夏所造魏国歌诗》，《杭州师范大学学报（社会科学版）》2020年第4期。前已证，这两首应当是战国时代的作品。从思想内容上看，诗篇成于魏国的论断也有合理之处。但笔者并不想将作者凿实在子夏的身上，而是把这类作品看成战国时代儒家复兴诗乐的一种特殊的方式。

四、结论

综上所述,清华简"诗"类文献的文本兼具阅读性与仪式性,不仅反映出不同历史时期下"诗"与礼乐的不同组合关系,也反映出不同历史时期下人们对待"诗"和礼乐结合方式的不同观念。《芮良夫毖》作为西周末年的作品,其文本与礼乐的组合方式显示出"诗体"生成过程中阅读性与仪式性尚未分离的痕迹。而《周公之琴舞》《耆夜》作为战国作品,其文本与仪式的组合方式体现出战国诗乐分途背景下儒家弟子重建诗歌"礼乐化形态"的尝试。他们在流传已久的《蟋蟀》《敬之》等阅读性诗本上添加了"启""终""乱"等仪式性用语,丰富了单篇诗的乐章表达形式,也反映了战国人的诗乐结合观念。只要能够"言古以剀今",不妨让那些渐趋消亡的乐、舞形式与"诗"类文献相结合,达成文体上的复古与形式上的创新。在战国重制礼乐的背景之下,清华简"诗"类文献能够反映出一部分尊周重礼者的雄心壮志。但这种妥协也只能够让"诗"本的礼乐化形态昙花一现。彼时"诗"本传播的去仪式化已成定局,因此这些仪式性的文本并没有存在太久。它们很快就被埋没于地下,要等待几千年后才能重见天日。

(作者单位:清华大学人文学院)

试说周代金文中"姓+某母"一类女子称谓
——王国维先生《女字说》志疑

苏 浩

周代彝铭中有"姓+某母"①一类女子称谓,如"姬原母"(应侯簋)、"姬大母"(虢伯鬲)、"妫四母"(陈侯鼎)等。王国维先生最早注意这种称谓方式,其在《女字说》一文中搜罗当时所见周代金文含"姓+某母"之称者十七例,指出"此皆女字,女子之字曰某母,犹男子之字曰某父……盖男子之美称莫过于父,女子之美称莫过于母,男女既冠笄,有为父母之道,故以某父某母字之也"。此说影响甚巨,被多数研究金文女子称谓者奉为圭臬。②但随着金文人名材料的丰富,这一说法的准确性值得推敲,考察相关器铭可知,这类称谓并非全为女子之字,而是具有更

---

① 王国维:《女字说》,载《观堂集林》(附别集),中华书局1959年版,第164—165页。
② 如杨树达、杨宽、盛冬铃、李学勤、汪中文、吴镇烽等学者均赞同女字说,以金文中"某母"之称为女子之字。参见杨树达《积微居金文余说·京姜鬲跋》,载《积微居金文说》(增订本),湖南教育出版社2007年版,第300—301页;杨树达《释夬》,载《积微居甲文说》,上海古籍出版社1986年版,第20页;杨宽《"冠礼"新探》,载《古史新探》,上海人民出版社2016年版;盛冬铃《西周铜器铭文中的人名及其对断代的意义》,《文史》第十七辑,中华书局1983年版;李学勤《先秦人名的几个问题》,《历史研究》1991年第5期;汪中文《两周金文所见周代女子名号条例》(修订稿),载《古文字研究》第二十三辑,中华书局、安徽大学出版社2002年版;吴镇烽《金文人名汇编》(修订本),中华书局2006年版;吴镇烽《也谈周代女性称名的方式》,复旦大学出土文献与古文字研究中心网站(http://www.fdgwz.org.cn/Web/Show/2822),2016年6月7日。

为复杂的含义，这反映了周代女子称谓及家族宗法关系的丰富形态，值得探究。

后世礼书中多有关于成人取字的记载，如《仪礼·士冠礼》："冠而字之，敬其名也。"《礼记·冠义》："已冠而字之，成人之道也。"《礼记·曲礼》曰："男子二十冠而字。注成人矣敬其名音义，父前子名，君前臣名。"《礼记·檀弓上》："幼名，冠字。"孔颖达云："冠字者，人年二十，有为人父之道，朋友等类不可直呼其名，故冠而加字。"[1] 以上所谓"冠字""冠而字之"专就男子成人礼而言。关于男子所用之字，《仪礼·士冠礼》曰："宜之于假，永受保之。曰伯某甫，仲、叔、季，唯其所当。"郑玄注："伯仲叔季，长幼之称，甫是丈夫之美称，孔子为尼甫，周大夫有嘉甫，宋大夫有孔甫，是其类，甫字或作父。"[2] 根据此说，男子冠礼之后，以行称加甫为其字，甫乃男子美称。

关于女子之字的情况，《仪礼·士昏礼》载："女子许嫁，笄而醴之，称字。"郑玄注云："许嫁，已受纳征礼也。笄女之礼，犹冠男也。"《礼记·曲礼》："女子许嫁，笄而字。"《礼记·内则》说："十有五年而笄，二十而嫁，有故，二十三年而嫁。"郑玄注云："女子许嫁，笄而字之，其未许嫁，二十则笄。"这是礼书中关于女子取字的记载，女子许嫁之后，举行笄礼，然后取字。关于女字具体的称谓方式，文献阙如，王国维先生以周代金文中"姓+某母"的形式为女子之字，这与《仪礼·士冠礼》："曰伯某甫，仲、叔、季，唯其所当"，以某甫（父）为男字的称

---

[1] 郑玄注，孔颖达疏：《礼记注疏》，载阮元校刻《十三经注疏》，中华书局1980年版，第1286页。
[2] 郑玄注，贾公彦疏：《仪礼注疏》，载阮元校刻《十三经注疏》，中华书局1980年版，第957—958页。

谓方式刚好相对。王国维先生根据作器者不同,将包含"姓+某母"的称谓方式的铭文分为三类:

第一类为"母氏为其女作器",如:

苏冶妊作虢改鱼母媵,子子孙孙永宝用。(苏冶妊鼎《集成》02526)

佳(唯)正月初吉丁亥,陈侯作铸妫四母媵鼎,其永寿用之。(陈侯鼎《集成》02650)

王乍(作)姬鼌母尊鬲,子子孙孙永宝用。(王作姬鼌母鬲《集成》00646)

虢伯作姬大母尊鬲,其万年子子孙孙永宝用。(虢伯鬲《集成》00709)

应侯作姬原母尊簋,其万年永宝用。(应侯簋《集成》03860)

铸公乍(作)孟妊车母媵簠,其万年眉寿,子子孙孙永宝用。(铸公簠盖《集成》04574)

白(伯)侯父媵叔妘巽母盘,用祈眉寿,万年用之。(伯侯父盘《集成》10129)

干氏叔子乍(作)仲姬客母媵盘,子子孙孙永宝用之。(干氏叔子盘《集成》10131)

以上诸器,苏冶妊鼎铭文中"苏冶妊"当为苏国君之夫人,"虢改鱼母","虢"为出嫁女子夫家之国名,"改"为苏国之姓,此为苏国国君夫人为其嫁于虢国的女儿所作媵器。以下"妫四母""姬鼌母""姬大母""姬原母"皆为"母家姓+某母"的称谓形式,而"孟妊车母""叔妘

061

娶母""仲姬客母"在上述结构之前,又加上了"孟""叔""仲"等排行用字。

第二类为"夫氏为其妇作器",如:

齐侯乍(作)虢孟姬良女宝匜,其万年无疆,子子孙孙永宝用。(齐侯匜《集成》10272)

此器作器对象为,"女"字王国维先生径作"母"字而无说,从字形看,当隶作"女"为是。第一类称谓格式,均为本国国君或国君夫人为本国女子作器,与之不同,此为国君为其夫人作器。

第三类为"女子自作器或为他人作器",如:

辛中姬皇母作尊鼎,其子子孙孙永享于宗老。(辛仲姬皇母鼎《集成》02582)

姬趍母乍(作)尊鬲,其永用。(姬趍母鬲《铭图》02841)

京姜㚤母乍(作)尊鬲,其永宝用。(京姜㚤母鬲《集成》00641)①

姬芳母乍(作)齍鬲。(姬芳母鬲《集成》00546)

郳妃逄母铸其羞鬲。(郳妃逄母鬲《集成》00596)

妉理母乍(作)南旁宝簋。(妉理母簋②《集成》03845)

中(仲)姞义母乍(作)旅匜。(仲姞匜《集成》10238)

---

① 此器"母"字,据字形当为"女",杨树达先生业已指出,参见杨树达《积微居金文说》(增订本),湖南教育出版社2007年版,第300—301页。

② 此器王国维先生称南旁敦。

以上三类铭文，女子于作器者的身份不同，但其核心称谓格式均为"母家姓＋某母"。第一类包含了几件媵器，关于作器者与被作器女子的关系，王国维先生认为"皆母氏为其女作器，而称之曰某母者也"，此所谓"母氏"当为女子母家，根据王国维先生之说，作器者与女子的关系似乎是父母与女儿。那么父母于子女为尊者，父母尊长称呼晚辈，能否以字相称呢？

《礼记·曲礼》曰："父前子名，君前臣名。"郑玄注："对至尊，无大小，皆相名。"[1] 意即在父、君尊长面前，皆以名相称。十六国邵弘于古名与字的用法有清楚的论说："名者，己之所以事尊，尊者之所以命己；字者，己之所以接卑，卑者之所以称己。未有用之于尊而为卑，用之于卑而尊者也。"[2] 意思是尊者对自己以名称，卑者对自己以字称。这类例子在先秦典籍中多见，少有例外。《论语·先进》"子路、曾晳、冉有、公西华侍坐"章记载孔子与其弟子子路、曾晳、冉有、公西华的对话，孔子分别称子路为由、称曾晳为点、称冉有为求，均以名相称，而不以字相称即是其证。父母于其子女，师长于其学生，当以名相称，而不是以字相称。铭文中以尊临卑，都是直呼其名。[3] 第一类器多数为父母为其女儿

---

[1] 郑玄注，孔颖达疏：《礼记注疏》，载阮元校刻《十三经注疏》，中华书局1980年版，第1241页。
[2] 《太平御览》卷三六二"人事部·名"引《秦记》，中华书局1960年版，第1670页。
[3] 学者已经指出这一点，参见盛冬铃《西周铜器铭文中的人名及其对断代的意义》，载《文史》第十七辑，中华书局1983年版，第33页。

063

所作媵器①，作器者的身份多为周王或诸侯国君。国君于其子女，既是父，又是君，称其女应直呼其名而不应以字。

第三类"女子自作器或为他人作器"铭文中，女子于自己是否称字呢？关于女性自己作器的自称名问题，李峰先生指出："女子自己作器怎么办？和她儿子一样，称他丈夫的氏名和自己的姓。"②而实际女子自作器的自称名格式更加复杂，后吴镇烽先生共总结出了金文中诸如"夫家国氏＋父家的姓"（如晋姞）、"夫家国氏＋姊妹间排行＋父家的姓"（如京叔姬）、"父家国氏＋父家的姓"（如齐姜）、"父家国氏＋姊妹间排行＋父家的姓"（如曾仲姬）等20种女子自称名的形式，基本涵盖了周代金文中所有的女性自作器的自称名形式，但在第九、十二式中，相同的形式下却分出了"名或字"。③

第九式为"姊妹间排行＋父家的姓＋女子名或字"，其所举例：

孟芈玄之行簠　　　　　（孟芈玄簠《铭图续》0259）
仲姞义母作旅匜　　　　（仲姞义母匜《铭图》14948）

---

① 这类器也有少数情况是被作器女子为作器者之长辈。上举应侯簋铭文中的姬原母，也出现于应侯视工簋（《铭图》05311）铭文中，器主为同一人，其器铭曰："应侯作姬原母尊簋，其万年永宝用。"盖铭曰："……余用乍（作）朕王姑单姬尊簋，姑氏用易眉寿永命，子子孙孙永宝用享。"此器器铭与应侯簋铭文相同，器、盖作器对象一致，盖铭"王姑单姬"即"姑氏"，在器铭中又称"姬原母"，应侯视工簋铭文记载周王命应侯征伐淮南夷而获胜，应侯为其王姑单姬作器。据《左传》"邢晋应韩，武之穆也"，应国为姬姓，"单姬"当为应国的姬姓女子嫁于单国者。

② 李峰：《西周宗族社会下的"称名区别原则"——李峰教授华东政法大学讲演实录》，《文汇报》2016年2月19日第14版。

③ 参见吴镇烽《也谈周代女性称名的方式》，复旦大学出土文献与古文字研究中心网站（http://www.fdgwz.org.cn/Web/Show/2822），2016年6月7日。

季嬴灵德作宝盉　　　　　（季嬴灵德盘《铭图》14738）

　　又第十式"父家的姓+女子名或字",其所举例：

　　嬴灵德作小鼎　　　　　　（嬴灵德鼎《铭图》01622）
　　姜休母作羞铺　　　　　　（姜休母铺《铭图》06119）
　　姬兔母作鮨鼎　　　　　　（姬兔母鼎《铭图续》0153）

　　以上两式中，女子称谓的格式分别相同，第九式中，孟、仲、季为排行，芈、姞、嬴是女子的姓，吴镇烽先生以"玄、义母、灵德是其私名"①。"嬴灵德"与"姜休母""姬兔母"格式相同，由于吴镇烽先生受"女字说"影响，均以"某母"为女子之字，故而相同格式的称谓形式，却分出了"名或字"，其时名与字的区别显然，含义和用法并不相同。上举诸"姓+某母"之例，不必强合"女字说"，"父家的姓"后均为女子之名，而非女子之字，其中的"母"字乃是"男女"之区别字而用于女性私名中，并无尊称而为女字之意。② 颜师古谓："在身自述，必皆称名。他人褒美，则相呼字。"③ 这应当是符合实际的。

　　要深入了解"姓+某母"的称谓形式，值得注意的还有以下几件

---

① 吴镇烽先生持"女字说"，此文中凡"某母"之称，均以女字为说，此式"父家的姓"后其概括为"女子名或字"，这里将"义母"与处于同一格式位置的"玄""灵德"一概视为"私名"，可能是智者之失。
② 郭沫若先生在《两周金文辞大系》"蔡大师鼎"条下亦指出："古人女子无论已嫁未嫁，均称某母……某母当为女名，或省去'母'字。"
③ 颜师古撰，刘晓东平议：《匡谬正俗平议·名字》，山东大学出版社1999年版，第211页。

器铭：

辛王姬乍（作）叔西父、姬西母媵簋，其万年子子孙孙永宝用。（盖铭）

辛王姬乍（作）姬西母媵簋，其万年子子孙孙永宝用享。（器铭）（辛王姬簋《铭图》05017）

白（伯）多父乍（作）成姬多母䵼盨，其永宝用享。（伯多父盨《集成》04419）

辛王姬簋器铭显示，此为辛王姬为"姬西母"所作媵器，但盖铭显示作器对象还有叔西父，叔西父和姬西母两者显然是夫妻关系，二称谓中同有一"西"字。①伯多父盨铭文中，伯多父与姬多母同样是夫妻关系，两者的称谓中同有一"多"字。上引礼书中关于女字的记载，均言"女子许嫁，笄而字"，可见许嫁与字关系密切，上述两例夫妻称谓中同用一字，可能是女子许嫁后，取一与夫家相同的名字，很难确定这种字是否就是女性的字，更不能以"母"来作为女字的标志。夫妻称谓中的这种共同用字，很容易让人联想到另一类夫妇同谥的铭文，如：

用作朕皇考恭叔、皇母恭姒宝尊彝鼎。（颂鼎）

文考圣公、文母圣姬。（师趛鼎）

这类铭文夫妇称谓，女子称谓中与丈夫同字者，一般认为是与其丈

---

① 学者以"夫妻同字"解释这种现象，参见黄锦前《金文夫妻同字称谓释例》，《文献》2019 年第 4 期。

夫同谥，在史伯硕父鼎（《集成》02777）中"史白（伯）硕父追考（孝）于皇考釐中（仲）、王母泉母尊鼎"，"釐中（仲）"为谥，与之对应的"泉母"亦非女子之字可知。

周代金文中，"姓+某母"的称谓方式是复杂的，在王国维所举齐侯匜铭文中的"姬良母"实为"姬良女"，"京姜禺母"实为"京姜禺女"，杨树达先生以之申论王国维先生之说，指出"古人于女子不但以母字为其字，亦以女字为其字也"，又引畬父盘（《集成》10075）铭"畬父乍（作）兹女宝盘"、帛女鬲（《集成》00535）铭"帛女作齐鬲"等铭为证，以"兹女""帛女"等均为女子之字。①古文字中母和女常相通用无别，但在具体含义上，父母之母和男女之女仍是有区别的。周代金文中，作器者称其母亲多为"皇母""文母"，考母或父母相对，指的是作器者的亲生母亲。上例提示我们，王国维先生所谓"男女既冠笄，有为父母之道，故以某父某母字之也"可能并不能说通。杨树达先生进一步认为"字男子曰父者，所以别于女子，明其为男子也，字女子曰母者，所以别于男子，明其为女子也"②，此仍坚持女字之说，却已点明女子称谓中曰"某母（女）"者，仅为男女之区别字，并非美称。

综合以上，在周代金文"姓+某母"一类女子称谓中，"姬大母""丰大母""妫四母"中间的字似乎是排行，表示女子在家族中的行次。"姜懿母"（穆父鼎）、"姜桓母"（许男鼎）中间的"懿""桓"又是很常见的美称用字。而"姜妢母""妫娟母"中间的"妢""娟"两字又均从女，其中"娟"字，《说文解字》谓"女字也"，似为女子之字，但这种女字的区别

---

① 参见杨树达《积微居金文余说·京姜禺跋》，载《积微居金文说》（增订本），湖南教育出版社2007年版，第300—301页。
② 杨树达：《释夹》，载《积微居甲文说》，上海古籍出版社1986年版，第20页。

标志是从女之字，而非称谓中的"母（女）"字。"姓+某母"一类女子称谓中，最后的"母（女）"字应为男女之女的区别字，并非美称，更不应视作女子之字。从目前材料看，"母（女）"前之字，有的为排行，有的为美称字，亦有从女之字，这种有可能是女子之字，但在金文中的数量极少。王国维先生《女字说》一文率先注意女字问题，可谓道夫先路，目光如炬，对其后的女性称谓研究影响深远，相关研究者将"女字说"奉为圭臬，凡见金文中"某母"之称，均一概认为是女子之字，这是值得注意的。

（作者单位：中国艺术研究院中国文化研究所）

西北汉简所见汉代边郡基层官吏的选任与罢免
——以"伉健吏"为缘起

焦天然

出土材料中"伉健"一词首见于河西汉简。王国维《流沙坠简》对19世纪末新掘简牍进行最初的考释时，就已注意到这个问题，用"二重证据法"将简文与史料互参，得出"伉健盖骑兵也"的结论。[①] 邢义田《从居延简看汉代军队的若干人事制度》提出"'伉健'是指勇武强健的特质，应该是与武事较有关的资格评语"[②]。悬泉汉简与五一广场东汉简有若干关于"伉健吏"的记载，本文将梳理"伉健"与"伉健吏"相关的出土文献材料，并以此为契机，对与之相关的汉代基层官吏的选任与罢免标准作出分析。

一、说"伉健"

伉，《汉书·宣帝纪》颜师古注"健也"。[③] 又《集韵·梗韵》："伉，

---

① 参见王国维、罗振玉撰，何立民点校《流沙坠简》附录一《流沙坠简考释补正》，浙江古籍出版社2013年版，第213页。
② 邢义田：《从居延简看汉代军队的若干人事制度——读〈居延新简〉札记之一》，载《治国安邦：法制、行政与军事》，中华书局2011年版，第538页。
③ 《汉书》卷八《宣帝纪》颜师古注，中华书局1962年版，第244页。又见《汉书》卷八三《朱博传》："伉侠好交，随从士大夫，不避风雨。"颜师古注："伉，健也。"第3398页。

健力也。"① 健，许慎《说文解字·人部》："健，伉也。"② 《易·象传》孔颖达疏："健者，强壮之名。"③ "伉健"互训，即为同义复合词，是汉代习语，如《后汉书·冯异传》注引《东观汉记》曰："（丁）綝字幼春，定陵人也。伉健有武略。"④ "伉健"通常用来形容体格强健，勇猛有力。

此前学界对"伉健"的关注较少，南宋钱文子《补汉兵志》言："武帝之后有选募，有罪徒。其选募曰勇敢、曰犇命、曰伉健、曰豪吏、曰应募、曰私徒。"⑤ 学者对此说多有沿用，将"伉健"与"射声""虎贲""奔命""佽飞""勇敢"并列，认为是西汉时募兵的名称，根据各自特长，分别名之⑥，然此说恐有未安之处。"佽飞"原称"左弋"，属少府，武帝太初元年（前104）更名，《汉书·百官公卿表上》载："佽飞掌弋射，有九丞两尉。"⑦ "射声""虎贲"为武帝时北军所设八校尉之二，见《汉书·刑法志》："京师有南北军之屯。至武帝平百粤，内增七校。"颜注引晋灼曰："《百官表》中垒、屯骑、步兵、越骑、长水、胡骑、射声、虎贲，凡八校尉，胡骑不常置，故此言七也。"⑧ 而"伉健"其名，《百官公

---

① 丁度等编：《集韵·梗韵》，上海古籍出版社2017年版，第423页。
② 许慎撰，段玉裁注：《说文解字注》卷八，上海古籍出版社1988年版，第369页。
③ 王弼注，孔颖达疏：《周易正义》卷一，载阮元校刻《十三经注疏》，中华书局1980年版，第14页。
④ 《后汉书》卷一七《冯异传》，中华书局1965年版，第640页。
⑤ 钱文子：《补汉兵志》，载二十五史补编编委会编《史记两汉书三史补编》（第一册），北京图书馆出版社2005年版，第412页。
⑥ 参见臧知非《汉代兵役制度演变论略》，《山东大学学报（哲学社会科学版）》1991年第1期。相似观点另参见黄今言《秦汉军制史论》，江西人民出版社1992年版，第92页；刘良群《简论西汉军队的征调与招募》，《江西社会科学》1988年第3期。
⑦ 《汉书》卷一九上《百官公卿表上》，中华书局1962年版，第732页。
⑧ 《汉书》卷二三《刑法志》，中华书局1962年版，第1090页。

卿表》未见，将其视为募兵的名称，可能缘于对史料的误读。

宣帝初，匈奴欲掠乌孙，嫁去乌孙的解忧公主及乌孙王昆弥遣使请求汉出兵共击匈奴，于是汉大发十五万骑，五将军分五道并出。[①] 对于此事，《汉书·宣帝纪》载：本始二年（前72）秋，"大发兴调关东轻车锐卒，选郡国吏三百石伉健习骑射者，皆从军……凡五将军，兵十五万骑，校尉常惠持节护乌孙兵，咸击匈奴"[②]。其事又见于《汉书·匈奴传》："本始二年，汉大发关东轻锐士，选郡国吏三百石伉健习骑射者，皆从军。"[③] 又有《汉书·赵充国传》记载赵充国上屯田奏曰："至四月草生，发郡骑及属国胡骑伉健各千，倅马什二，就草，为田者游兵。"[④] 以上三条史料所见"伉健"，从文意上看，《宣帝纪》与《匈奴传》"伉健习骑射者"即选拔准为"伉健"和"习骑射"。《赵充国传》"发郡骑及属国胡骑伉健各千"是指发郡骑一千，属国胡骑一千，"伉健"为郡骑与属国胡骑的选拔条件。

汉成帝于元延元年（前12）下诏："北边二十二郡举勇猛知兵法者各一人。"[⑤]"勇猛知兵法"与"伉健习骑射"词语结构相似，因此与其将"伉健"视为募兵名称，不如理解为吏卒的选拔条件，即选拔体格强健、

---

① 参见《汉书》卷九六《西域传下》："宣帝初即位，公主及昆弥皆遣使上书，言：'匈奴复连发大兵侵击乌孙，取车延、恶师地，收人民去，使使谓乌孙趣持公主来，欲隔绝汉。昆弥愿发国半精兵，自给人马五万骑，尽力击匈奴。唯天子出兵以救公主、昆弥。'汉兵大发十五万骑，五将军分道并出。"中华书局1962年版，第3905页。《汉书》卷九四《匈奴传下》："至本始之初，匈奴有桀心，欲掠乌孙，侵公主，乃发五将之师十五万骑猎其南，而长罗侯以乌孙五万骑震其西，皆至质而还。"中华书局1962年版，第3814页。
② 《汉书》卷八《宣帝纪》，中华书局1962年版，第243—244页。
③ 《汉书》卷九四《匈奴传》，中华书局1962年版，第3785页。
④ 《汉书》卷六九《赵充国传》，中华书局1962年版，第2986页。
⑤ 《汉书》卷一〇《成帝纪》，中华书局1962年版，第326页。

勇猛有力者从军，以保证吏卒的身体素质和作战能力。

《汉官仪》载："高祖命天下郡国选能引关蹶张、材力武猛者，以为轻车、骑士、材官、楼船。"[1] 可见汉初选择兵员的标准就已对身体、骑射、武艺等方面有所要求。张家山三三六号墓出土了西汉初期的《功令》简册，内容为考核、任免官吏令文的汇编，其中第二十六条规定了军吏的选任标准：

> 议：令车骑士、材官皆相谁（推）大夫以上、材犹（伉）建（健）、劲有力、轻利足、辩护者，以为卒长、五百将、候长，候长一人将幕候百廿人，上八二名媒属所二千石官，二千石官上相国、御史，移副中尉。八三[2]

《功令》内容较《汉官仪》记载更为详细，规定卒长、五百将、候长等军吏的选任标准为"材伉健、劲有力、轻利足、辩护"。"辩护"与"伉健"连用见于《公羊传》宣公十五年何休注："选其耆老有高德者，名曰父老，其有辩护伉健者为里正，皆受倍田，得乘马。"阮元校勘记："辩常作辨。辨即今人所用之办字。辨护，谓能干办护卫也。"[3]

这样的选拔延续至新莽、东汉时期，史载王莽"征天下能为兵法者六十三家数百人，并以为军吏；选练武卫，招募猛士，旌旗辎重，千里

---

[1] （汉）应劭：《汉官仪》，载（清）孙星衍等辑，周天游点校《汉官六种》，中华书局1990年版，第152页。
[2] 荆州博物馆编，彭浩主编：《张家山汉墓竹简：三三六号墓（上册）》，文物出版社2022年版，第110页。
[3] 何休解诂，徐彦疏：《春秋公羊传注疏》卷一六，载阮元校刻《十三经注疏》，中华书局1980年版，第2287、2289页。

不绝"①。汉桓帝延熹九年(166)"诏举武猛,三公各二人,卿、校尉各一人"②。

二、汉简所见"伉健吏"

汉朝在西北边郡徙民塞下,征六郡良家子为兵。出于对匈奴作战的需求,需征募强健勇猛的吏卒。"伉健吏"一词,散见于居延汉简、肩水金关简、悬泉汉简等西北出土的简牍文书,长沙五一广场简也有文例,兹将相关简文整理抄录如下:

(1)玉门候造史龙勒周生萌,伉健,可为官士吏。1898③

"造史",陈梦家认为是新莽时特有之制,相当于"尉史"。④饶宗颐、李均明认为新莽改"令史"称谓的可能性最大。⑤邬文玲认为造史不是改名而来,而是新设的职官名称。⑥据敦煌汉简2190"☐间田武阳里,年卅十五岁,姓李氏,除为万岁候造史,以掌领吏卒为职"可知"掌领士卒"是造史的职责。"士吏"秩百石,为都尉、候官派驻部、燧,负责监察日常工作。周生萌"伉健",从造史升迁为士吏。此简王国维得出"伉健盖骑兵也"的结论,其依据也为前引《汉书·匈奴传》与《汉书·赵

---

① 《后汉书》卷一上《光武帝纪上》,中华书局1965年版,第5页。
② 《后汉书》卷七《孝桓帝纪》,中华书局1965年版,第317页。
③ 甘肃省文物考古研究所编:《敦煌汉简》(下册),中华书局1991年版,第293页,本文引用敦煌汉简均以此为底本,不另注出处。
④ 参见陈梦家《汉简缀述》,中华书局1980年版,第50页。
⑤ 参见饶宗颐、李均明《新莽简辑证》,香港新文丰出版公司1995年版,第158页。
⑥ 参见邬文玲《居延新简释文补遗》,《湖南大学学报(社会科学版)》2018年第3期。

充国传》,但随着新见出土文献的陆续刊布,可知因"伉健"除授者,有士吏、燧长、亭长等多种官职,并不仅限骑兵。

(2)☑□里公乘訾千秋,年卅五,伉健,可授为临之隧☑ EPT65:430①

此简下部残端,"隧"下仅余一横墨迹,推测或为"隧长"。"授",文物本作"授",《集释》作"换",其图版为"授"②,且"换为某某隧长"未有文例,故据图版及文意当为"授"。西北汉简所见官吏迁转仍称"授",如居延汉简3·14"□午朔辛酉,渠井隧长成敢言之:迺五凤四年五月中除为珍北□□,五年正月中授为甲渠诚北隧长,至甘露元年六月中授为珍北塞外渠井隧长。成去甲渠□☑"③所以,此简訾千秋非迁转,而是以"伉健"除授为燧长。居延汉简可见收虏燧长訾千秋(40·27、143·7),居延新简又见万岁燧长訾千秋(EPT51:250),若为同一人,可以推测訾千秋以临之燧长为起点,转任三燧。

(3)甲沟第十三隧长间田万岁里上造冯匡,年二十三,伉健。

---

① 释文参见甘肃省文物考古研究所、甘肃省博物馆、文化部古文献研究室、中国社会科学院历史研究所编《居延新简:甲渠候官与第四燧》,文物出版社1990年版,第448页。简称"文物本"。又见张德芳主编,张德芳、韩华著《居延新简集释(六)》,甘肃文化出版社2016年版,第329页。简称《集释》。
② 图版参见张德芳主编,张德芳、韩华著《居延新简集释(六)》,甘肃文化出版社2016年版,第170页。"授"字例可参见[日]佐野光一编《木简字典》,熊山阁1985年版,第336页。
③ 简牍整理小组编:《居延汉简(壹)》,台湾"中研院"历史语言研究所2014年版,第4页。

EPT27:32[①]

此简红外线图版见下：

图1　居延新简 EPT27:32 红外线图版[②]

新莽时改"甲渠候官"为"甲沟候官"，简文中"二十三"也为新莽时写法，由此可以判定此简年代为新莽时期。从图1可见，"伉健"二字书体与前文不同，当系后书。"万岁里上造冯匡"又见于居延汉简225·11"居成甲沟第三队长间田万岁里上造冯匡，年二十一，始建国天

---

① 张德芳主编，孙占宇著：《居延新简集释（一）》，甘肃文化出版社2016年版，第506页。
② 张德芳主编，孙占宇著：《居延新简集释（一）》，甘肃文化出版社2016年版，第228页。

凤六年闰月乙亥除补止北隧长□□"①，可知其先任止北燧长，随后转任第十三燧长。

（4）安农隧卒王同自言：数省今归，同隧部为发伉健卒，代 73EJT23:298②

（5）伉健吏卒将护☒ Ⅰ 90DXT0112③:47③

此处见到"伉健卒"与"伉健吏卒"之称，由简（4）可知，"伉健卒"基于部、燧，也可以旁证"伉健卒"并非骑兵或者某种募兵这样的独立编制，而是从普通戍卒中选拔出来，卒中伉健者称"伉健卒"，吏中伉健者称"伉健吏"，合称为"伉健吏卒"。

（6）☒材伉健，明习候事，□为虎□☒ Ⅰ 90DXT0114③:75

"材伉健"见于张家山三三六号墓出土《功令》。"明习某事"，为汉代习语，如《史记·陈丞相世家》"孝文皇帝既益明习国家事"④，《汉书·常惠传》"（常惠）后代苏武为典属国，明习外国事"⑤。此简虽上下残断，或可

---

① 简牍整理小组编：《居延汉简（叁）》，台湾"中研院"历史语言研究所2016年版，第46页。
② 甘肃省简牍保护研究中心、甘肃省文物考古研究所、甘肃省博物馆、中国文化遗产研究院古文献研究室、中国社会科学院简帛研究中心编：《肩水金关汉简（贰）》（下册），中西书局2012年版，第78页。
③ 甘肃省简牍博物馆、甘肃省文物考古研究所、陕西师范大学人文社会科学高等研究院、清华大学出土文献研究与保护中心编：《悬泉汉简（壹）》（下册），中西书局2019年版，第460页。本文引用悬泉汉简皆以此为底本，不另注出处。
④ 《史记》卷五六《陈丞相世家》，中华书局1982年版，第2061页。
⑤ 《汉书》卷七〇《常惠传》，中华书局1982年版，第3005页。

推测文书内容为某人因身体强健、明了熟悉候官事务而除授官职。

（7）驲望亭长当市里士五王快，年卌七，不史，伉健，本始五年三月戊辰除。 Ⅴ DXT1712④:15①

"本始五年"应为宣帝地节元年（前69），写为"本始"当是沿用旧年号的误书。此简为亭长的任免文书。"士五"，即"士伍"，为秦汉时无爵者之称。西北汉简所见，吏卒拥有公文书写能力被称为"史"，欠缺公文书写能力被称为"不史"②。简文中王快此时已四十七岁，无爵，并且不擅长书写公文，不适合做史职从事的文字工作，仅因"伉健"被除授驲望亭长之职。

（8）　　　兼左贼史修、助史寿详白：男子留相自言辞如牒
　　　君教：若。教今白。丞优、掾隗议请属功曹选伉健吏
　　　　　　二人，与左尉并力密收祥，考实，得吏便
　　　　　　敕遣。白草。

延平元年十二月廿七日庚午白。
一六八七 木牍 2010CWJ1③:266-19③

---

① 转引自张俊民《敦煌悬泉汉简所见的"亭"》，《南都学坛》2010年第1期。
② 关于"史"与"不史"，参见［日］富谷至《文书行政的汉帝国》，刘恒武、孔李波译，江苏人民出版社2013年版，第96—99页。邢义田《汉代边塞隧长的文书能力与教育》也有相关论述，载《今尘集》，中西书局2019年版，第51—55页。
③ 长沙市文物考古研究所、清华大学出土文献研究与保护中心、中国文化遗产研究院、湖南大学岳麓书院编：《长沙五一广场东汉简牍（肆）》，中西书局2019年版，第150页。

此木牍为延平元年（106）"君教"文书，是长沙郡临湘县廷对下级上报的划"诺"批示。"兼左贼史修、助史寿"为临湘县属曹官吏，从木牍字体可见，丞"优"、掾"隗"为签署，议请内容为嘱托功曹选优健吏二人，与左尉协力收捕。

（9）例已得亭长，如□言。请属功曹亟遣（？）例亭长□□优健□□

一二九九 竹简 2010CWJ1 ③:265-45

此简字迹较为漫漶，见图2：

图2　长沙五一广场东汉简2010CWJ1③:265-45红外线图版[1]

---

[1] 长沙市文物考古研究所、清华大学出土文献研究与保护中心、中国文化遗产研究院、湖南大学岳麓书院编：《长沙五一广场东汉简牍（肆）》，中西书局2019年版，第94页。

"伉"后整理者未释读，据图版可补"健"字，当为"伉健"。"例亭长"，参一七九二木牍 2010CWJ1 ③:266-124："案故事，横溪深内匿，常恐有小发，置例亭长禁奸。从间以来，省罢。"① 可见"例亭长"不常设，有需要临时设置，不需要则省罢。此简内容可能为请嘱功曹立即派遣例亭长，选"伉健"去做某事。

以上九简，（1）为敦煌汉简，（2）（3）为居延新简，（4）为肩水金关汉简，（5）（6）（7）为悬泉汉简，（8）（9）为长沙五一广场东汉简。地域上从西北敦煌郡、张掖郡到南方长沙郡，时间上从汉宣帝地节元年经新莽时期至殇帝延平元年。可见"伉健吏"与"伉健卒"在汉代边郡乃至内郡都普遍存在。

汉代边郡，燧长等基层官吏承担着谨候望、通烽火、备盗贼的戍守任务，其能力要求为"能书、会计、知律令"，简（3）所示，"伉健"与"能书""会计""知律令"一样，是对官吏素质能力的检定，（1）（2）（6）（7）都是以"伉健"除授为吏的例子。汉代郡县属吏因秩次有长吏、少吏之别，《汉书·百官公卿表》序云："（县）皆有丞、尉，秩四百石至二百石，是为长吏。百石以下有斗食、佐史之秩，是为少吏。"② 秩百石以下为少吏，以上简文可见，在候望体系中，以"伉健"除授的燧长、士吏皆为少吏，即较为基层的官吏，盖与基层官吏需要参加作战有关。

值得注意的是简（8）（9）内容均为长沙郡临湘县属吏请嘱功曹选伉

---

① 长沙市文物考古研究所、清华大学出土文献研究与保护中心、中国文化遗产研究院、湖南大学岳麓书院编：《长沙五一广场东汉简牍（伍）》，中西书局 2020 年版，第 78 页。此木牍与一七九二、一八〇〇、一七九八、一八〇一、一七九六号竹简所述为同一事项。具体参见李均明《五一广场东汉简牍所见"例亭"等解析》，《出土文献》2020 年第 4 期。
② 《汉书》卷十九《百官公卿表上》，中华书局 1982 年版，第 742 页。

健吏派遣去做某事，此外，五一广场东汉简中还有"亟部周密吏、职大吏，步骀辟切界中"（六一二 2010CWJ1 ③:261-97）[1]"方今曹亟正卒未具，须得有谋略吏职……"（二九四 2010CWJ1 ③:132A）[2] 等表述，"周密""有谋略"与"伉健"相似，同为对官吏能力的评语。上文所引《东观汉记》"（丁）綝字幼春，定陵人也。伉健有武略"。其表述与出土文献所示汉代官文书如出一辙，考虑到《东观汉记》为东汉官修史书，编撰时应当采用了留存的官方档案，可以推知，"伉健"作为对个人能力的评语被记录在官员履历中，永久保留下来。又，丁綝官至河南太守，为光武帝朝功臣，封陵阳侯，或可进一步推测，"伉健"一类的评语不仅影响低级官吏升迁，高级官吏升迁同样需要参考。

三、汉代边郡基层官吏的选任与罢免

"伉健"作为除吏资格，春秋战国时已有传统，如前引《公羊传》何休注："其有辩护伉健者为里正。"睡虎地秦简《秦律十八种·内史杂》简 190："除佐必当壮以上，毋除士五（伍）新傅。"[3] 古时三十岁为"壮"。"傅"，即傅籍，指男子开始从事正役。可见秦代规定佐的除授年龄为三十岁，不得除授刚成年的男子为佐。《汉书·高帝纪》载刘邦"常有大

---

[1] 长沙市文物考古研究所、清华大学出土文献研究与保护中心、中国文化遗产研究院、湖南大学岳麓书院编：《长沙五一广场东汉简牍（贰）》，中西书局 2018 年版，第 208 页。

[2] 长沙市文物考古研究所、清华大学出土文献研究与保护中心、中国文化遗产研究院、湖南大学岳麓书院编：《长沙五一广场东汉简牍（壹）》，中西书局 2018 年版，第 232 页。

[3] 睡虎地秦墓竹简整理小组编：《睡虎地秦墓竹简》，文物出版社 1990 年版，第 62 页。

度，不事家人生产作业。及壮，试吏，为泗上亭长"①。《后汉书》载冯良"年三十，为尉从佐"②，可证汉代除佐承袭秦代以三十岁为年限。③这与简（2）訾千秋三十五岁的年纪相符合，简（3）冯匡二十三岁则稍显年轻，于振波考证居延汉简所见燧长与候长的年龄构成，提出燧长多由中青年担任，候长年龄多在三十至五十岁之间。④

西北边郡气候环境与内郡不同，晁错在总结秦用兵匈奴的教训时言："秦之戍卒不能其水土，戍者死于边，输者偾于道。秦民见行，如往弃市。"⑤秦时情况如此，汉代亦然。故文帝采纳晁错建议，徙民塞下，屯田实边。汉简中可以看到吏卒对河西自然环境的不适应，如简文多见"始春未和"（435·4）、"盛暑不和"（495·4B）、"方春时气不调"（EPT50:50）。王子今研究"戍卒物故"现象，认为："其死因多属于非战争因素，在某种程度上或许与来自内地的军人未能完全适应当地环境有关。"⑥边塞条件艰苦，基层军吏需要参与作战，如果体弱多病，则难以胜任职位。由此进一步推测，疾病、年老、贫弱等状况则可能造成边郡基层官吏在职事上的不胜任，从而导致官吏被罢免。

汉朝官吏通过劳绩制度进行考核。董仲舒言："考试之法，合其爵禄，并其秩，积其日，陈其实。计功量罪，以多除少，以名定实。"⑦劳绩

---

① 《汉书》卷一《高帝纪》，中华书局1982年版，第2页。
② 《后汉书》卷五三《周黄徐姜申屠列传》，中华书局1965年版，第1743页。
③ 东汉除吏年龄似有放宽，不拘于三十之限，史籍及汉碑中多有"少仕州郡"之语，如《孔谦碑》记载孔谦"弱冠而仕，历郡诸曹史"。
④ 参见于振波《居延汉简中的燧长和候长》，《史学集刊》2000年第2期。
⑤ 《汉书》卷四九《晁错传》，中华书局1982年版，第2284页。
⑥ 王子今：《居延汉简所见"戍卒行道物故"现象》，《史学月刊》2004年第5期。
⑦ 董仲舒著，苏舆注，钟哲点校：《春秋繁露义证》卷七《考功名》，中华书局1992年版，第180—181页。

是官吏迁转的重要依据，劳以时日计算，积劳为功，因功升迁。居延新简中有多件功劳簿，记录官吏的个人情况与任职功劳。例如汉成帝河平年间的这件：

> 居延甲渠候官第十隧长公乘徐谭功将。能书、会计、治官民颇知律令，文。居延鸣沙里，家去大守府千六十三里，产居延县。
> 中功一，劳二岁。为吏五岁三月十五日。
> 其六月十五日，河平二年、三年、四年秋试射，以令赐劳，应令。其十五日河平元年、阳朔元年病不为劳。居延县人。 EPT50:10①

功劳簿记录了徐谭的官职、爵级、评定功劳、居住地、为吏时间、籍贯地等信息。值得注意的是，此简还记录了"其十五日河平元年、阳朔元年病不为劳"，即因生病有十五日不计入"劳"。可见吏卒的健康、疾病情况与功劳有所联系。

汉代边郡对吏卒健康状况尤为重视，西北出土汉代官文书所见边郡吏员疾病的记录，张俊民将之统称为"病书簿"，并提出居延汉简58·26"病年月日署所病偷（愈）不偷（愈）报名籍候官如律令"是"病书簿"的模板，要求将病人生病的年、月、日，工作岗位、生的什么病、是否痊愈或健康等事项造册并上报候官。② 汉简中可以看到"病书"③ "病卒

---

① 张德芳主编，杨眉著：《居延新简集释（二）》，甘肃文化出版社2016年版，第487页。"应"，旧释为"迁"，当释为"应"。
② 参见张俊民《简牍文书格式初探》，载《简牍学论稿——聚沙篇》，甘肃教育出版社2014年版，第66—68页。
③ 如居延汉简7·22"［移］病书一编敢言"、26·22"甲渠候官病书"。

名籍"①"病诊爰书"②"病死爰书"③等文书,都是吏卒生病情况的各种上报记录。

吏卒生病情况被严格记录,由都尉府掌握,因病罢免的现象数见不鲜,例如:

第十三隧长王安病三月免缺移府 ·一事一封 五月庚辰尉史☐
EPT52:158④

此为甲渠候官上报居延都尉府的文书,言第十三燧长王安因生病满三个月被罢免,从而出现职位空缺。汉律规定官吏生病三个月会被免黜,《史记·高祖本纪》:"高祖为亭长时,常告归之田。"《集解》引孟康曰:"汉律,吏二千石有予告、赐告。予告者,在官有功最,法所当得也。赐告者,病满三月当免,天子优赐,复其告,使得带印绶,将官属,归家治疾也。"⑤《风俗通义·过誉》:"汉典,吏病百日,应免。所以恤民急病,惩俗逋慝也。"⑥所言"百日",正符合简文中"三月"之期。

又如:

·甲渠言:鉼庭士吏李奉、隧长陈安国等年老病,请斥免。言

---

① 如居延汉简 45·15"·鉼庭第廿三部五凤四年三月病卒名籍"。
② 如居延新简 EPT59:80"·右病诊爰书"。
③ 如居延新简 EPT57:8"·甲沟候官始建国天凤一年十二月戍卒病死爰书旁行"。
④ 张德芳主编,李迎春著:《居延新简集释(三)》,甘肃文化出版社 2016 年版,第 644 页。
⑤ 《史记》卷八《高祖本纪》,中华书局 1982 年版,第 346 页。
⑥ 应劭撰,王利器校注:《风俗通义校注》,中华书局 1981 年版,第 178 页。

府。·一事集封 七月己未功曹佐同封。EPT51:319+320[①]

陈安国，又见于居延新简 EPT51:4"居延甲渠第二队长居延广都里公乘陈安国，年六十三，建始四年八月辛亥除。不史"[②]。可知他任居延都尉府下辖甲渠候官第二燧燧长，家在居延县广都里，爵级为公乘，时年六十三岁，不会写公文。陈安国因为"年老病"而遭到免职。

甲渠言：尉史阳贫困、不田、数病，

●

欲补隧长，宜可听。 EPF22:327[③]

此简为甲渠候官上呈居延都尉府的文书，尉史为塞尉属吏，简文言尉史阳贫困、无法进行田猎、屡次生病，所以拟降职为燧长。"宜可听"则说明这种因贫病降职的情况得到了都尉府的认可。

□□□年廿八，富及有鞍马弓犊，愿复为候史□ 214.57[④]

此简所载某人正好与上文不史、年老病的陈安国和贫病的尉史阳相

---

① 张德芳主编，李迎春著：《居延新简集释（三）》，甘肃文化出版社 2016 年版，第 497 页。
② 张德芳主编，李迎春著：《居延新简集释（三）》，甘肃文化出版社 2016 年版，第 396 页。
③ 张德芳主编，张德芳著：《居延新简集释（七）》，甘肃文化出版社 2016 年版，第 506 页。
④ 简牍整理小组编：《居延汉简（叁）》，台湾"中研院"历史语言研究所 2016 年版，第 18 页。

反,这个人正当壮年,经济条件好,凭借这些条件申请"复为候史"。

《续汉书·百官志》注引《汉官仪》:"民年二十三为正,一岁以为卫士,一岁为材官骑士,习射御骑驰战阵……材官、楼船年五十六老衰,乃得免为民就田。"[①] 汉代百姓需服二年兵役,服役期满可返乡归田,西北汉简中多见"罢卒",即为此指。但边郡吏与戍卒不同,前者并非服役,而是享有国家俸禄,其罢免通常分为两种情况:一为述因年老、贫、病而"罢休",一为工作问题而"斥免"。

"罢休"为汉简所见公文习语。"罢",遣也。《史记·齐悼王世家》"乃罢魏勃",司马贞索引"罢谓不罪而放遣之"[②]。李天虹提出"应是指去官",同为解除官职,"罢休"和"斥免"当有所区别,推测"罢休"含有体面地去官的意思。[③] 上文陈安国爵位为公乘,年六十三岁,已经超过服役年龄,虽然燧长不同于普通戍卒,属于基层军吏,仍会因为"年老病"而"罢休"。

居延新简有若干关于燧长"贫寒罢休"的记录:

贫寒隧长虞□等罢休,当还入十五日食石五斗,各如牒,檄到□
付　EPF22:294

□□□官会月廿五日毋以它为解需当言府遣还作如律令　EPF22:295

第十队长田宏　　贫寒罢休　当还九月十五日食　EPF22:296

第十一队长张岑　贫寒罢休　当还九月十五日食　EPF22:297

---

① 《后汉书》卷一一八《百官五·亭里条》,中华书局1965年版,第3623页。
② 《史记》卷五二《齐悼王世家》,中华书局1982年版,第2004页。
③ 参见李天虹《居延汉简所见候官少吏的任用与罢免》,《史学集刊》1996年第3期。

乘第十二卅井隧长桃丐　贫寒罢休　当还九月十五日食　EPF22:298
第十三隧长武习……☒　EPF22:300
乘第廿卅井隧长张龛贫寒罢休　当还九月十五日食　EPF22:301A
掾谭　　　　　　　　　　　　　　　　　　　　EPF22:301B
第廿桼队长薛隆　贫寒罢休　当还九月十五日食　EPF22:302
☒□恭　贫寒罢休　当还九月十五☒　EPF22:303

  此九枚简字迹一致，内容相关，整理者将之命名为《甲渠候官隧长贫寒罢休还食》册"①，记录了甲渠候官所辖燧长贫寒罢休，当还十五日廪食，计石五斗的情况，为甲渠候官转录居延都尉府的册书。"贫寒"二字连用，传世文献中最早见于《抱朴子外篇·广譬》："连城之宝，非贫寒所能市也；高世之器，非浅俗所能识也。"②于振波认为居延汉简中所见燧长"皆来源于本都尉府所辖诸县的平民，经济收入普遍不高，屡有因'贫寒'而遭'罢休'者"③。

  "斥免"同为汉简所见公文习语，指官吏不能胜任其职务而被免黜。张家山汉简《二年律令·捕律》："盗贼发，士吏、求盗部者，及令、丞、尉弗觉智（知），士吏、求盗皆以卒戍边二岁，令、丞、尉罚金各四两144……一岁中盗贼发而令、丞、尉所不觉智（知）三发以上，皆为不胜任，免之。145"对于不能及时发觉盗贼事件的官吏，规定追究其相关责任。《二年律令·置吏律》："有任人以为吏，其所任不廉、不胜任以免，

---

① 张德芳主编，张德芳著：《居延新简集释（七）》，甘肃文化出版社2016年版，第500—502页。
② 葛洪撰，杨明照校笺：《抱朴子外篇校笺》，中华书局1991年版，第376页。
③ 于振波：《居延汉简中的燧长和候长》，《史学集刊》2000年第2期。

亦任免者。其非吏及宦也，罚金四两、戍边二岁。210"① 规定罢免不胜任者，并株连举荐人。西北汉简中也有文例，如：

☑□里上造张憙、万岁候长居延沙阴里上造郭始，不知犊（读）
蓬火、兵弩不鏊持，憙当☑
☑斥免，它如爰书，敢言之。　　EPT59:162②

此为张憙、郭始被斥免的上报爰书，斥免原因是未按规定讽读烽火品约，不爱护弓弩兵器。

元寿二年十二月庚寅朔戊申，张掖居延都尉博、库守丞贤兼行丞事，谓甲渠鄣候言：候长杨襃私使卒并积
一日，卖羊部吏故贵册五，不日迹一日以上，隧长张谭毋状，请斥免。府书案：襃私使卒并积一日，隧长张　EPT59:548A
掾宣、守属长、书佐并。　　EPT59:548B③

此为居延都尉府发到甲渠候官的下行文书，甲渠候官下辖某部候长杨襃被斥免的原因是私自役使士卒超过一日，卖羊给部吏故意抬高价格，不检查记录日迹一日以上，某燧长张谭被斥免的理由是"毋状"，即作风

---

① 彭浩、陈伟、[日]工藤元男主编：《二年律令与奏谳书——张家山二四七号汉墓出土法律文献释读》，上海古籍出版社2007年版，第150、172页。
② 张德芳主编，肖从礼著：《居延新简集释（五）》，甘肃文化出版社2016年版，第292页。
③ 张德芳主编，肖从礼著：《居延新简集释（五）》，甘肃文化出版社2016年版，第386页。

败坏、不称职。由此可见,候长、燧长的任免由都尉府管理,由候官执行。候长、燧长犯错误,会被"斥免"。

《汉书·王尊传》记载:"(王)尊子伯为京兆尹,坐耎弱不胜任免。"①汉代习语中"坐"后面通常是官员黜降的具体原因,王伯被罢免的原因是"耎弱不胜任"。②"耎弱",又作"软弱",为汉代文书习语,《后汉书·皇甫嵩传》:"会交址部群贼并起,牧守软弱不能禁。"③《汉书·孙宝传》:"广汉太守扈商者,大司马车骑将军王音姊子,软弱不任职。"④居延新简68探方出土了东汉建武五年的一册劾状文书(EPT68:1—12),由甲渠候官令史移送居延都尉府,内容是第十部士吏冯匡"软弱不任吏职,以令斥免"。"软弱不任吏职"在汉简中多有文例。⑤邢义田提出:"软弱一词也是汉代任免官吏的重要术语。软弱非指身体之软弱,而是不称或未尽职守,凡软弱皆去职。"⑥居延汉简284·27"[固]病聋(癃)软弱,职不修治"⑦将"病癃"与"软弱"连用,可见健康欠佳与能力不足并为导

---

① 《汉书》卷七六《王尊传》,中华书局1982年版,第3238页。
② "软弱不胜任"又见尹赏临终戒其诸子曰:"丈夫为吏,正坐残贼免,追思其功效,则复进用矣。一坐软弱不胜任免,终身废弃无有赦时,其羞辱甚于贪污坐臧。慎毋然!"《汉书》卷九〇《酷吏·尹赏传》,中华书局1982年版,第3675页。
③ 《后汉书》卷七一《皇甫嵩传》,中华书局1965年版,第2308页。
④ 《汉书》卷七七《孙宝传》,中华书局1982年版,第3258页。
⑤ 如居延新简EPT48:8"哗呼不涂治,案:严软弱不任候望,吏☐"EPF22:689"☐兵弩不擎持,案:业软弱不任吏职,以令斥免。它如爱书,敢"EPT68:132"不涂治,案:严软弱不任候望,斥☐"居延汉简110·29"软弱不任候望吏不胜任"等。
⑥ 邢义田:《从居延汉简看汉代军队的若干人事制度——读〈居延新简〉札记之一》,《治国安邦:法制、行政与军事》,中华书局2011年版,第547页。
⑦ 简牍整理小组编:《居延汉简(叁)》,台湾"中研院"历史语言研究所2016年版,第224页。

致官吏被免职的因素。

汉简中"软弱"也与"贫急"连用：

> 河平元年九月戊戌朔丙辰，不侵守候长士吏猛敢言之：将军行塞，举驷望隧长杜未央所带剑刃呈，狗少一，未央贫急輭弱毋以塞，举请　EPT59:3
>
> 斥免，谒言官。敢言之。　EPT59:4①

此二简行文可衔接，"将军行塞"，指居延都尉视察边塞防务情况。"剑刃呈"推测为剑刃生锈。"輭弱"即软弱。驷望燧长杜未央被斥免的原因是贫急软弱。"贫急软弱"又见于居延汉简231·29"贫急软弱不任职，请斥免"②。

传世文献中与"贫急软弱"相似的表述是"贫无行"。《史记》记载韩信"贫无行，不得推择为吏"。《集解》引李奇注曰："无善行可推举选择。"③ 这里"贫"与"无行"都是"不得推择为吏"的原因。"贫"作为官吏的罢免理由源于秦汉时期的赀选制度。《汉书·景帝纪》载后元二年（前142）五月诏：

> 人不患其不知，患其为诈也；不患其不勇，患其为暴也；不患其不富，患其亡厌也。其唯廉士，寡欲易足。令赀算十以上乃得宦，廉

---

① 张德芳主编，肖从礼著：《居延新简集释（五）》，甘肃文化出版社2016年版，第229—230页。
② 简牍整理小组编：《居延汉简（叁）》，台湾"中研院"历史语言研究所2016年版，第68页。
③ 《史记》卷九二《淮阴侯列传》，中华书局1982年版，第2609页。

士算不必众。有市籍不得宦，无赀又不得宦，朕甚愍之。赀算四得宦，亡令廉士久失职，贪夫长利。①

为何要限赀为吏？马端临《文献通考·选举考八》言："汉初，限赀富者乃得官，盖恐其家贫而为吏则必贪故也。"②虽然底层军吏的选用并不受赀满四算这一条件的限制，但对于他们的赀产资格仍有所要求，贫者不得为吏，确为史实：

> 皂单衣母，鞍马不文，史诘责，骏对曰：前为县校弟子，未尝为吏，贫困毋以具皂单衣、
>
> 冠、鞍马。谨案：尉史给官曹治簿书，府官絫使乘边候望，为百姓潘币，县不肯除。EPT59:58

《集释》认为"皂单衣"即黑色单衣，为下级官吏所着之官服，"鞍马不文"指马鞍不加修饰。③此简反映了尉史等衣、冠、鞍马需要自己配备，骏因为贫困无法按要求配备衣、冠、鞍马而受到责问。秦汉时期赀产一直是为吏的条件之一，《后汉书·贾复传》："旧内郡徙人在边者，率多贫弱，为居人所仆役，不得为吏。"④可见其制度一直沿用至东汉时期。

---

① 《汉书》卷五《景帝纪》，中华书局1982年版，第152页。
② 马端临著，上海师范大学古籍研究所、华东师范大学古籍研究所点校：《文献通考》卷三五《选举考八》"赀选进纳"条，中华书局2011年版，第1033页。
③ 参见张德芳主编，肖从礼著《居延新简集释（五）》，甘肃文化出版社2016年版，第257页。
④ 《后汉书》卷一七《贾复传》，中华书局1965年版，第667页。

结　语

王国维《咏史诗》言汉代对西域之经营："西域纵横尽百城，张陈远略逊甘英。千秋壮观君知否？黑海东头望大秦。"汉朝在河西建立了漫长的边防线，亭鄣修列，屯驻烽燧候望的吏卒承担着御外稳内的军事重任，加之边地严酷的生活环境，需要吏卒体格强健，勇猛善战。因此"伉健"为基层吏卒的选任条件，吏卒中"伉健"者被称为"伉健吏"与"伉健卒"。汉简所见因"伉健"所授职位有燧长、士吏、亭长等。以"伉健"选任，其渊源来自汉代官吏的选任对体质和年龄的规定，本质是汉代因能任官的体现，即通过对基层官吏的素质、技能进行拣选，从而保证边郡军事实力与工作效率，也体现了汉代官吏培养与选任对武事的重视。"伉健"与功劳考核有所联系，疾病、年老、贫弱等状况都造成了边郡基层官吏在职事上的不胜任，进而导致官吏被罢免。

东汉罢郡都尉后，边郡仍有保留。《后汉书·顺帝纪》载永建元年（126）："诏幽、并、凉州刺史，使各实二千石以下至黄绶，年老劣弱不任军事者，上名。严敕障塞，缮设屯备，立秋之后，简习戎马。"[1] 当时边兵仍存，以"伉健"为标准的基层官吏选任应也依然存在。

对出土材料所见"伉健吏"给予最初观照的是观堂，沙畹在1912年将斯坦因新获西北汉简的手校本提供给罗振玉、王国维，于是二人开始重做释文和考证，于1914年出版《流沙坠简》一书。罗振玉在《流沙坠简·序》中写道："予闻斯坦因博士访古于我西陲，得汉晋简册，载归英

---

[1] 《后汉书》卷六《顺帝纪》，中华书局1965年版，第252—253页。

伦，神物去国，恻焉疚怀。"① 王国维应当亦有此感。王国维后在致缪荃孙的信中写道："岁首与蕴公同考释《流沙坠简》，并自行写定，殆尽三四月之力为之。此事关系汉代史事极大，并现存之汉碑数十通亦不足以比之。东人不知，乃惜其中少古书，岂知纪史籍所不记之事，更比古书为可贵乎。考释虽草草具稿，自谓于地理上裨益最多，其余关乎制度名物者亦颇有创获，使竹汀先生（钱大昕）辈操觚，恐亦不过如是。"②《流沙坠简》一书考校文字、诠释词语、疏通文义，并对相关汉晋制度进行考证，是"二重证据法"的奠基与代表之作，至今仍具有颇高的学术价值和参考意义。观堂之学术既为"创新"，又是"示范"，本文重谈"伉健"之旧题，谨纪念王国维诞辰 145 周年。

（作者单位：中国艺术研究院中国文化研究所）

---

① 王国维、罗振玉撰，何立民点校：《流沙坠简》，浙江古籍出版社 2013 年版，第 1 页。
② 谢维扬、房鑫亮主编，房鑫亮分卷主编：《王国维全集》第 15 卷，浙江教育出版社 2010 年版，第 54 页。

王国维训诂学的成就和方法

郜同麟

20世纪初，观堂先生以天纵之才，在史学、文学、语言学、金石学、哲学等诸多方面都取得了极大的成就。在语言学方面，王国维主要是从古文字切入，在古文字考释、古字书研究方面做了一系列出色的工作。除此之外，他在音韵学、训诂学方面也同样卓有建树。但他在训诂学方面的论著相对较少，其成就也相对较少受到学界的注意。本文拟分析王国维的训诂学成就和所用方法，以期引起学界的进一步重视，并为当前的训诂学研究提供借鉴。

一

王国维对传统语言文字学的研究可能是因研究古文字的需要而开始的，这期间又受到了沈曾植的极大影响。王国维在《尔雅草木虫鱼鸟兽释例弁言》[①]中对这一历程有很详细的说明：

> 甲寅岁莫，国维侨居日本，为上虞罗叔言参事作《殷虚书契考

---

① 王国维此文名字颇有分歧。该文最初撰成于1916年年底，初刊于《学海丛编》第12册，名"尔雅草木虫鱼鸟兽释例"；但在致罗振玉书信中，王国维称之为"尔雅释草木虫鱼鸟兽释例"，多"释"字；此文后经删定，收入《观堂集林》，名"尔雅草木虫鱼鸟兽名释例"，多"名"字。

释后序》，略述三百年来小学盛衰。嘉兴沈子培方伯见之，以为可与言古音韵之学也……乙卯春，归国展墓，谒方伯于上海，以此愿质之……维又请业曰："近儒皆言古韵明而后诂训明，然古人假借、转注多取双声，段、王诸君自定古韵部目，然其言诂训也，亦往往舍其所谓韵而用双声，其以叠韵说诂训者往往扞格不得通。然则与其谓古韵明而后训诂明，毋宁谓古双声明而后训诂明欤？"方伯曰："岂直如君言，古人转注、假借，虽谓之全用双声可也。"……丙辰春，复来上海，所居距方伯寓所颇近，暇辄诣方伯谈。一日，方伯语维曰："栖霞郝氏《尔雅义疏》于诂、言、训三篇，皆以声音通之，善矣。然草、木、虫、鱼、鸟、兽诸篇，以声为义者甚多，昔人于此似未能观其会通，君盍为部居条理之乎？"又曰："文字有字原，有音原。字原之学，由许氏《说文》以上溯诸殷周古文止矣，自是以上，我辈不获见也。音原之学自汉魏以溯诸群经《尔雅》止矣，自是以上，我辈尤不能知也。明乎此，则知文字之孰为本义，孰为引申、假借之义，盖难言之。……"国维感是言，乃思为《尔雅声类》，以观其义之通。然部分之法辄不得其衷……因悟此事之不易，乃略推方伯之说，为《尔雅草木虫鱼鸟兽释例》一篇。既名《释例》，遂并其例之无关声音者亦并释之……[1]

可见，在1914年至1916年，王国维在音韵学方面得到了沈曾植的指导。在1916年，他集中对音韵学做了系统研究，如曾研读江永、江有

---

[1]《尔雅草木虫鱼鸟兽释例弁言》，载谢维扬、房鑫亮主编，李朝远、沃兴华分卷主编《王国维全集》第5卷，浙江教育出版社、广东教育出版社2009年版，第125—127页。

诰作品①，研究《唐写本唐韵》②，等等。由此，他用音韵学方法治《尔雅》，撰写了《尔雅声类》《尔雅草木虫鱼鸟兽释例》。王国维在1916年12月14日写给罗振玉的信中说："前拟作《尔雅声义类》，以分类至难，稿成而废。现改作《尔雅释草木虫鱼鸟兽释例》，月内可成。"③至12月20日的信中则称"《尔雅草木虫鱼鸟兽释例》至前日始脱稿"④。这应是王国维撰写训诂学著作的开始，这也奠定了他治训诂学的基本方法。

1917年，王国维又撰《唐韵别考》《唐韵又考》《韵学余说》《唐写本〈唐韵〉校勘记》《两周金石文韵读》《江氏音学跋》等文，并且打算撰写"《唐韵后考》或《续声韵考》"⑤。此时的王国维在音韵学方面已取得了很大成就。1918年，王国维取原本《玉篇》、《玄应音义》、《慧琳音义》等校读《方言》，"于戴、卢两家外颇有小得"⑥。《书郭注方言后》三篇，其第三篇即校读所得。同年又校读《释名》⑦《尔雅》⑧。最终于1919年年初撰成《书郭注尔雅后》一篇和《书郭注方言后》三篇⑨。1920年春，王国维撰《与友人论诗书中成语书》，又撰《联绵字谱》。1923年，王国维在《国学季刊》发表《高邮王怀祖先生训诂音韵书稿叙录》，又撰《肃霜涤

---

① 参见1916年2月14、16日致罗振玉信，载吴泽主编《王国维全集·书信》，中华书局1984年版，第51页；又1916年2月18、19日致罗振玉信，前书第52页。
② 参见1916年7月30、31日致罗振玉信，载吴泽主编《王国维全集·书信》，中华书局1984年版，第97页。
③ 吴泽主编：《王国维全集·书信》，中华书局1984年版，第160页。
④ 吴泽主编：《王国维全集·书信》，中华书局1984年版，第163页。
⑤ 吴泽主编：《王国维全集·书信》，中华书局1984年版，第211页。
⑥ 吴泽主编：《王国维全集·书信》，中华书局1984年版，第248页。
⑦ 袁英光、刘寅生：《王国维年谱长编（1877—1927）》，天津人民出版社1996年版，第254页。
⑧ 袁英光、刘寅生：《王国维年谱长编（1877—1927）》，天津人民出版社1996年版，第264页。
⑨ 吴泽主编：《王国维全集·书信》，中华书局1984年版，第281—282页。

场说》。

现存的王国维训诂学著作基本就只有这几篇了。但此后王国维对训诂学仍多有关注。1922年，王国维任北京大学研究所国学门函授导师，应邀提出四个题目，分别为"《诗》《书》中成语之研究""古字母之研究""古文学中联绵字之研究""共和以前年代之研究"[①]，其第一、第三正是训诂学的研究。此后又指导北京大学学生何之兼等从事联绵词研究[②]。1925年，王国维任清华大学国学研究院导师，讲授《说文》《尚书》等课。他提出的题目包括联绵字研究、古音韵研究等，也多与训诂有关。姚名达在他的影响下，"颇有志于训诂考证"[③]。姜亮夫《诗骚联绵字考》即是在王国维指导下写作的。

总之，自1914年至临终前，王国维十余年对训诂学持续保持关注，撰写了一批虽数量不多但质量很高的训诂学论文。

二

王国维在训诂学方面的成就主要体现在三个方面。

第一方面的成就是训诂学著作的体例研究，以及对汉语一些基本规律的探讨。

王国维最早撰写的训诂学论文为《尔雅草木虫鱼鸟兽名释例》，删减后收入《观堂集林》，即《尔雅草木虫鱼鸟兽名释例》上、下篇。《尔雅》中《释草》等篇素称难读，郝懿行《尔雅义疏》于此数篇中的条目

[①] 吴泽主编：《王国维全集·书信》，中华书局1984年版，第332—336页。
[②] 参见吴泽主编《王国维全集·书信》，中华书局1984年版，第337页。
[③] 姚名达：《哀余断忆》，载谢维扬、房鑫亮主编，房鑫亮、胡逢祥分卷主编《王国维全集》第20卷，浙江教育出版社、广东教育出版社2009年版，第315页。

往往解释得比较粗略。王国维首先总结了《尔雅》全书的体例："物名有雅俗，有古今。《尔雅》一书，为通雅俗、古今之名而作也。其通之也谓之释，释雅以俗，释古以今。"[①]即将被释词称为"雅"，释义用词称之为"俗"。而后，王国维将《释草》以下诸篇反复寻讨，找出其训释规律。包括"雅与雅同名而异实，则别以俗"，即被释词相同，但释义不同，如"槄"于草为木槿、于木为梧之类；"俗与俗异名而同实，则同以雅"，即虽释义稍异，但其实相近，如山蕲、白蕲雅名同为"薜"之类；"雅与雅异名而同实，则同以俗"，即不同雅名所指实为一物，如"槄""椵"均指木槿；"或雅与俗同名异实，则各以雅与俗之异者异之；雅与俗异名同实，则各以其同者同之"，即乙处释义取甲处被释词并加标识词以区别，或乙处释义直接取甲处被释词，前者如"荼，苦菜"与"蔈，荂荼"，后者如"鵹黄，楚雀"与"仓庚，鵹黄"。

这些训释规律并非王国维首创，在《尔雅》郭璞注，甚至更早的注本中，已有零星的表述。如《释草》"椵，木槿；槄，木槿"，郭璞注："别二名也。"[②]此即王国维所谓"雅与雅异名而同实，则同以俗"。又如《释草》"薜，白蕲"，郭璞注："即上山蕲。"[③]此即王国维所谓"俗与俗异名而同实，则同以雅"。但郭注中这类表述只是偶尔出现，且不成系统。经由王国维集中、系统的揭示，《释草》以下诸篇更加方便易读。

在此基础上，王国维又深入探讨了名物词命名的规律：

> 凡雅俗多同名而稍变其音。凡俗名多取雅之共名而以其别别之。

[①] 王国维：《观堂集林》，中华书局1959年版，第219页。
[②] 《十三经注疏》，中华书局2009年版，第5711页。
[③] 《十三经注疏》，中华书局2009年版，第5713页。

有别以地者，则曰山、曰海、曰河、曰泽、曰野。有别以形者，形之最著者曰大、小，大谓之荏，亦谓之戎，亦谓之王；小者谓之叔，谓之女，谓之妇，妇谓之负。大者又谓之牛，谓之马，谓之虎，谓之鹿；小者谓之羊，谓之狗，谓之菟，谓之鼠，谓之雀。有别以色者，则曰嶓、曰白、曰赤、曰黑、曰黄。以他物譬其色，则曰藋、曰乌。有别以味者，则曰苦、曰甘、曰酸。有别以实者，则草木之有实者曰母，无实者曰牡，实而不成者曰童。此诸俗名之共名，皆雅名也。是故雅名多别，俗名多共；雅名多奇，俗名多偶。其他偶名皆以物德名之。有取诸其物之形者，有取诸其物之色者，有取诸其物之声者，有取诸性习者，有取诸功用者，有取诸相似之他物者，或取诸生物，或取诸成器。其余或以形状之词，其词或为双声，或为叠韵。此物名之大略也。①

这段话是说，"俗名"主要采用两种形式，一是"共名"加区分字，二是以物的属性命名。后一形式较好理解。前一形式中的区分字，有些明白可见，如"山""海"之类；有些则要隐晦得多，如"戎""叔"之类。王国维将这些隐晦的区分字揭出，使名物的命名规律明白显现出来。这一观点也是前有所承的，古人偶有言及。如《释木》"女桑，桋桑"，郭璞注："今俗呼桑树小而条长者为女桑树。"② 王念孙《释大》云："牛，大物也。故大蕲谓之牛蕲，大藻谓之牛藻，大棘谓之牛棘。"③ 王国维归纳这

---

① 王国维：《观堂集林》，中华书局1959年版，第220—221页。
② 《十三经注疏》，中华书局2009年版，第5737页。
③ （清）王念孙等撰，罗振玉辑印《高邮王氏遗书》，江苏古籍出版社2000年版，第72页。

些成说，做出了新的发展，最后总结出一些清晰的物名规律。

在《尔雅草木虫鱼鸟兽名释例》下篇，王国维又沟通了物名之间的音韵学关系。他说："凡雅俗、古今之名，同类之异名与夫异类之同名，其音与义恒相关。同类之异名，其关系尤显于奇名……盖其流期于有别，而其源不妨相通，为文字变化之通例矣。异类之同名，其关系尤显于偶名。"① 此处所论及的，其实正是草木虫鱼鸟兽命名的同源关系，所谓"其源不妨相通"，正谓诸名同源。至于"偶名"的同源关系，则又是后续联绵词研究的开端。

在《书尔雅郭注后》中，王国维则总结了古人注音之例，并分析了古注中的语言学问题：

> 汉人注经，不独以汉制说古制，亦以今语释古语……然古语者，有字而无音者也。由古语之字以求其音与义，于是有"读如""读若"之例焉，有"读为"之例焉。今语者，有音无字者也，由其音以求其字，或可得或不可得。凡云"今谓厶为厶"者，上厶其义，下厶其音也。其音如此，其字未必如此。吾但取其字以表其音，使与古厶字之音相比附而已矣。故以今语释古语，虽举其字，犹或拟其音，如《周礼·天官·醢人》"豚拍"注云："郑大夫、杜子春皆以拍为膊，谓胁也，今河间名豚胁声如锻镈。"又《春官·小宗伯》"甫竁"注："郑大夫读竁皆为穿，杜子春读竁为毳，（段氏《周礼汉读考》云：'经竁字当作毳，注当云杜子春读毳为竁。'其说是也。）皆谓葬穿圹也。今南阳名穿地为竁，声如腐脆之脆。"又《考工记·轮人》"察其菑蚤不

---

① 王国维：《观堂集林》，中华书局1959年版，第221—222页。

齻"注:"郑司农云:畚读如杂厕之厕,谓建辐也。泰山平原所树立物为畚,声如戴,博立枭棋亦为畚。"盖河间之言锻铸,南阳之言窜,泰山平原之言畚,初未有此字也,以其言胁之音如镈,而知其当为膊;以其言穿地之音如腐脆之脆,而知其当为窆;以其言所树立之音如戴,而知其当为畚。此言语学之事也。由锻铸之为豚胁,而知豚拍之为豚膊;由脆之为穿地,而知窆之为穿圹;以戴之为树立,而知畚之为建辐,此训诂之事也。不必问其字之如何,但使古今两语音义相会足矣。故与其求其字也,宁存其音。此郑君以今语释古语之法也。郭景纯注《尔雅》从之,故注中往往有音。夫景纯于《尔雅》,既别有音义矣。此注中复有音,何也?曰:非为古语作,实为释古语之今语作也。为今语作音何也?曰:今语有音无字,吾但取今语之音以与古厶字之音相比附,而古字之义见矣。如《释诂》"嗟、咨,蹉也",注:"今河北人云蹉叹音兔置。"《释言》:"恀、怙,恃也",注:"今江东呼母为恀,音是。"又"逮,遝也",注:"今荆楚人皆云遝,音沓。"谓河北云蹉如置音,江东呼母如是音,荆楚呼逮如沓音。本但有其音,其定为蹉、恀、遝三字者,则景纯自于古语中得之,而转以证古语之义,故举其字而复存其音,以示定其为某字之所由,并示古今语之相合云尔。①

《书郭注方言后一》又重申了这一观点。这一段话首先发展了段玉裁等人关于"读如""读若"的研究,重点对古注中的"今谓厶为厶"做了分析,并辨析了"言语学"和"训诂学"的区别。

---

① 王国维:《观堂集林》,中华书局1959年版,第226—228页。

王国维认为，古书是以文字记录的古代语言，古代语言已不存，仅存记录语言的文字，即所谓"有字而无音"；"今谓"之语，乃是"今"时实存的语言，有音有义，但与文字无关，即所谓"有音无字"。"言语学"，即为"今语"之"无字之音"找到对应的文字，"以其言胁之音如镈，而知其当为膊"即其例；"训诂"，则是由"今语"之义，上推记录古代语言的音近之字的意思，"由锻镈之为豚胁，而知豚拍之为豚膊"即其例。训诂即"今语释古语"，方法即"使古今两语音义相会"，亦即王国维下文所言"今有厶音，与古厶字之音相近，有厶物之名之音，与古厶物之名相近，吾姑以古厶字及古厶物称之，而所以用此字当此物者，由其音如厶故"。

总结出这一体例后，可知郭璞《尔雅》《方言》注中之音皆为注中"今语"而作，非为经作。由此推断，郭注中为经作音，或为注自作音者，皆与全书体例不合，"或出一时不检，或由后人羼入"[1]。经注疏附释文本的《尔雅注疏》，大量删削注中的注音，正是不知此例之过。卢文弨校《方言》，"分别音与注为二，又乱其次第"[2]，也是因为不知此例。揭橥这一体例更大的价值是，首次用现代语言学的观念对古注做了解释。这一点留待下文详论。

另外，王国维在《书郭注方言后二》中从"广地""广言"两方面论述了郭璞注"广子云之说"的体例。

总之，王国维通过归纳、分析，总结了《尔雅》经注及《方言》郭璞注的体例。这既为阅读这两部文献提供了方便，又可以解决两部书中积累的一些问题。

---

[1] 王国维：《观堂集林》，中华书局1959年版，第233页。
[2] 王国维：《观堂集林》，中华书局1959年版，第238页。

王国维在训诂学方面的第二大成就是关于联绵词的研究。《尔雅草木虫鱼鸟兽名释例》下篇"异类之同名，其关系尤显于偶名"部分，所论多为联绵词问题。王国维另编有《联绵字谱》，并著有联绵词考释文章《肃霜涤场说》。关于此问题，姚淦铭《王国维的联绵字研究》[①]已做了比较系统的研究，本文再稍作补充。

　　王国维的训诂学研究很好地继承了清人的相关研究。王念孙在《读书杂志》中对"连语"已有论述，指出，"凡连语之字，皆上下同义，不可分训"[②]。程瑶田《果臝转语记》更有对联绵词的出色研究，提出了"声随形命，字依声立，屡变其物而不易其名，屡易其文而弗离其声"[③]的学理化表述。王国维在前人基础上又将联绵词研究做出了推进，包括进一步确定联绵词的内涵、分类等，可参前引姚文。在具体考证方面，王国维也有很大推进。

　　首先，王国维确定了系联联绵词应以"声"为纲。这很可能也是对前人的继承。王念孙有"叠韵转语"，曾经由王国维整理。王国维在《高邮王怀祖先生训诂音韵书稿叙录》中总结其体例："杂记联绵字，以字母二字为之纲，如具区二字入见溪部，扶疏、夫须、扶苏、扶胥诸字入并心。"[④]可知明确是"以字母二字为之纲"。在《尔雅草木虫鱼鸟兽释例弁言》记录的王国维与沈曾植的交谈中，王国维也已明确提出"古双声明而后训诂明"。在具体的联绵词考释中，王国维正是贯彻了这一核心观

[①] 姚淦铭：《王国维的联绵字研究》，《古汉语研究》1990 年第 4 期。
[②] 王念孙：《读书杂志》，江苏古籍出版社 1985 年版，第 407 页。
[③] 程瑶田：《果臝转语记》，载程瑶田撰，陈冠明等校点《程瑶田全集》(第 3 卷)，黄山书社 2008 年版，第 491 页。
[④] 王国维：《观堂集林》，中华书局 1959 年版，第 399 页。

点，如《肃霜涤场说》以"肃霜"系联"肃爽""鹔鹴""鹔鹴""潇湘"①，各词声母均相近。这就确定了系联联绵词的基本方法。魏建功言"连绵词的音读以声为纲"，并且进一步认为联绵词与复辅音有关②，可能也是沿王国维开辟的路径进一步发展的结果。

在此基础上，王国维所系联的同族联绵词数量要少很多，但更加严谨。如"果蓏"一族，王国维显然是沿袭自程瑶田《果蓏转语记》。程瑶田《果蓏转语记》将"蒲卢""蚹蠃"一系均系联进来，王国维《尔雅草木虫鱼鸟兽名释例》则将两系分开，认为"果蓏"系核心义为"物之圆而下垂者"，"蒲卢"系核心义为"魁瘣拥肿"。③程瑶田另将"敷荋""蒲胥""蒲梢"等词均系联进来，王国维皆不取，其主要原因还是因为声母相差较大。

其次，王国维为同族联绵词总结了核心义。《尔雅草木虫鱼鸟兽释例弁言》提到沈曾植的"字原"说："文字有字原，有音原……即以《尔雅》'权舆'二字言，《释诂》之'权舆，始也'，《释草》之'其萌，虇蕍'，《释虫》之'蠸舆父，守瓜'，三实一名。又《释草》之'权，黄华'，《释木》之'权，黄英'，亦与此相关，故谓'权舆'为'虇蕍'之引申可也，谓'虇蕍'、'蠸舆'用'权舆'之义以名之可也，谓此五者同出于一不可知之音原而皆非其本义，亦无不可也。要之，欲得其本义，非综合后起诸义不可。"④王国维考释联绵词的方法可能正是由此而出，即

---

① 王国维：《观堂集林》，中华书局1959年版，第71页。
② 参见魏建功《古音系研究》，中华书局1996年版，第154—155页。
③ 参见王国维《观堂集林》，中华书局1959年版，第222—223页。
④ 《尔雅草木虫鱼鸟兽释例弁言》，载谢维扬、房鑫亮主编，李朝远、沃兴华分卷主编《王国维全集》第5卷，浙江教育出版社、广东教育出版社2009年版，第126页。

综合同族联绵词以求其核心义。如《肃霜涤场说》云："马有肃爽，鸟有鹔鹴，裘有鹔鹴，水有潇湘，皆以清白得称。"①《尔雅草木虫鱼鸟兽名释例》也是系联一组联绵词后即总结其核心义，甚至试图求其"字原"，如于沈曾植所言"权舆"诸词，王国维云："是凡色黄者谓之权，长言之则为权舆矣。余疑'权'即'虇'之初字……今验草木之萌芽，无不黄黑者，故蒹葭之萌，谓之虇蕍，引申之则为凡草木之始。"②这不但沿续了沈曾植的"字原音原"说，可能还吸收了西方语言学同源词的概念。魏建功之言"语根"③，恐怕也是由此发展而来的。

王国维在给北京大学研究所国学门所写的"研究发题"中有"古文学中联绵字之研究"一项，文中言其设想："若集此类之字，经之以声，而纬之以义，以穷其变化，而观其会通，岂徒为文学之助，抑亦小学上未有之事业欤！"④如果这个设想能够实现，必将是一部极佳的联绵词研究著作。可惜突然的死亡中断了种种研究，只留下一个并不太完美的《连绵字谱》。

王国维第三项训诂学成就是古书"成语"的研究，这主要体现在《与友人论诗书中成语书》两篇中。其第一篇云：

> 古人颇用成语，其成语之意义，与其中单语分别之意义又不同……唐、宋之成语，吾得由汉、魏、六朝人书解之；汉、魏之成语，吾得由周、秦人书解之。至于《诗》《书》，则书更无古于是者。

---

① 王国维：《观堂集林》，中华书局1959年版，第71页。
② 王国维：《观堂集林》，中华书局1959年版，第224页。
③ 魏建功：《古音系研究》，中华书局1996年版，第154页。
④ 吴泽主编：《王国维全集·书信》，中华书局1984年版，第335页。

其成语之数数见者，得比校之而求其相沿之意义，否则不能赞一辞。若但合其中之单语解之，未有不龃龉者。①

也就是说，"成语"是指不能按字分开解释，但又非联绵词的多音词，其产生大约是源于古人的习惯用法，故称"成语"。魏建功将"成语"视作联绵词的补充②，这是非常有道理的。

至于"成语"的考释方法，王国维提出的第一种方法是据前代书溯源，"唐、宋之成语，吾得由汉、魏、六朝人书解之"即言此事。但《诗》《书》已是最早文献，不能用溯源法。

第二种方法即分析本义及引申轨迹。如"不淑"，王国维指出："其本意谓不善也。不善或以性行言，或以遭际言，而不淑古多用为遭际不善之专名。"③"淑，善"为古书常训，故"不淑"本义即"不善"。但该词又因其修饰对象不同而有不同含义，古人"成语"则取其中一个特定含义，即"遭际不善"，省略了"不淑"所修饰的对象。

在分析本义之后，最重要的步骤是罗举例证，归纳总结。于"不淑"条，王国维即历引《礼记》《左传》《诗经》等以为证。在寻找例证时，还应注意通假、近义等情况，如"陟降"条，王国维又勾连起"陟各""陟恪""登假""登遐"诸条。

王国维对于《诗经》《尚书》中几个词的考证非常巧妙，但他这项研究的意义并不止于此。更重要的是，他揭示了文献中普遍存在的"成语"现象，并做出了考释"成语"的良好示范。后世文献中同样大量存

---

① 王国维：《观堂集林》，中华书局1959年版，第75页。
② 参见魏建功《古音系研究》，中华书局1996年版，第61页。
③ 王国维：《观堂集林》，中华书局1959年版，第76页。

在"成语",这些"成语"有些可从前代文献找到出处,有些则只能通过王国维揭示的这种方法确定其含义。例如敦煌文献及中古文献中常见的"解斋"一词,就是这样的"成语"。运用以上方法分析,可知该词并非字面的解除斋戒之义,而是指早饭。[①] 由此可见王国维"成语"研究的重要意义。

总之,王国维在训诂著作体例研究、联绵词研究和古书"成语"研究方面做出了很大的成就,不仅为相关文献阅读提供了方便,而且开创或优化了研究方法,推进了训诂学的发展。

三

王国维在训诂学方面取得这样的成就,一方面固然与他出众的勤奋努力和敏锐的学术眼光有关,另一方面也得益于他有效的研究方法。

首先,王国维研究训诂学是从音韵学入手的。如《尔雅草木虫鱼鸟兽释例弁言》中所说,王国维从事训诂学研究,是从发现"古双声明而后训诂明"开始的。此后,王国维在音韵学方面做了许多工作,如校《唐韵》、分析金文韵读、补《说文谐声谱》等。在此基础上治训诂,则如鱼得水。王国维常通过音韵关系系联同族同源词,其联绵词研究主要依据的就是这一方法。又如他发现《尔雅》中"同类之异名与夫异类之同名"的声近关系。"同类之异名"即同一类别的近义词,如"庙中路谓之唐,堂途谓之陈",唐、途、陈即"同类之异名",它们"皆一声之

[①] 参见张涌泉、张小艳、郜同麟主编《敦煌文献语言大词典》,四川辞书出版社 2022 年版,第 1047—1048 页。

转"①。之所以如此，正是因为"其流期于有别，而其源不妨相通"②，亦即各字为同源词。"异类之同名"即类别不同但意义相关的词，如"果蠃""果蠃"之类，前文多有论及，此处不再举例。

其次，王国维对古书的校读为训诂研究提供了基础和材料。王国维一生花了极大的精力校读古书，赵万里在《王静安先生手校手批书目》中说："静安先生逝世后，里与其公子等整理遗书，共检得先生手校手批书一百九十余种，录目如右，实皆先生毕生精力之所在也。盖先生之治一学，必先有一步预备工夫。如治甲骨文字，则先释《铁云藏龟》及《书契》前后编文字。治音韵学，则遍校《切韵》《广韵》。撰蒋氏《藏书志》，则遍校《周礼》《仪礼》《礼记》等书不下数十种。其他遇一佳椠，必移录其佳处或异同于先生自藏本上。间有心得，必识于书之眉端。自宣统初元以迄于今，二十年间，无或间断。"③检《王静安先生手校手批书目》，王国维于《尔雅》《尔雅疏》《方言》《方言疏证》《释名》《释名疏证》《广雅》等书皆有批校。《传书堂藏书志》于《尔雅疏》有详细校记④，于明刊《尔雅》⑤等书亦多言其异文优劣。于此皆可见王国维校书之勤。这些批校既为其训诂研究打下了基础，也直接提供了材料，《书郭注〈方言〉后三》主要就是校勘《方言》的成果。另外，训诂研究还可与古书

---

① 王国维：《观堂集林》，中华书局1959年版，第221页。
② 王国维：《观堂集林》，中华书局1959年版，第222页。
③ 赵万里：《王静安先生手校手批书目》，载谢维扬、房鑫亮主编，房鑫亮、胡逢祥分卷主编《王国维全集》第20卷，浙江教育出版社、广东教育出版社2009年版，第197—198页。
④ 参见王国维撰，王亮整理《传书堂藏书志》，上海古籍出版社2014年版，第82页。
⑤ 参见王国维撰，王亮整理《传书堂藏书志》，上海古籍出版社2014年版，第122页。

校读互相参证，如《传书堂藏书志》于明刊《尔雅》条云："《释草》'椵，木槿；榇，木槿'，注'或呼曰蕣'，以下经'蕣，萱草'参之，此正与之异物同名。《月令》'木堇荣'作'堇'，是其证。以两物并得'堇'名，故《尔雅》或言木、或言草以别之，要皆草属，故并入《释草》。"①这正与《尔雅草木虫鱼鸟兽名释例》所言《尔雅》体例互相发明。

再次，王国维注重发明古书义例，总结古人遣词造句的规律，推寻文献中的体例、文例、词例。这从前文提到王国维对《尔雅》经注和《方言》郭注的研究中即可见出。除此之外，王国维往往对文献上下参证，找出其中的"例"，由此切入解决问题。如《肃霜涤场说》谓"九月肃霜，十月涤场"二句与"一之日觱发，二之日栗烈"同例，不与"七月流火，九月授衣"同例，由此确定"肃霜""涤场"二字并非动宾结构②。在关于"成语"的研究中，王国维同样是通过文例来分析问题，如云："《梓材》云：'庶邦享，作兄弟方来。''兄弟方'与《易》之'不宁方'、《诗》之'不庭方'皆三字为句，方犹国也。传于'兄弟'句绝，又以方为万方，亦失经旨。"③这也是找出古书中"××方"的基本规律后做出的判断。

最后，王国维可能受到了西方语言学的影响，在治学中做到了古今结合。王国维在其训诂学论著中并未明确引用过西方语言学家之说，但他的一些观念显然受到了西方语言学的影响。如《尔雅草木虫鱼鸟兽名释例》下篇云："凡雅俗、古今之名，同类之异名与夫异类之同名，其音与义恒相关。"《书尔雅郭注后》云："不必问其字之如何，但使古今两语

---

① 王国维撰，王亮整理：《传书堂藏书志》，上海古籍出版社2014年版，第123页。
② 参见王国维《观堂集林》，中华书局1959年版，第70—71页。
③ 王国维：《观堂集林》，中华书局1959年版，第79—80页。

音义相会足矣。故与其求其字也，宁存其音。"①这便是将文字与音、义分开，认为语言系统中最重要的是音与义的结合，文字是其中相对不太重要的一方面。这与西方语言学观念是完全相合的，如索绪尔《普通语言学教程》云："它（语言）是一种符号系统；在这系统里，只有意义和音响形象的结合是主要的。"②又云："语言和文字是两种不同的符号系统，后者唯一存在的理由是在于表现前者。"③索绪尔还特别指出在大多数人的脑子里更重视文字，"书写形象就专横起来，贬低了语音的价值"④的问题。现在无法确定王国维是否读过索绪尔的论著，但其"与其求其字也，宁存其音"的观念与此是一致的，这也与乾嘉学者极重文字的研究方法是截然有别的。王国维在《尔雅》《方言》以及联绵词方面取得的成就，可能都与背后的这一观念有关。

总之，王国维在生命的最后十余年对训诂学倾注了不少心力，撰作了一些高质量的论著。这些论著的结论不少已成为定论，其中所用的方法对今日的训诂学研究仍有很大的指导意义。

（作者单位：中国社会科学院文学研究所）

---

① 王国维：《观堂集林》，中华书局1959年版，第221、228页。
② ［瑞士］费尔迪南·德·索绪尔著，沙·巴利、阿·薛施蔼、阿·里德林格合作编印：《普通语言学教程》，高名凯译，商务印书馆1980年版，第36页。
③ ［瑞士］费尔迪南·德·索绪尔著，沙·巴利、阿·薛施蔼、阿·里德林格合作编印：《普通语言学教程》，高名凯译，商务印书馆1980年版，第47页。
④ ［瑞士］费尔迪南·德·索绪尔著，沙·巴利、阿·薛施蔼、阿·里德林格合作编印：《普通语言学教程》，高名凯译，商务印书馆1980年版，第50页。

王国维与清内阁大库档案

伍媛媛

王国维初名国桢，字静庵，又字伯隅，曾号"人间""永观""礼堂"，晚号"观堂"，浙江海宁人。他在经学、小学、训诂、考据、音韵、目录、版本等多个学术领域，几乎无所不通，无所不精，堪称我国近代一位国学大师。在历史档案研究方面，王国维对殷墟甲骨、汉晋简牍、敦煌经卷等都曾亲见亲闻，一一考订，并撰写了《殷卜辞中所见先公先王考》《殷卜辞中所见先公先王续考》《殷周制度论》《古史新证》等诸多著作，颇有建树。对于被誉为20世纪中国近代四大文化发现之一的明清档案，王国维也与之有着不解之缘。

一、结缘"大内档案"

内阁大库始建于明代，但其在明代的确切用途，目前说法不一。有的说是明代文渊阁，有的专家则认为内阁大库是明代的内承运库旧址。但到了清初，内阁大库的用途已经明确，即清朝中央政府和宫廷存贮重要档案文献和书籍资料的库房之一。内阁大库位于紫禁城东华门内南侧，文华殿之南，由东西两座库房构成。西边贮存红本，俗称西库，东边藏实录表章，俗称东库，每库分上下两层，凡十间，总面积达1295平方米。

内阁大库作为有清一代皇家档案秘籍的保管重地，主要保管的有明档、盛京旧档、清档，除此之外还有少量明代文渊阁遗存之图书。明档是清初为修明史征集而来的明代天启、崇祯年间的题行稿等档案，以及旧存的实录、诰、敕等。譬如，明成祖《实录》底本残卷、明熹宗《宝训》正本残卷、赐琉球国王世子尚丰的敕、明代兵科所抄题行稿等。盛京旧档是从盛京移来的满文老档、满文木牌等清入关前的旧档，包括太宗致朝鲜国王书、天聪朝臣工奏议等。清档是清入关后形成的各类档案，包括内阁承宣、进呈的官文书，内阁各机关日行公事的档案文件，以红本、史书、黄册为大宗，此外还有记载帝王言行的起居注，官修的实录、圣训、会典等书籍的稿本。内阁大库所藏档案比较全面地反映了整个清代社会政治、经济、军事、文化、外交等情况，其数量之巨、种类之多、内容之繁、价值之重，堪称冠首。

清时档案文书，管理规制极其森严。清人梁章钜的《枢垣记略》记述说："凡京内外王大臣有奉特旨到军机处恭听谕旨、恭读朱笔及阅看各处奏折者，方得在军机堂帘内拱立，事毕即出。其余部院内外大小官员，不得擅入。其帘前窗外、阶下，均不许闲人窥视。"[①] 内阁大库档案的保管亦极为严格，任何人都不得随意阅看。但到了清朝末年，由于清政府行将末路，内阁大库渐渐疏于保管。同时，由于清末民初的政权更迭，社会动荡，内阁大库档案遭到严重的损毁与流散，也引发了人们对这批档案的关注。

王国维与内阁大库所藏档案文献的情结，源于清朝遗老罗振玉。光绪二十四年（1898），王国维在罗振玉创办的东文学社学习日语和英语，两人从此相识。光绪三十二年（1906），罗振玉奉命调任学部参事，王国

---

① 梁章钜：《枢垣记略》卷十四，载《清代笔记史料丛刊》，中华书局1997年版。

维也离开其就职的苏州师范学堂一同北上。光绪三十三年（1907），经罗振玉荐举，王国维进入学部任总务司行走，担任学部图书馆编辑，主管编译及审定教科书事宜。

在这期间，内阁大库因年久失修，"更形渗漏"。如再不维修，"恐大木亦有糟朽之虞"，内阁遂奏请派员进行"查勘修理"。①大库维修前，进行了腾清库存的开工准备，据大学士孙家鼐等奏称，将"内库恭存圣训、诏敕、御笔以及经、史、子、集、碑版、图绘等……分别完缺，包裹鉴排，暂移文华殿两厢恭存"。而大库中历年存积的红本等档案，为数尚多，如不全行挪出，维修工程碍难展开。于是，按照以往维修大库的办法，择要拣存。而那些年久潮湿、霉烂的档案，则拟"派员检出，运往空闲之处，一律焚化"。②内阁大库这次的修缮工程，于宣统二年（1910）正月二十七日开工，六月底修理完竣，前后半年时间，花费五万六千七百五十二两银子。③修缮完毕，实录、圣训仍搬回大库，其余霉烂档案，只等一声令下焚成灰烬。庆幸的是，这些被移出的200多万件"无用之旧档"和大量古籍，最终在张之洞及罗振玉的奔走努力下，运至学部，放置在国子监南学敬一亭，历科殿试试卷暂存于学部大堂后楼，幸免于难。

王国维当时恰在学部，亲闻此事的个中曲折。在这之后，1923年春，王国维经大学士允升引荐，开始充任逊帝溥仪的南书房行走，有幸得窥大内所藏。所有这些经历，引发了王国维对"大内档案"内容、价值及

---

① 参见中国第一历史档案馆藏内阁奏稿（宣统朝），02-199-20。
② 参见中国第一历史档案馆藏内阁奏稿（宣统朝），02-199-20。
③ 参见中国第一历史档案馆藏宫中朱批奏折，04-01-37-0149-017，大学士鹿传霖为内阁实录红本大库工程修理完竣事奏折，宣统二年（1910）六月初二。

日后辗转历程的关注，陆续推出《内阁大库书之发见》《库书楼记》《最近二三十年中中国新发见之学问》三篇要文，向世人披露"罕有知其事"[①]的内阁大库档案。

清代学者对内阁大库的记载，莫详于乾隆年间王正功据其在内阁任职二十余年身历目睹所写的《中书典故汇纪》。但这也仅是乾隆二十年（1755）以前的情形，在随后的一百多年里，内阁大库随着库物的陆续增加，其庋藏情形究竟变更如何，无从得知。因此，清末民初王国维对内阁大库现状及其所藏档案文献的持续推介，就显得弥足珍贵了。

二、《内阁大库书之发见》：披露"内阁大库"的所收所藏

据王国维介绍，内阁"自明永乐至于国朝雍正，历两朝十有五帝，实为万几百度从出之地。雍、乾以后，政务移于军机处，而内阁尚受其成事，凡政府所奉之朱谕、臣工所缴之敕书、批折，胥奉储于此"[②]。正因为所藏档案之重要，清代对内阁大库的管理十分严格，以致三百年来"除舍人、省吏循例编目外，学士大夫罕有窥其美富者"[③]。但在光绪三十四年（1908），这些皇家秘档却被迁出待焚。《内阁大库书之发见》就记载了当时的内中情由。这篇文章收录在王国维的《东山杂记》一书中。1913年至1915年间，王国维在日本人于沈阳创办的《盛京时报》上发表了一些读书札记，先后取名为《东山杂记》《二牖轩随录》。根据《东山杂记》收录文章的时间，大致可以推断《内阁大库书之发见》一文写于

---

① 赵利栋辑校：《王国维学术随笔》，社会科学文献出版社2002年版，第40页。
② 王国维：《观堂集林（外二种）》，河北教育出版社2003年版，第582页。
③ 王国维：《观堂集林（外二种）》，河北教育出版社2003年版，第582—583页。

1913年7月至1914年5月间。

王国维的《内阁大库书之发见》一文披露，光绪三十四年（1908）十月光绪帝死后，在宣统帝嗣位之际，醇亲王载沣摄政，他命令内阁大臣在内阁大库里查找清朝开国之初多尔衮身为摄政王举行典礼的旧档以作参考。在大库搜寻过程中，"始知书架之后，尚有藏书之处"。虽然内阁大库在光绪十年间曾做过清理，但因参与此事者或被调离，或已过世，清理情况已无从知晓，于是"重整理，归之于图书馆"。在图书之外当时还发现"乾隆以前黄本、题本充库中"。载沣以此类档案日久无用，奏请焚烬，并"已得谕旨，乃露积庭中"，以待销毁。此时，罗振玉来到内阁，随手拿出几份档案，竟是乾隆朝阿桂西征时的奏疏，且按年月顺序排列，"颇为整饬"。罗振玉认为此类奏疏皆为重要史料，"焚烬可惜"，遂提议"可置京师图书馆中"。经学部辗转商议，"逾月而始往取"，放置在国子监南学。这样，这批档案才"尚未焚毁"。但是，也"暴露月余，经雨数次"，受到一定的损毁。①

通过王国维的这篇文章，我们还可以对当时内阁大库所藏有个大致了解。一是图书类，内阁大库中所藏古籍归京师图书馆，其宋元刊本及善本书，已收录在缪荃孙所编的《学部图书馆书目》中。此外，地志一类业已整理完毕，著有目录。二是目录类，内阁旧有书目为光绪十年间清点的目录，庚子之乱时为日本人所得。王国维曾见过传写本，凡《学部图书馆书目》所载之书，也杂见其中，并记有明末清初的重要公文书籍。书目所载之文献，"其可贵比之所藏宋元本书，或且过之"。三是档案类，内阁大库清理时，发现一些历科殿试卷与题本俱于其中，其中名

---

① 参见赵利栋辑校《王国维学术随笔》，社会科学文献出版社2002年版，第41页。

人试卷多被人拿走，余下的也归给学部，置于学部大堂后。四是地图类，内阁大库所藏地图有两大架，背面用阿拉伯数字记有序号，为康熙年间西洋人所测绘。当初内阁以旧图无用为由，准备将其一并焚烧，也幸亏罗振玉见到后想方设法保存下来。地图中还有乾隆时期的十三排地图铜版，此图系乾隆年间绘制，原名《皇舆全图》，版为铜质，共分十三块，104方，为蒋友仁所制，"铜质甚厚，图版作凹凸形"。五是内阁库中有一"库神"，供奉甚谨，外面垂挂着黄幔，无人敢揭视。在清理之时，有阁臣曹元忠曾揭开黄幔查看，是一个包得很严实的包裹，打开一看，乃为枯树根，个中缘由不得而知。

三、《库书楼记》：追记"大内档案"的流散经历

民国初年，曾着手筹建历史博物馆，并在国子监成立了筹备处，存于此处的内阁大库档案便成了它的藏品之一。1917年，因原有馆舍较为狭小，教育部将筹备处迁至故宫端门，内阁大库档案也随之移往。1921年，由于军阀混战，政局动荡，经济萧条，民不聊生，历史博物馆资金经常短缺，以致不能按时发出薪水。为添补资金，时人想出了一条生财之道，将端门门洞内所藏内阁大库档案的"四分之三，以售诸故纸商。其数以麻袋计者九千，以斤计者十有五万，得银币四千圆"[①]，这就是人们常说的"八千麻袋事件"。所谓"八千麻袋"，是人们通常的说法，王国维《库书楼记》的记载是9000麻袋，另有赵泉澄《北京大学所藏档案的分析》中转引邓嗣禹访问邓文如来函中也采9000麻袋一说，而李光涛在《记内阁大库残余档案》转引傅斯年致蔡元培的信中则持7000麻袋之说。

---

① 王国维：《观堂集林（外二种）》，河北教育出版社2003年版，第583页。

罗振玉再一次抢救下这批流出宫中的大内秘档，并嘱王国维撰文《库书楼记》以记其事。历经半年时间，其文定稿。在这篇《库书楼记》中，王国维详细介绍了清末内阁大库的保存状况，其中谈道："内阁典籍厅大库为大楼六间，其中书籍居十之三，案卷居十之七。其书多明文渊阁之遗，其案卷则有列朝之朱谕、敕谕，内外臣工之黄本、题本、奏本，外藩属国之表章、历科殿试之大卷，其他三百年间档册文移，往往而在，而元明遗物亦间出其中。"该文回顾了罗振玉抢救档案的经过：1922年2月，罗振玉"以事至京师，于市肆见洪文襄揭帖及高丽国王贡物表，识为大库物。因踪迹之，得诸某纸铺，则库藏具在，将毁之以造俗所谓还魂纸者，已载数车赴西山矣。亟三倍其直，价之称贷京津间，得银万三千圆，遂以易之"①。罗振玉花了三倍的价钱，买下这9000麻袋15万斤档案，存于天津库书楼。

王国维记述罗振玉抢救内阁大库档案的经历，不禁感叹道："国家与群力所不能为者，竟以一人之力成之。"王国维深深感佩罗振玉的学术功力，认为罗振玉"于所得之殷墟文字固已编之、印之、考之、释之，其他若流沙坠简、若鸣沙石室古佚书等凡数十种，先后继出。传古之功，求之古今人，未见其比"。王国维由此确信，罗振玉欲以十年之力检校、编录、择要印行内阁大库这数千麻袋的档案，"其事诚至艰且巨"，而罗振玉"必能办此也"②。果不其然，1924年，罗振玉就据这批档案整理刊行《史料丛刊初编》22种；1933年设库籍整理处，校刊影印《清太祖实录稿》3种；1935年刊印《史料丛编》初集10种、二集2种，《明季史料零拾》2册等各若干种；1936年又校刊《皇清奏议》68卷，《续编》4

---

① 王国维：《观堂集林（外二种）》，河北教育出版社2003年版，第583页。
② 王国维：《观堂集林（外二种）》，河北教育出版社2003年版，第584页。

卷；等等。

四、《最近二三十年中中国新发见之学问》：阐释"大内档案"的特殊价值

清末民初，西学大范围传入中国。史学界受西方学术思想的影响，更重视直接史料，注重实证的研究，进而更为看重对档案的原始证据价值。在这一转型中，以安阳甲骨档案、西北汉晋简牍、敦煌文书经卷、内阁大库明清档案为突出代表的原始档案史料的发掘，让中外学术界为之震撼。近代史家抓住这一历史契机，对档案史料的学术价值和学术功能形成了突破性认识。

1925年4月，王国维到清华学校赴教，暑假期间，为留校学生作了题为《最近二三十年中中国新发见之学问》的报告。报告列举了20世纪最初二三十年间有关中国学研究的前沿问题，他主张从材料出发进行研究，并首次提出了"古来新学问起大都由于新发现……今日之时代可谓之发现时代"[①]的观点。王国维认为，"自汉以来，中国学问上之最大发现有三：一为孔子壁中书；二为汲冢书；三为今之殷墟甲骨文字，敦煌塞上及西域各处之汉晋本简、敦煌千佛洞之六朝及唐人写本书卷，内阁大库之元明以来书籍档册"，而后四者其中之一"已足当孔壁、汲冢所出"。由此可见，王国维对内阁大库图书档案价值的充分肯定。

在这几项历史性发现中，殷墟甲骨、流沙坠简、敦煌经卷，王国维皆曾以全力研究，解决诸多历史问题。对内阁大库保存的档案文献，王国维虽未展开系统深入的研究，仅涉樊篱，但他也敏锐地认识到，这并

---

① 王国维：《静安文集续编》，上海古籍书店1983年版，第65页。

非清末朝中一些人认为的"无用之旧档"。在王国维看来，有关清代的档案，包括"清宫的夷务始末记，近代外交史资料，华北及东北、西北的史前遗存，东北的满洲老档，英、法、德、波斯、西班牙、葡萄牙各国传教士及学者有关元明清三代之记载"[①]，都是极具研究价值的文献宝藏，并鼓励和引导学生做深入的研究。

王国维关于内阁大库档案的三篇要文，揭开了大内档案的神秘面纱。民国时期，中央研究院历史语言研究所及故宫文献馆在整理内阁档案时，无不参考其文，以追溯内阁大库的变迁历程。可以说，王国维的著述文章成为后人了解和研究内阁档案的重要文献，对世人整理研究明清档案不仅有开拓之功，更起到了推波助澜的特殊作用。

（作者单位：中国第一历史档案馆）

[①] 周传儒:《史学大师王国维》，《历史研究》1981 年第 6 期。

内阁大库中的清代录书史书起源新探[*]

张一弛

有清一代，朝廷因统治的需要而设置了一套繁复的行政文书系统，产生了数量惊人的文书档案史料。这些史料是今人研究清代历史的重要依据。其中，内阁大库史料是最著名也最典型的清代中央文书档案之一。就性质而言，内阁大库史料主要来自清代中枢机构——内阁的行政工作。特别是在军机处诞生以前，内阁产生的行政文书与清朝政治决策关系甚密，是研究清代政治制度史的重要文献。就文书内容而言，内阁大库史料内容亦称丰富，既有攸关国家政务的红本等题奏文书，也有关系到中央政府内部行政事务往来的杂项文书。就档案保管情况而言，内阁大库史料几经波折，才得保全，分藏两岸，反映出清代历史文书的百年沧桑。这些都凸显出内阁大库史料的研究价值和意义。

与系统得到披露的军机处和宫中档案相比，内阁大库史料的披露情况还属初步。除内阁题本类文献由于披露相对较多、文体较为明晰，学界利用稍多外，还有大量其他类型的文书，或因披露有限，或因产生过程较为复杂，尚未得到充分研究和利用。对这样一些文书的研究，一方面有助于加深对内阁大库史料的认识，另一方面也是清代政治制度史研究的题中应有之义。

---

[*] 本文系北京高校中国特色社会主义理论研究协同创新中心（中国政法大学）阶段性成果。

从学术史的角度而言,清末民初,罗振玉、王国维等学者发掘、抢救乃至整理内阁大库史料,并从中阐发关于中国古代史料的内涵,意义十分重要。近年来,因应于"'活'的制度史"这一研究进路,以古文书为基础,以信息传递与政务运行为研究主题,正在成为中国古代政治制度史研究生长点。[①]多年来历史档案学对清代中央政府文书的研究,成果丰硕,不过,目前清史学界对上述"'活'的制度史"的研究进路回应尚少。清代政治制度史中文书研究的成果,与中国古代政治制度史中对于文书的新方法,二者如何结合,成为清代政治制度史研究中的一个新问题。

本文的研究对象为内阁大库史料中的录书、史书文献。所谓录书和史书,名称虽然有异,但经常用作题本在发抄后所形成的一大类存档备查文献的统称。它源自题奏本章的处理流程,内容上与题奏本章有很大重叠,但又不尽相同。关于这一类文书,1935年故宫博物院研究人员方甦生曾对其产生过程有所探究,并从内阁大库史料中辑出数种史书数目清单。[②]中国第一历史档案馆整理披露雍正朝史书(后出版吏科、户科部分)时,刘子扬曾撰有一文,简要介绍录书、史书文献的由来和内容。[③]不过,两人的研究仍有未尽之处。本文将利用台北故宫博物院藏《题奏档》,结合其他传世史料,弥补前人研究之不足,对录书史书文献的起源和性质做进一步探讨。

---

① 参见黄宽重、邓小南《"宋代的讯息传递与政令运行"专辑导言》,《汉学研究》第27卷第2期,2009年,第1—4页。
② 参见方甦生《清内阁库贮旧档辑刊》第1册《叙录》,北平故宫博物院文献馆,1935年,第61b—63b页。
③ 参见刘子扬《清代内阁六科史书述评——以雍正朝吏科史书为例》,《历史档案》2001年第4期。

一、明代的章疏汇录编纂机制

方甦生认为，录书、史书类文献起源于明万历年间出现的六曹章奏编纂事务。本文则更进一步，认为录书、史书类文献的出现，是明、清两朝官修当代史籍事业发展的结果。

自唐代以后，历代政权均有官修实录等当代历史典籍的制度。实录的史料来源，一直以起居注等记载帝王言行的文献为主，但也会采用一部分存档的章疏奏牍文献。[①]为编纂实录提供便利，是朝廷以档案的形式保存章奏类文献的重要动机。明初亦有类似制度。洪武五年（1372），从礼部尚书陶凯之议，"凡诸钦录圣旨，及奏事簿籍，纪载时政，可以垂法后世者，宜依会要编类为书，使后之议事者有所考焉。其台、省、府，宜各置铜匮，藏《钦录簿》以备稽考"[②]。这里的《钦录簿》是在章奏原件基础之上进一步编纂形成的资料性书籍。次年，明廷设立给事中一官时，对《钦录簿》的编纂作出进一步规定："置《钦录簿》三：中书省一，文职官录之；大都督府一，武职官录之；御史台一，监察御史录之"，"省、府、台各置铜匮，凡所录旨意文簿收贮于内，以凭稽考"。[③]文武及监察机构各自抄录奉旨奏章，这是明廷建立章奏收掌、以备编纂制度的开始。

然而，《钦录簿》的编纂却未能延续下去，目前在明代史籍中不仅不见其真容，亦不见其引用。其寝废时间与原因，史籍无考。笔者认为，很可能是与洪武年间朝廷政治斗争中央政治制度发生剧变有关，中书省罢废，大都督府析分为五军都督府，五府文官亦大为减少。[④]在这一情况

---

① 参见谢贵安《中国已佚实录研究》，上海古籍出版社2013年版，第183页。
② 《明太祖实录》卷七七，洪武五年十二月初七日庚辰。
③ 《明太祖实录》卷八〇，洪武六年三月初三日乙巳。
④ 参见李新峰《明前期军事制度研究》，北京大学出版社2016年版，第48页。

下，想要长期且全面地抄录、编纂、保管章奏文字，在制度的层面上是不太现实的。弘治五年（1492），大学士丘濬奏请建立皇家藏书之所，以收贮实录，但于其他典籍文献则未置一词，仅称"凡内府衙门收藏一应干系国家大事文书，如玉牒之类，皆附焉。其制敕房一应文书，如诏、册、制、诰、敕书等项草检，行礼仪注、应制诗文等项底本，前朝遗文旧事等项杂录，亦令书办官员遇暇陆续抄录，不限年月。……凡内府衙门所文书，可备异日纂修一代全史之用者，如永乐以前文武官贴黄之类，皆附焉"[①]。可知此时章奏汇录事务已经不在皇家收藏的序列。

虽然以《钦录簿》这一以史籍编纂为目的章奏汇集机制并未长期运行，不过，明中叶又出现了另一种形态的章奏汇录机制。这一机制的主事者为六科，目的不在于历史编纂，而是在于行政稽查，也就是确保进奏事件按时结覆，避免上奏的事务不了了之。明初定制，"凡五府六部等衙门所奏事件，各官既已亲奉旨意，奏本明白批写，回本衙门自作施行"[②]。明朝前期以面奏奉旨为主要奏事体制，大多数启奏事件，六部等衙门以当面奉旨的形式获得答复，径回本司，其间并无秘书机构抄存。明中叶以降，早朝面奏之制渐成虚典，朝廷政务多依靠以题奏本章流转为中心的文书奏事体制。奏事形式变化带来的一个直接后果是，进奏事务的答复周期明显变长，由即时答复变为等候数日才能批出。弘治朝是奏事体制变化的关键时期，皇帝疏于召见大臣，仅靠批答章奏来完成决策，阁臣杨守、刘健等均曾抱怨："批答之出，动经累日，各衙门题奏本或稽留数月，或竟不发出，事多壅滞，不得即行。""内外各衙门题奏累二三日

[①] 《明孝宗实录》卷六三，弘治五年五月十二日辛巳。
[②] 申时行等修：《明会典》卷七六，中华书局1989年版，第445页。

方得抄行，文案壅滞、政令稽缓，未有甚于今日者。"①

为缓解文书行政中的效率问题，便于追踪各项进奏事务的处理流程，明廷逐步建立由六科稽查督办的体制。据正德《大明会典》载，六科职能中包括以下四项：

（1）凡各衙门题奏本状奉旨发落事件，开坐具本户、礼、兵、工、刑五科，俱送吏科。每日早朝，六科掌科官同于御前进呈。

（2）凡各衙门题奏本章，发下圣旨，各该衙门堂上官一员随赴本科，批押于后。

（3）凡六科每日收到各衙门题奏本状奉有圣旨者，各具奏目，送司礼监交收。又置文簿，陆续编号，开具本状，俱送监交收。

（4）凡各衙门题奏过本状，俱附写文簿后五日，各衙门具发落日期，赴科注销。②

这一稽查督办体制中，六科分别从进奏衙门上奏与皇帝发下两个方向收集进奏文书，发下本章要抄发该部，并且根据需要编订奏目与号次，以便送司礼监或候部注销。因此，就职权而言，几乎全部进奏文书都要经过六科，而且六科经手过程中往往要根据需要抄录副本或摘录内容。尽管行政稽查事务属于政府政务运行的一部分，与历史典籍编纂分处不同政府事务模块，但六科这一章奏处理的职权，仍令其取得了编订章奏

---

① 《明孝宗实录》卷一二二，弘治十年二月初二日甲戌；卷一九三，弘治十五年十一月廿八日丁酉。
② 李东阳等编纂：《大明会典》卷一六七《六科通行事例》，日本国立国会图书馆藏正德四年刻本，第24叶a-b。

一事上的便利，为后来录书的出现张本。

神宗万历三年（1575），大学士张居正等决心重建朝廷当代史料收集机制。以往史家较为措意的是起居注的恢复①，但事实上，除了记载君主言行的起居注得到恢复，类似《钦录簿》记载章奏内容与批复意见的机制也得到了重建。这就是《六曹章奏》的编纂。张居正等人在提出创设起居注的方案时提道：

> 合令日讲官日轮一员，专记注起居，兼录圣谕、诏、敕、册文等项，及内阁题稿。其朝廷政事见于诸司章奏者，另选年深文学素优史官六员，专管编纂。事分六曹，以吏、户、礼、兵、刑、工为次，每人专纂一曹，俱常川在馆供事，不许别求差遣及托故告假等项，致妨公务。②

张居正此疏，奠定了《六曹章奏》与起居注平行的基本地位，事有专官，职有所掌，可称是章奏编纂工作在明代不曾有过的地位。此外，此疏还确定了章奏编纂工作的办事流程：

> 一议：纂辑章奏。照得时政所寄，全在各衙门章奏。今除内阁题稿并所藏圣谕，该阁臣令两房官录送史馆，其各衙门章奏，该科奉有旨意，抄发到部，即全抄一通送阁，转发史馆。……
>
> 一议：纪录体例。照得今次纪录，祇以备异日之考求，俟后人之

---

① 参见南炳文《影印本〈万历起居注〉主要底本的初步研究》，载王春瑜主编《明史论丛》，中国社会科学出版社1997年版，第231页。
② 《明神宗实录》卷三五，万历三年二月二十七日丙申。

删送。所贵详核，不尚文词。……若诸司奏报，一应事体除琐屑无用、文义难通者稍加删削润色外，其余事有关系，不妨尽载原本。语涉文移，不必改易他字。至于事由颠末，日月先后，务使明白，无致混淆。①

根据上述意见可知，《六曹章奏》的工作流程是依托六科经手章疏的既有制度，在抄发各部之余多抄一通，交送史馆编纂。这是历史编纂与行政稽查两套体制最终的合流之处。也正是由于最初抄录者为行政流程上的机构而非文化事业单位，《六曹章奏》的文献来源可靠性得到了保证，不会如《钦录簿》一样动辄即废。史馆在收到六科所送章疏后，进一步编纂时仍以保留原文为主，尤其不必以"尚文词"为由擅为删削。这是《六曹章奏》史料性质的一种体现。不过，在《六曹章奏》编纂过程中，内阁仍然保持着主动权，编纂者、保管者以及使用者都归于内阁及背后的翰林院。章奏的编纂由翰林官完成，书成之后则保管于内阁书库。为妥善保管起居注和《六曹章奏》，张居正等人提议，"月置一小匦，岁置一大匦，俱安放东阁左右房内"，"每月史官编完草稿，装为七册。一册为起居，六册为六曹事迹，仍于册面各记年月、史官姓名，送内阁验讫，即投入小匦，用文渊阁印封锁。岁终，内阁同各史官开取各月草稿，收入大柜，用印封锁如前，永不开视"。②因此，《六曹章奏》虽然源于六科行政稽查机制，但内阁则居于掌控地位。

万历初年的这一改革，落实在了《明会典》之中。万历年间重修《明会典》时，在"翰林院"部分增入一条："其各曹章奏，六科奉旨发

---

① 《明神宗实录》卷三五，万历三年二月二十七日丙申。
② 《明神宗实录》卷三五，万历三年二月二十七日丙申。

抄到部，即全录送阁，转发编纂。"在"六科"部分增入另一条："凡六科每日接到各衙门题奏本章，逐一抄写书册，五日一送内阁，以备编纂。"①意味着《六曹章奏》的编纂工作成为朝廷制度的一部分。根据《明实录》中的记载，自万历六年"以翰林院侍讲李长春等编纂六曹章奏"开始，直到崇祯二年最后一次出现"以编修陈演等管六曹章奏"②的记述，《六曹章奏》编纂机制至少延续了五十年之久。这一制度以六科抄录章奏为起点，以内阁收贮和利用抄录的章疏为目的，是清代录书史书文献的出现源头。

二、清代《六曹章奏》编纂制度的建立与罢废

早在关外时期，后金王朝就已初步建立了历史编纂的机制。早在万历二十七年（1599），努尔哈赤命额尔德尼巴克什利用蒙古文字制成最早的满文，"国书传布自此始"。老满文由此诞生。③满文创设后，即用于记录政事。努尔哈赤以"额尔德尼巴克什勤谨聪慧，无人所及"，遂命其记载其言行与战功，此即《无圈点档》中太祖朝《张字档》等档册的由来。④天聪三年四月，皇太极下令将"文馆"供职之巴克什"分为两直"，"巴克什库尔缠同笔帖式吴巴什、查素喀、胡球、詹霸等四人记注本朝政事，以昭信史"⑤，初步建立记载、编纂史书的制度。这一制度进一步同中

---

① 申时行等修：《明会典》卷二二一《翰林院》，中华书局1989年版，第1097页；申时行等修：《明会典》卷二一三《六科》，中华书局1989年版，第1061页。
② 《崇祯长编》卷二三，崇祯二年六月十九日壬申。
③ 参见《清太祖实录》卷三，己亥年二月。
④ 参见赵志强《论满文〈无圈点档〉》，《清史研究》2019年第2期。
⑤ 《清太宗实录》卷五，天聪三年四月初一日丙戌。

枢行政制度结合，崇德元年（1636），皇太极称帝，改国号为大清，在文馆的基础上设立内三院，作为中枢机构。内三院之一为内国史院，职掌之二为："凡汗起居、用兵、行政事宜，编纂史书"，"墓碑铭文，一切机密文移，官员升降文册及诸臣奏章，汇纂史书"。① 利用内院处理章奏的职权，将章奏文献纳入史书的资料视野，从而丰富史书内容——内国史院这一职权的产生，与明代的历史纂修制度变化过程，可称殊途同归。不过，关外时期由于八旗政治传统的影响，进奏活动中口头奏报的情况十分常见，奏事文书的使用颇多限制。现存《内国史院档》中的确记载有臣下奏疏正文，但数量无多。足见此时章奏文献只是国史的一种辅助材料。

顺治元年（1644），清人定鼎中原，继承了来自明代的题奏文书制度，作为朝廷最重要的行政信息沟通机制。② 因应于这一变化，历史编纂机制也朝着收集题奏文书的方向调整。顺治六年（1649）开《清太宗实录》修书馆时，谕旨中要求纂修官员"稽核记注，编纂修辑"③，并未提到参考内国史院收录的章奏。这与上述关外时期文书政治发展水平较低的状况是契合的。然而，或许是由于编纂实录过程中受到启发，大学士刚林等人很快就提出了恢复《六曹章奏》编纂机制的提议：

> 内院大学士刚林等奏言，臣民章奏、天语批答，应分曹编辑，以垂法戒、备章程，为纂修国史之用，令六科每月录送史馆，付翰林官分任编纂。请以梁清宽、陈爌、朱之锡、黄志遴、法若真、王无咎、张宏俊、李昌垣、李中白、庄同生、孙自式、章云鹭等为编纂官。

---

① 《清太宗实录》卷二八，天聪十年三月初六日辛亥。
② 参见张一弛《内阁制度与清前期政治》，博士学位论文，中国人民大学，2020年。
③ 《清世祖实录》卷四二，顺治六年正月初八日丁卯。

报可。①

刚林等人提议"分曹编纂"的"臣民章奏、天语批答",与万历三年(1575)张居正等人建议编纂《六曹章奏》的内容基本一致,可以看作清代章奏编纂制度的建立,其目的当然是服务于日后编纂实录的工作。显然,无论是以该项文书制度的传统,还是以该项文书的用途,清初《六曹章奏》都是属于内阁的文书,应被视作内阁大库史料的一部分。

上述顺治六年(1649)大学士刚林等奏言编纂章奏的建议,长期以来存在不同解读,一个重要原因在于清代《六曹章奏》真本因内阁大库史料播散而散佚,目前缺乏实物证据。不过,史料中仍有《六曹章奏》的痕迹存在。例如方甦生在内阁大库史料见到一件无年月内院堂谕稿:"顺治八年十一月二十九日奉中堂谕,纂修《太宗实录》为第一差,《六曹章奏》为第二差,修史为第三差。"②谈迁《北游录》中也有类似记载:"修奴史(按应即《太宗实录》),月给词臣八缗;编纂六朝章奏,月五缗;修《明史》,月三缗。……编纂章奏,月呈。"③二者互证,可知顺治时期《六曹章奏》的编纂,是内三院翰林官第二重要的事务。

就目前所掌握的情况来看,清代《六曹章奏》编纂工作并未长期持续下去。康熙二十九年(1690)成书《大清会典》中"翰林院"一节记载章奏编纂制度时有"后停止"④一注,是为《六曹章奏》编纂工作收结

---

① 《清世祖实录》卷四二,顺治六年二月初八日丁酉。
② 方甦生:《清内阁库贮旧档辑刊》第1册《叙录》,北平故宫博物院文献馆,1935年,第16a叶。
③ 谈迁:《北游录·纪闻下》,中华书局1960年版,第349页。
④ 伊桑阿等编著,杨一凡、宋北平主编,关志国、刘宸缨校点:《大清会典(康熙朝)》卷一五五《翰林院》,凤凰出版社2016年版,第1933页。

时间点的下限。方甦生注意到，内阁大库史料中有嘉庆年间清点六科史书的清单，列出的六科史书始于顺治十年（1653），由此推测，在该年六科史书取代《六曹章奏》成为章疏汇录类档案的新类别。①刘子扬也注意到，中国第一历史档案馆保存的六科史书纪事年代起于顺治十年正月，由此可以得到与方甦生相同的结论。②不过，笔者对此有不同意见。一个反证是，康熙十三年（1674），词臣陈廷敬怀念翰林旧友王日高，有诗云："清时要地重黄门，封事词林共讨论。"自注："词林编纂《六曹章奏》。"③按王日高系顺治十五年（1658）进士，顺治十八年（1661）散馆授编修，康熙元年授给事中④，可知其参与编纂《六曹章奏》之事必定晚于顺治十年。其中原因在于，下文会提到的，《六曹章奏》与六科史书并非"非此即彼"的关系，史书是《六曹章奏》编纂工作边缘化的结果，因此《六曹章奏》的编纂工作很难有时间上明确的终点。

三、清代录书与史书的出现

录书、史书，是六科和内阁分别在章奏的基础上加工形成的两类文书。光绪《清会典事例》对这两类文书的产生过程有所描述：

---

① 参见方甦生《清内阁库贮旧档辑刊》第1册《叙录》，北平故宫博物院文献馆，1935年，第61b叶。
② 参见刘子扬《清代内阁六科史书述评——以雍正朝吏科史书为例》，《历史档案》2001年第4期，第122—128页。
③ （清）陈廷敬著，王道成点校：《午亭文编》卷十《七月六日立秋，怀王北山给事》，人民出版社2017年版，第160页。其系年见卫庆怀编著《陈廷敬史实年志》，山西人民出版社2009年版，第75页。
④ 参见李桓辑《国朝耆献类征初编》卷一三四，载周骏富编《清代传记丛刊》第150册，台湾明文书局1986年版，第279页。

顺治初年定：凡红本发钞后，本科别录二通。供史官记注者曰史书，存储科署以备编纂者曰录书，敬谨校对，钤盖印信。史书送内阁，录书分存六科。①

根据这一描述，录书与史书均来自六科。六科在向部院衙门抄发章奏时另行抄录两份副本，其中之一保存在六科，称为录书，另一份副本送内阁，称为史书。今人对两类文书形成过程的了解，亦基本源于这一史料。然而，光绪《清会典事例》的记载仍有未尽之处，清代录书和史书的出现，并非如此简单。

考之史籍，"录书"（经常也写作"录疏"）一词出现较早。康熙《大清会典》记载六科职能时有下列一条：

凡奉旨本章，抄发后即缮写满汉文缴送内阁，以备编纂，其录疏存贮该科。②

对比同书"翰林院"中对于编纂《六曹章奏》职能的描述：

凡编纂六曹章奏，侍读学士以下，检讨以上，俱充编纂官。（后停止）③

---

① 《清会典事例》第 11 册卷一〇一四《都察院·六科·史书录书》，中华书局 1991 年版，第 177 页。
② 伊桑阿等编著，杨一凡、宋北平主编，关志国、刘宸缨校点：《大清会典（康熙朝）》卷一六〇《六科》，凤凰出版社 2016 年版，第 1992 页。
③ 伊桑阿等编著，杨一凡、宋北平主编，关志国、刘宸缨校点：《大清会典（康熙朝）》卷一五五《翰林院》，凤凰出版社 2016 年版，第 1933 页。

很显然，这里六科"缮写""以备编纂"的奉旨本章，就是《六曹章奏》的原始材料。因此，在康熙《大清会典》六科的部分所出现的"录疏"，实际上就是《六曹章奏》所录章疏的底本，其内容应与《六曹章奏》一致，均为题奏本章的全文。另外，康熙《大清会典》"内阁"一节中提到，红本发六科后"该科誊录底簿，原本送阁存贮"，"以备编纂"。①根据雍正、乾隆之际内阁中书王正功的解释，"红本发科，该科誊录底簿，汇成一册，为史书、录疏"，说明康熙《大清会典》中所谓"底簿"也是录书。

由于清代六科档案基本已经散佚，录书的状况已经很难获知。然而，令人庆幸的是，一部分录书因汇入故宫文物的范畴，而在台北故宫博物院的图书文献中得以保全。该馆目录将这批文书著录为"题奏档"，收入内阁部院档分类下。从目录来看共有十册。其各册著录信息略见表1：

表1 台北故宫博物院藏题奏档

编号	著录名称	年代	收录件数
308000001	题奏档（吏部）	顺治十八年	9
308000002	题奏档（兵部）	康熙六年	8
308000003	吏科奏事档	康熙五年	16
308000004	吏科奏事档	康熙六年	58
308000005	吏科奏事档	康熙七年	15
308000006	吏科奏事档	康熙八年	17
308000007	吏科奏事档	康熙九年	35
308000008	吏科奏事档	康熙十年	23

---

① 伊桑阿等编著，杨一凡、宋北平主编，关志国、刘宸缨校点：《大清会典（康熙朝）》卷二《内阁》，凤凰出版社2016年版，第11页。

续表

编号	著录名称	年代	收录件数
308000009	吏科奏事档	康熙十一年	12
308000010	吏科奏事档	康熙十三年	9

说明：本表数据来源为台北故宫博物院编印《故宫博物院清代档案文献目录》，1982年，第576—577页；台北故宫博物院"清代档案检索系统"。其中收录件数一列数据来自截至2023年6月该馆对各件内文的编号。册内各件，清人并未编号。

据笔者调阅这批题奏档所见，这些档案虽然著录为某一年份，给读者的感觉是囊括了一整年的题奏，但是从具体内容而言，月份之间多有疏漏，可知并非该年全部抄件。例如康熙七年（1668）一册中分别包括正月、十一月、十二月各一件，二月、三月、六月、九月各二件，八月四件。显然这远非全貌，而仅是该年章奏的一部分。不过，这批题奏档有一个鲜明的特点，就是所有录入奏疏都是全文抄载，并非仅抄录贴黄或看语，例如康熙九年（1670）吏科题奏档中记载了六月十三日具奏的一件关于满汉官员品级的题本，在看语之前保留了原文中叙明前事的文句。这与《六曹章奏》的编纂习惯是一致的，亦见录书史料脱胎于《六曹章奏》的一面。

如本节开头所述，录书与史书内容应为一致，区别在于录书存贮六科，史书则传交内阁。就目前史籍档案所见，"史书"一词在康熙前期史料中似无考。例如康熙《大清会典》中描述翰林院、六科职能时仅提到录书、不及史书，甚至连编纂凡例中对资料来源亦记为"六科录疏"[①]。

[①] 伊桑阿等编著，杨一凡、宋北平主编，关志国、刘宸缨校点：《大清会典（康熙朝）》凡例，凤凰出版社2016年版，第1页。

考虑到清人印象中史书、录书存在明显的对耦关系,割裂二者似亦无据。笔者猜测,"史书"这一名目的产生可能是《六曹章奏》编纂逐渐不得重视的过程中,原有文献名目丧失而产生的习惯性称谓。依据是,《六曹章奏》与史书,二者性质、保管地点、用途几乎完全一致,若二者并行,叠床架屋,必定有人提议裁撤其中一种,而目前并未见到此类史料,说明二者同为一事的可能性很高。甚至可能"史书"这一名称,就是由《六曹章奏》为纂修国史做准备的性质而得名。

可以看到,万历年间编纂《六曹章奏》的流程中,原疏另抄一次送内阁,而清代则是"别录二通"为录书、史书两种文献,一留六科,一送内阁。这是明、清两朝章奏汇录类档案管理制度的决定性分别。清人另设录书,很可能是缘于红本缴回制度较为严格,行政机构调阅不易之故,需要另建一套文书存档机制专供六科使用。清代中枢文书处理制度中,红本因其有朱笔批旨,保管尤其慎重。题奏本章原件批红下科抄发后,原本缴阁贮存。内阁大库史料中有一件康熙初年内阁典籍厅的红本回缴清单,该件档案显示,六科缴回红本时会打捆送回,直接放置在大库架上。[①] 罗振玉于宣统时入内阁大库,"见庭中堆积红本题本高若丘阜,皆依年月顺序结束整齐"[②],仍是捆束封存的状态。红本得到严格的保管,无形中降低了这类文书的可利用性。与此相比,录书保存于六科,可利用性要高得多。

六科乃至内阁对录书、史书的利用,大体有两个角度。从行政稽查的角度而言,录书是六科发挥稽查督办职能的依据。例如康熙六年(1667)五月,给事中姚文然磨对康熙五年录书,发现其中安徽巡抚张朝

[①] 《内阁典籍厅为缴进历年红本密封红本通本事》(康熙朝无年月),内阁大库档案,登录号:287596-001。
[②] 罗振玉:《集蓼编》,上海古籍出版社2013年版,第54页。

珍有"恳电钱粮"一疏,科抄中将"江宁知府陈开虞事在赦前"误写作在赦后,导致部覆错谬。①可知录书在六科追踪进奏奉旨事件时的凭据作用。而从历史档案的角度而言,录书成为清初大臣稽核旧案、了解过去政事处理的重要文献依据。编纂本朝康熙十八年(1679),给事中姚缔虞条奏政事得失,圣祖有所晓谕,特召至御案前,"指御案上本章"曰:"尔可见世祖章皇帝时本章来?此即是。……尔之意,恐朕未曾览世祖章皇帝时本章耶?"②皇帝直接抽取红本参阅,似无此必要,此处圣祖向姚缔虞展示的应是录书或史书。姚缔虞答称"曾见过几参本",恐怕也是录书或史书。

总之,从顺治十年(1653)出现"史书"的实物开始,到康熙二十九(1690)年在清会典中正式标注停止《六曹章奏》编纂,录书、史书两种文体完成了对明季旧制的取代过程。伴生于这一过程的,是六科以汇录历史文献的机制强化行政稽查职能的制度变革举措。这一过程亦体现出了清代文书行政的复杂性。雍正八年(1730),上谕"六科史书、录书,每年着派出满汉翰林各二员,悉心稽查,专司其事。倘有怠忽潦草之处,该翰林据实奏闻。如徇隐不奏,后经查出,将该翰林一并议处"③。这是清代典籍中录书与史书并称的开始。至乾隆二十九年第三版《大清会典》纂成,更明确记载:"(题奏本章)别录二通……一送内阁曰史书,一贮科垣曰录书。"④录书与史书遂成一组对耦的清代文书,其编纂工作一

---

① 参见姚文然《检举疏》(康熙六年五月初四日),载江小角、杨怀志等点校《姚文然全集》上册,安徽大学出版社2021年版,第27页。
② 徐尚定标点:《康熙起居注(标点全本)》第1册,康熙十八年八月二十九日辛卯,东方出版社2014年版,第385页。
③ 中国第一历史档案馆编:《雍正朝起居注册》,雍正八年三月初七日,中华书局1993年版,第3510页。
④ (清)允祹等编纂,杨一凡、宋北平主编,李春光点校:《大清会典(乾隆朝)》卷八一,凤凰出版社2018年版,第443页。

直延续到光绪末年。

余 论

  本文考证了清代录书、史书这一大类章疏汇抄文献的起源。可以看到，章疏汇抄类文献，最早是为纂修《实录》提供材料的一项史料收集工作。然而这项工作却无意中开启了明末直到清季近三百年时间里数量浩繁的题奏本章抄录存档事业，时间跨度与文献篇幅均称惊人。从政治史的角度而言，从各衙门义务地为《钦录簿》提供材料，到利用六科汇抄章疏的条件编纂《六曹章奏》，清代反过来利用编纂录书的职能为行政知识流通服务，行政稽查机制和历史文献收集机制融合程度越来越高。这不仅是制度动态调整的体现，更是明清时期行政知识在制度中间穿插推动的结果。章疏汇抄类文献的编纂，令明季以降关于章奏的阅读和利用变得越来越普遍，进而丰富了士大夫学习政治知识的渠道。这是录书、史书演变过程在制度内外的政治影响。

  就史书这一类文献的后续利用而言，内阁大库史料中尚有若干与史书相关的文书，方甦生亦曾利用其中一部分编纂《六科史书存佚对照表》，不过覆盖尚不够完整。从学术史的角度而言，内阁大库中史书文献的进一步研究，将能揭示出大库史料的历史底蕴与复杂程度，为王国维等一代民国学者将历史文书置于"书籍"和"实物"之间加以考订，拓展史料学方法，提供更多的研究实例。

（作者单位：中国政法大学马克思主义学院）

王国维的金石观

谷 卿

一

王国维自沉离世之时，周岁尚不满五十，在他短暂的生命旅程和学术生涯中，虽然研究重心与学术兴趣几经转移[1]，但成果丰硕厚重，影响亦极深远，其中一个重要原因就是他具有相当敏锐的史家眼光和强烈的"预流"意识，兼善自察自省，随时调整短期目标。1914年夏，在回复前辈学者沈曾植的一封信中，王国维谈到自己近岁的研究状况和计划时，这样说道：

> 国维于吾国学术，从事稍晚。往者十年之力，耗于西方哲学，虚往实归，殆无此语。然因此颇知西人数千年思索之结果，与我国三千年前圣贤之说大略相同，由是扫除空想，求诸平实。近因蕴公于商周

---

[1] 据马衡所述，王国维"研究学问，常常循环地更换"，他（王国维）说："研究一样东西，等到感觉沉闷的时候，就应该暂时搁开，做别样工作，等到过一些时，再拿起来去做，那时就可以得到新见解，新发明。否则单调的往一条路上走去，就会钻进牛角尖里去，永远钻不出来的。"参见王国维、马衡著，马思猛辑注《王国维与马衡往来书信》，生活·读书·新知三联书店2017年版，第236页。陈寅恪对此的评价则是："足以转移一时之风气，而示来者以轨则。"参见《王静安先生遗书序》，载《王国维遗书》第一册，上海古籍书店1983年影印商务印书馆1940年版。

文字发见至多，因此得多见三代材料，遂拟根据遗物以研究古代之文化、制度、风俗，旁及国土、姓氏，颇与汉人所解六艺不能尽同。此后岁月，拟委于此。至西域之事，葱岭以东诸国，力或尚能及之；自是以西，则恐不逮。然甚冀先生出其蕴蓄，指示涂术，虽不能负荷，或能作传火之薪亦未可知。①

这段陈述值得留意，从中能够看到王国维由西方哲学转向中国古史研究的时间和动机，罗振玉（蕴公）在此际对他起到不小的影响，他们借助"商周文字""三代材料"和"遗物"来推究上古史事与文化，发明了诸多超越旧说的新见。同时，王国维治学又有明确的边界意识，对于葱岭（亦即中国"西域"和中亚的分界）以西的历史地理，自谓"则恐不逮"，并希望沈曾植能有以指教。

信中所谓"商周文字""三代材料"和"遗物"，当然是指甲骨、铜器、石鼓等刻铸有早期文字的物质资料及其拓本，它们都是广义上的"金石"②。以金石材料考史证史，且每有新获，这让王国维兴奋非常，他在向学界同人介绍自己的著述时，屡屡言及研究方法：

顷多阅金文，悟古代宫室之制。现草《明堂寝庙通考》一书，拟分三卷：己说为第一卷。次驳古人说一卷，次图一卷。此书全根据金

---

① 房鑫亮编校：《王国维书信日记》，浙江教育出版社 2015 年版，第 62 页。
② 马衡考虑到近世出土古器物种类日益繁多，因对"金石"重新加以定义，认为"往古人类之遗文，或一切有意识之作品，赖金石或其他物质以直接流传至于今日者"，皆可称为"金石"。参见马衡《凡将斋金石丛稿》，中华书局 1977 年版，第 1 页。可见若不加以限定，"金石"将是一个意义边界十分模糊的概念和称谓。

文、龟卜文，而以经证之，无乎不合。①（一九一三年五月十三日致缪荃孙）

近年治礼，旁及古文字，拟着手三代制度之研究。一月前成《明堂庙寝通考》一书，全与旧说不合，唯阮文达《明堂图考》之说略似之。维更从吉金文字之证据，通之于宗庙、路寝、燕寝，并视为古宫室之通制。然金文中尚有反对之证据，故其一中一部分不能视为定说耳。②（一九一三年六月二十七日致铃木虎雄）

"金文""龟卜"等对于王国维来说，最大的作用是能够帮助其研究三代制度，在他看来，其"有益于释经，固不下木简之有益于史也"③，王国维根据它们提供的信息订正了不少旧说的谬误，但也在重建新说的过程中碰见不少"反对之证据"，因此"己说"尚不能确定为"定说"，足见王国维对这些材料的重视和立论的审慎。④

金石学兴于赵宋，在此之前，仅仅类似博古高明之士所独家掌握的机密（secret knowledge）。相对于汉儒以传注为中心的解经之法，中唐以迄宋代的"经学变古"思潮可谓做到了推陈而出新，经典文献从此不再"经典"，附着在经典之上的历史也面临质疑和重估，考实史事又需要新的证据和资源，金石之学遂渐勃兴，金石也在观念上从早期的祥瑞、玩

---

① 房鑫亮编校：《王国维书信日记》，浙江教育出版社2015年版，第48页。
② 房鑫亮编校：《王国维书信日记》，浙江教育出版社2015年版，第60页。
③ 王国维认为，甲骨金文的重要性与木简相当，而木简（《流沙坠简》）"关系汉代史事极大，并现存之汉碑数十通亦不足以比之"。参见房鑫亮编校《王国维书信日记》，浙江教育出版社2015年版，第50页。
④ 罗振玉对金文的使用，也持较为谨慎的态度，他在题跋中指出："金文别字极多，与后世碑版同，不可尽据为典要。"参见罗振玉撰述，萧文立编校《雪堂类稿》第三册，辽宁教育出版社2003年版，第24页。

好之物，转成助益经史研究的学术材料。王国维所言"颇与汉人所解六艺不能尽同"，正说明金石学的生命力和价值所在。

王国维十分推崇宋人的金石学成就，甚至认为"虽谓金石学为有宋一代之学，无不可也"[①]，这首先是因为他觉察到宋人于金石搜集、传拓、著录、考订、应用各方面"无不用力"[②]，成就卓著。另外，由学术史的发展脉络着眼，王国维看到金石学在两宋以后命运衰微，虽于清代复兴，然不过宋人途辙而已。研究过程中，王国维还发现宋人有关金石的许多看法可谓不刊之论，难以更易，"知宋代古器之学，其说虽疏，其识则不可及也"[③]。王国维之坚定维护宋代金石学的地位，当是有所针对，他在《宋代金文著录表序》中提道："乾嘉以后，古文之学复兴，辄鄙薄宋人之书，以为不屑道。窃谓《考古》《博古》二图，摹写形制，考订名物，用力颇巨，所得亦多，乃至出土之地，藏器之家，苟有所知，无不毕记，后世著录家当奉为准则，至于考释文字，宋人亦有凿空之功，国朝阮吴诸家不能出其范围。若其穿凿纰缪，诚若有可讥者，然亦国朝诸老之所不能免也。"[④] 这类说法数见于王国维各类文字之中，他清楚地看到"国朝"金石学与金石学家之弊："《筠清》出龚定庵手，尤为荒谬。许印林稍切实，亦无甚发明。最后得吴清卿乃为独绝，惜为一官所累，未能竟其学。然此数十年来，学问家之聪明才气未有大于彼者，不当以学之成

[①] 赵万里辑：《静安文集续编》，载《王国维遗书》第五册，上海古籍书店1983年版，第74b页。
[②] 赵万里辑：《静安文集续编》，载《王国维遗书》第五册，上海古籍书店1983年版，第70a页。
[③] 王国维：《观堂集林》上册，中华书局1959年版，第147页。
[④] 王国维：《观堂集林》上册，中华书局1959年版，第296页。

否、著书之多寡论也。"① 王国维的这些分析、判断、比较、论述和反思，已可视为现代学术范式中的"研究综述"，这既是他研究金石学的结果，也是其"拟专治三代之学"的重要基础和前提。

二

《观堂集林》（以下简称《集林》）是王国维最为重要的文集，1923年初刊二十卷，后增入补编内容，较原刊多出四卷，所收文字别为《艺林》《史林》《缀林》三种。② 王国维于1921年亲自校订了这部《集林》，文稿选用标准相当严苛，在《王静安先生年谱》中，观堂门人赵万里记道："先生之辑《集林》也，去取至严，凡一切酬应之作，及少作之无关弘旨者，悉淘去不存"③，《集林》的刊刻者蒋汝藻亦在前序指出，此书是王国维"删繁挹华"④而成，集中地呈现了他十余年间的学术关怀和研究成果。

以吉金（铜器）为例而言，泛论某类器物、辨考其名实的文章，多收入《艺林》，有关具体某器的题跋，则收入《史林》。如《艺林》卷三有《说斝》《说觥》《说彝》等，皆由器物命名和文字来源等，述论其形制、功能的异同，兼订旧说。在《说斝》的开篇，王国维即引罗振玉说

---

① 房鑫亮编校：《王国维书信日记》，浙江教育出版社2015年版，第51页。
② 《观堂集林补编》也系王国维自订，但未能在其生前刊出，及王氏自沉，罗振玉、赵万里拟为之整理出版遗稿，因《观堂集林》初刊本已售罄，故议定重出一部收录《补编》在内的《观堂集林》。参见赵万里《王静安先生著述目录》，载谢维扬、房鑫亮主编，房鑫亮、胡逢祥分卷主编《王国维全集》第20卷，浙江教育出版社、广东教育出版社2009年版，第147页。
③ 谢维扬、房鑫亮主编，房鑫亮、胡逢祥分卷主编：《王国维全集》第20卷，浙江教育出版社、广东教育出版社2009年版，第462页。
④ 见密韵楼本《观堂集林》蒋序。

指出《说文》释"斝"的疏谬之处，将斝与爵加以分辨，又据《韩诗》说诸饮器有散无斝、传世古酒器有斝无散之情况，展开有关斝与散的讨论，最终认定"诸经中散字疑皆斝字之讹"①。文中所列五条证据，不仅有传世文献，也有实物（端方所藏斯禁上所摆器物），相互比照，乃能"以小学上之所得"，"证之古制而悉合"。②至于《说盉》一文，论述更为精彩，王国维提到欧阳修《集古录》著录有一件自名为"盉"的器物，但早期文献中并无此物也无此名，《说文》提及盉仅云"调味也"，至于如何调味，则语付阙如，王国维仍据端方所藏斯禁陈器，结合《仪礼》的记述，给出"盉者，盖和水于酒之器，所以节酒之厚薄者也"的答案，由此证明献酬之礼中"卒爵"（爵中酒须尽饮）的可行性，同时否定了郑玄等认为礼仪中虚设玄酒（水）是为"不忘古"的说法。③

《艺林》中讨论器物的文章，大致可认为属于名物学（Thingology）研究范围，多由名称字义考察入手，展开研讨。文字是《艺林》最为关注的重心④，因此，有关铭文最多的铜器毛公鼎之讨论，也置诸《艺林》集中。⑤在《毛公鼎考释序》里，王国维表达了三重看法：其一，三代重器之中，数毛公鼎铭文最多，陈介祺最早得到此鼎，所拓铭文流传开来，学者竞相考订，自吴大澂之后，十之八九已经得到可靠解读；其二，自周初至秦汉再到当代，数千年间文字的变化脉络难以尽寻，古文中假借

---

① 王国维：《观堂集林》上册，中华书局1959年版，第145页。
② 王国维：《观堂集林》上册，中华书局1959年版，第146页。
③ 参见王国维《观堂集林》上册，中华书局1959年版，第151—153页。
④ 《艺林》八卷文章多可归入传统学问中研治文字、音韵、训诂的"小学"之部，其中又以文字研究为重，卷三有关器物类称的论述，也是基于文字的辨考。
⑤ 《毛公鼎考释》作于1916年，初刊于《学术丛编》第四册，收入《观堂集林·艺林》的是其序。

用字的情况也有很多，因此古器铭文有不少是难以训诂的，不可强作解释，如果不去承认和面对这个现实，便难免穿凿附会，然则因噎废食、就此放弃应该进行的研究和考订，亦属不妥；其三，古器铭文本是当时通行的文从字顺之作，今人难以释读，是因为不理解史事、制度和时代情状，如能从《诗》《书》等文献中考察"其文之义例"，通过音韵学通"其义之假借"，用器物铭文验证"其文字之变化"，"由此而之彼，即甲以推乙，则于字之不可释、义之不可通者，必间有获焉"。① 王国维实际是从方法论的角度，明确提出和论述了孙诒让、吴大澂等学者的金石学研究理路，认为他们"大都本此方法，惟用之有疏密"，这个"方法"就是综合利用文献、史料、器物，互相参证印对，以将未解未识的字句释读出来。在此，王国维虽仍将辨识文字作为研究的目的，但相比《艺林》中的大部分文章而言，《毛公鼎考释序》已显露出博物学的色彩。②

三

上文已经谈到，《艺林》中的金石研讨当为名物学之属，关注的焦点集中在亟待考察和解析的"物"及其名称，而《史林》中的金石题跋，

---

① 王国维：《观堂集林》上册，中华书局1959年版，第293—295页。
② 在1916年8月27日致罗振玉的信中，王国维提道："今日自写《毛公鼎考释》毕，共一十五纸，虽新识之字无多，而研究方法则颇开一生面，尚不失为一小种著述也。"参见房鑫亮编校《王国维书信日记》，浙江教育出版社2015年版，第158页。中国古代虽无"博物学"的称谓和学科分类，但有博识广闻的博物学者和以"博物"命名的书籍，崇尚博洽亦为一种文化传统，而"博物学"当指利用物质世界和现实生活中的各种知识技术对一个或多个对象加以综合研究的方法，其意与西方的"博物学"（natural history）概念尚有差异，至于natural history之汉译，当作"自然志"更为合适。

则以具体的"物"为话引,由此生发衍展,对与之相关的各类知识加以讨论①,如《秦公敦跋》云:

> 右秦公敦,出甘肃秦州,今藏合肥张氏,器盖完具,铭辞分刻器盖,语相衔接,与编钟之铭分刻数钟者,同为敦中所仅见,其辞亦与刘原父所藏秦盄和钟大半相同,盖一时所铸,字迹雅近石鼓文,金文中与石鼓相似者,惟虢季子白槃及此敦耳。虢槃出今凤翔府郿县礼村,乃西虢之物,班书《地理志》所谓西虢在雍者也,此敦虽出甘肃,然其叙秦之先世曰十有二公,亦与秦盄和钟同,虽年代之说,欧、赵以下人各不同,要必在德公徙雍以后。雍与西虢壤土相接,其西去陈仓亦不甚远,故其文字体势,与宝槃猎碣血脉相通,无足异也。此敦器盖又各有秦汉间凿字一行,器云卤元器一斗七升八,奉敦盖云卤一斗七升太半升。盖卤者汉陇西县名,即《史记·秦本纪》之西垂及西犬邱。秦自非子至文公,陵庙皆在西垂。此敦之作,虽在徙雍以后,然实以奉西垂陵庙,直至秦汉犹为西县官物,乃凿款于其上,犹齐国差䥏,上有大官十斗一钧三斤刻款,亦秦汉间尚为用器之证也。故此敦文字之近石鼓,得以其作于徙雍以后解之;其出于秦州,得以其为西垂陵庙器解之。(观堂自注:汉西县故址在今秦州东南百廿里)癸亥八月。②

---

① 在1923年7月2日致容庚信中,王国维谈及《史林》和《艺林》中有关吉金研究文章各自的侧重:"以考证地理及史事者若干篇入《史林》;以考释文字者改题为'释厶',入《艺林》中。"参见房鑫亮编校《王国维书信日记》,浙江教育出版社2015年版,第705页。
② 王国维:《观堂集林》下册,中华书局1959年版,第901—903页。

秦公敦（今作秦公簋）于1919年间偶然出土，后归甘肃督军张广建所有，王国维见到此物后即行研究，成《秦公敦跋》[①]。新见罗振玉赠王国维秦公敦盖（秦汉凿字部分）拓本[②]，其上王国维手书长跋与上引文字内容基本相同，落款年月则为"辛酉孟冬"，也就是说，王国维至迟在1921年就已经取得秦公敦研究的初步成果。

《秦公敦跋》是王国维一份相当有代表性的题跋作品，涉及的问题很多，跋文并未囿于该器的名称和形制，而是以与之有关的每个关键信息为媒介，联系相关器物和问题加以综合辨析推论。王国维首先提到，秦公敦器盖分刻不同铭辞，与一般器盖同铭的铜器有异，却近乎编钟铭刻方式，辞与盨和钟（即秦公钟）类同，书风则近于石鼓文，由此则从铭文内容、刻铸形式和字迹风格三个方面，大致圈定秦公敦的制作时间，接后复以与该敦书风类似的虢季子白盘引出地理话题，佐证制敦时间，将上限划定在德公迁雍史事，又据其上秦汉凿字"卤元器"论定此敦直至彼时仍为西县官物，用作容器。

面对金石古器，王国维并不孤立地加以审视，这首先表现在知识与话题的转换上，由物到史、由文字到艺术，皆能涉及；其次则体现为由此物及彼物的"链接"功夫，《秦公敦跋》短短四百余字，在"主角"之外，还论及盨和钟、虢季子白盘、石鼓文和国差𦉢等，为各器之间建立

[①] 罗振玉以《秦公敦跋》未见于王国维自藏《观堂集林》目录眉注，故认为是后者自所删落者，及王殁后，罗振玉将之编入《观堂别集》。实则该跋存见王国维手订《观堂集林补编》目录中，赵万里认为本当编入收录《补编》在内的《观堂集林》，故在《王静安先生著述目录》中有所说明。参见谢维扬、房鑫亮主编，房鑫亮、胡逢祥分卷主编《王国维全集》第20卷，浙江教育出版社、广东教育出版社2009年版，第148页。
[②] 北京文津阁2014年春季拍卖会拍品，2017年12月清华大学艺术博物馆"独上高楼：王国维诞辰140周年纪念展"展出。

以某种近似为基础的联系。更重要的是，有关秦公敦及所涉问题的研讨，并未完全终结于该跋之中，在研究其他器物和问题之际，一旦发觉与秦公敦有关的信息和话题，王国维又会重建关联、回顾省思，比如在《秦都邑考》中论西垂与西犬邱本一地[①]，在《噩侯驭方鼎跋》中论鼎铭中与秦公敦铭中相同某字系地名[②]，与罗振玉讨论沇儿钟、攻吴王盘等出土地而得出"古器有转移之事，不得尽据以考据地理"[③]的判断等，均可视为《秦公敦跋》所论内容之"互文"和补充。

四

1916年2月，王国维自日本京都回国，至上海哈同花园任职，与邹安分别担任《学术丛编》和《艺术丛编》两种刊物的编辑主任，《学术丛编》前附条例中，写明刊物宗旨在于"研究古代经籍奥义，及礼制本末、文字源流，以期明上古之文化，解经典之奥义，发扬古学，沾溉艺林"[④]，《艺术丛编》则谓专以"发明国粹，动人观念，使人知保存古物，多识古字，多明古礼制古工艺为宗旨"[⑤]。"学术"以期"沾溉艺林"，"艺术"乃望"发明国粹"，足见二刊"相辅"[⑥]之义。罗振玉应邀为《艺术丛

[①] 参见王国维《观堂集林》上册，中华书局1959年版，第529页。
[②] 图见国家图书馆金石拓片组编《国家图书馆藏陈介祺藏古拓本选编·青铜卷》，浙江古籍出版社2008年版，第20页。
[③] 房鑫亮编校：《王国维书信日记》，浙江教育出版社2015年版，第455页。
[④] 王国维主编：《学术丛编》第一册，民国期刊集成本，上海书店出版社2015年版，第7页。
[⑤] 王国维主编：《艺术丛编》第一册，民国期刊集成本，上海书店出版社2015年版，第15页。
[⑥] 《学术丛编》与《艺术丛编》皆在《条例》中说明"相辅而行"。

编》撰写序言，称艺术并非为娱人耳目，其重要性在于和"三古以来之制度、文物"的密切关系，同时又可作为"学者游艺之助"，"以考见古人伎巧之美、制作之精"①，他对金石古物之美的敏感和珍视，与王国维一贯相契。

作为首位在学术研究中大量用及"美术"概念的中国学者②，和那些埋首经史无暇旁顾的同人及前辈相比，王国维具备更多欣赏、理解、论析和阐述美的能力，对金石尤是如此。他讨论宋代金石学的成就，特别注目和倾心于宋人"对古金石之兴味"，认为宋人能够欣赏金石之美，并且优游其间，至为难得，而这又当得益于宋人相当全面和丰厚的艺术素养，此绝非后代学者所能望及项背：

> 金石之学创自宋代，不及百年已达完成之域，原其进步所以如是速者，缘宋自仁宗以后，海内无事，士大夫政事之暇，得以肆力学问。其时哲学、科学、史学、美术，各有相当之进步，士大夫亦各有相当之素养。赏鉴之趣味与研究之趣味，思古之情与求新之念，互相错综。此种精神于当时之代表人物苏轼、沈括、黄庭坚、黄伯思诸人著述中，在在可以遇之，其对古金石之兴味，亦如其对书画之兴味，一面赏鉴的，一面研究的也。汉唐元明时人之于古器物，绝不能有宋人之兴味，故宋人于金石书画之学，乃陵跨百代。近世金石之学复

---

① 王国维主编：《艺术丛编》第一册，民国期刊集成本，上海书店出版社2015年版，第10页。
② 长期以来，王国维被误认为是第一位将"美术"一词引进中国的译者，谈晟广对此有所辩证，及其有关王国维"美术"语汇的论述，参见谈晟广《王国维与现代中国"美术"观念的起源》，载《独上高楼：王国维诞辰140周年纪念展》展览图册，清华大学艺术博物馆2017年，第6—19页。

兴，然于著录考订，皆本宋人成法，而于宋人多方面之兴味，反有所不逮。[①]

清代前中期的金石学者，大多只关心带有文字的器物和刻石，因为这些属于能够佐治经史的材料[②]，在乾隆朝以前，很少有像黄易那样大量搜求画像石刻者[③]，这个身兼官员、学者和书画家多重身份的金石痴迷者，还以搜访碑石作为主题，创作了大量与日志、游记相配合的"访碑图"，因使金石搜集和研究更具开放性和艺术性。清季西学东传，因同时受到现代学科观念的影响，学者逐渐发现金石物质之美感，亦转能品赏无字辞刻画的金石器物，正是在这样的背景下，王国维对宋人的金石学和金石文化力加肯定和赞誉，强调金石的研究和赏鉴如其两翼，不可偏废，如他在和马衡研讨古代尺度的问题时，面对"绘画、雕刻、颜色均精绝"的唐尺，亦不免为之沉醉，乃托人"先摹长短，再影其花纹"，以便摹造。[④] 至于研究意欲"求新"，赏鉴则执着于"思古"，这种探求"真"和"美"的兴味，也被王国维切实感受到，他称"此时之快乐，决非南

---

① 赵万里辑：《静安文集续编》，载《王国维遗书》第五册，上海古籍书店1983年版，第74b页。
② 潘静如提出，有清一代金石学实为一种"目的金石学"（teleological epigraphy），由经史考证而建立起的考据话语或考据威权，疏离或贬抑了金石的造型艺术，主流话语也排斥了对于艺术精神的探索。参见潘静如《被压抑的艺术话语：考据学背景下的清金石学》，《文艺研究》2016年第10期。
③ 对于金石中图像资料和艺术的忽视，不仅缘于学者们缺乏意识，也由当时并不完备和成熟的出版体例与技术条件所致。
④ 内容详见王国维1922年8月24日致马衡手札，载王国维、马衡著，马思猛辑注《王国维与马衡往来书信》，生活·读书·新知三联书店2017年版，第86页。

面王之所能易者也"①。在生性忧郁的王国维眼中，生活的本质即是"欲"，"欲"得不到满足是为常态，这是苦痛，而"欲"又天然是"无厌"的，一"欲"得偿，更有千万"欲"待偿，所以终极的慰藉始终难以得到；即使所有欲望全部都得到满足，又会生起厌倦之情，"故人生者，如钟表之摆，实往复于苦痛与倦厌之间"②，唯有"快乐"能除去此二者。王国维寻求"快乐"之法，就是在沉浸于研究赏鉴的"真"境和"美"境之中，"使人易忘物我之关系"③，以获此无上之享受。

金石之于王国维，不唯是冰冷的材料和严肃的知识，更是一种值得欣赏、体味和品鉴的美术品，实物自不待言，即摹本和拓本，也具备相当的审美价值，王国维同时还乐意赋予它们以新的美感形式和美学意义，他常应请在扇面上临写殷周器物铭文和汉碑文字，而与友朋通信所用之信笺，亦有不少金石主题的特制品类，如他致信沈曾植使用过西夏文铜官印笺，致信罗振玉使用过阳陵虎符笺，致信马衡使用过雪堂摹圆足币文笺和山左齐字砖文笺等，他甚至参与金石拓本题跋和装裱的设计，他曾告知徐乃昌："此拓（秦公敦拓本）付装时，文字必作三层分列，全形拓本之上方已不能容。若分装两幅，以文字为一幅，器形为一幅，则器之上方正可题字，然此装法却不甚合宜。最好付装后再题，则器形之下，尽有题字之余地也。"④可见，对于一件金石拓本如何以经过装

---

① 谢维扬、房鑫亮主编，傅杰、邬国义分卷主编：《王国维全集》第1卷，浙江教育出版社、广东教育出版社2009年版，第133页。
② 谢维扬、房鑫亮主编，傅杰、邬国义分卷主编：《王国维全集》第1卷，浙江教育出版社、广东教育出版社2009年版，第55页。
③ 谢维扬、房鑫亮主编，傅杰、邬国义分卷主编：《王国维全集》第1卷，浙江教育出版社、广东教育出版社2009年版，第57页。
④ 房鑫亮编校：《王国维书信日记》，浙江教育出版社2015年版，第475—476页。

潢后的美术品形式呈现，王国维有着明确的预设方案，他的题跋也不仅仅是为了表达学术观点，更兼顾其与拓本之间在视觉方面的良性互动。

五

其实早在 20 世纪之初，王国维有关"美"的讨论就已涉及金石。他认为，有一类"古雅"之物，既非纯粹的美术品，又不能完全归于利用品，且其制作之人并非天才或精英，但在他人看来"若与天才所制作之美术无异"，金石书画古籍等，无疑就属于这类"古雅"之物：

> 三代之钟鼎，秦汉之摹印，汉魏六朝唐宋之碑帖，宋元之书籍等，其美之大部实存于第二形式。吾人爱石刻不如爱真迹，又其于石刻中爱翻刻不如爱原刻，亦以此也。凡吾人所加于雕刻书画之品评，曰神、曰韵、曰气、曰味，皆就第二形式言之者多，而就第一形式言之者少。文学亦然，古雅之价值大抵存于第二形式。……由是观之，则古雅之原质，为优美及宏壮中不可缺之原质，且得离优美宏壮而有独立之价值，则固一不可诬之事实也。[①]

王国维认为，对自然之"优美"和"宏壮"的判断是先天的，对人工之"古雅"的判断则需要后天培养，因此，"古雅"的艺术高度不及作为第一形式的"优美"和"宏壮"，但仍有其"独立之价值"。王国维在

---

① 赵万里辑：《静安文集续编》，载《王国维遗书》第五册，上海古籍书店 1983 年版，第 25a 页。

此已经注意到"美"纯粹为一种形式,"一切之美,皆形式之美"①,而金石书画等在纯形式之外尚以物质(以及具有历史意涵的文字)为附着或呈现,故若将之纳入现代意义上的"美术"范畴之中,势必要剥离它们之赖以存在的条件。如何解决这个问题,王国维并没有给出答案,他在这篇文章里甚至无意识地显现出传统中国艺文与西方美术概念的方枘圆凿。

研究和赏鉴金石对王国维而言都是非常重要的事,他却并不因此专力加以购藏,这固是因为罗振玉藏品已极丰富,足以支持和满足王国维的观摩与考究。在向缪荃孙介绍写作《金文著录表》的情况时,王国维自信地说道:"近时收藏金文拓本之富,无过于盛伯羲之《郁华阁金文》,而蕴公二十年所搜罗固已过之。前年盛氏拓本亦归其所有,故其全数除复出外尚有千数百器。虽世间古物不止于此,然大略可得十之六七。故此次所作《表》,谓之金文之全目录,亦略近之。"②王国维与罗振玉关系亲密,不但志趣相合,有师友之谊,且后来结成儿女亲家,据马衡记述,王国维自戊戌(1898)年后,和罗振玉几乎形影相随,"从来没有离开过"③。对于罗振玉的藏品,王国维都非常熟悉,今存上海博物馆之《雪堂藏器拓本》四册八十九开,前有王国维题跋即云"此册中诸器皆为余曾所摩挲者",可窥罗王金石鉴藏之一斑。

王国维没有购藏金石的需要,当然也没有购藏金石的能力,他一贯拮据,幸得罗振玉长期资助,一家人的生活才有所保障。在与罗振玉和其他友人的通信中,常见王国维有某物价昂、"不免贵矣""暂置

---

① 赵万里辑:《静安文集续编》,载《王国维遗书》第五册,上海古籍书店 1983 年版,第 23b 页。
② 房鑫亮编校:《王国维书信日记》,浙江教育出版社 2015 年版,第 51 页。
③ 马思猛辑注:《王国维与马衡往来书信》,生活·读书·新知三联书店 2017 年版,第 235 页。

之可也""索价骇人""未必有人要,俟将来再商之"之类的说法和慨叹①,在收到徐乃昌赠其所藏古器拓本之后,复信致谢云:"赏鉴之精,为今日藏家之最,钦佩无似。近数年思集金文拓本,所得无多,一旦得此多珍,遂如贫儿暴富,何幸如之"②,足知其箧笥之中实在并不丰赡。

邹安在哈同花园中主持《艺术丛编》,每期按金石、书画等门影照诸家藏品刊布,作为金石学者和鉴藏家的编辑主任邹安认为,应付给藏品主人报酬若干,王国维和罗振玉的态度则是,"乐于流通,志不在酬报"③,这其实也和王国维认为美术应当与功利完全无涉的观点一致,进一步言,即美感当同道德相系相契。在讨论美学中第二形式的"古雅"时,王国维即称:"艺术中古雅之部分,不必尽俟天才,而亦得以人力致之。苟其人格诚高,学问诚博,则虽无艺术上之天才者,其制作亦不失为古雅。"④三代秦汉的金石碑版,自然难考其作者是否"人格诚高,学问诚博",但对当代治金石印篆者的整体考察,则难以令王国维满意,他借给罗福颐仿古钵印谱撰写序言之际批评时人:"鄙薄文、何,乃不宗秦汉而摹魏晋以后镌凿之迹。其中本枵然无有,而苟且鄙倍骄吝之意乃充塞于刀笔间,其去艺术远矣。"⑤一艺之微足以让王国维感到焦虑和不安,原因在其反映出道德与风俗的盛衰之变,但好在尚有"不为风俗所转"如罗

---

① 参见房鑫亮编校《王国维书信日记》,浙江教育出版社2015年版,第98、102、153、167页。其中大部分系王国维为罗振玉代购前之讯息通报。
② 房鑫亮编校:《王国维书信日记》,浙江教育出版社2015年版,第474页。
③ 房鑫亮编校:《王国维书信日记》,浙江教育出版社2015年版,第94页。
④ 王国维:《静安文集续编》,上海古籍书店1983年版,第26a页。
⑤ 王国维:《〈待时轩仿古钵印谱〉序》,载《观堂集林(外二种)》,河北教育出版社2003年版,第700页。

福颐者,王国维欣赏他"于世之所谓高名厚利未尝知""世人虚憍鄙倍之作未尝见""泽于古也至深,而于今也若遗"①,正是赞许他与世俗功利的疏离。而这些评语,又足以让人想到他在《人间词话》中对"赤子"李后主的种种称誉和顶礼。

(作者单位:中国艺术研究院中国文化研究所)

---

① 王国维:《〈待时轩仿古铄印谱〉序》,载《观堂集林(外二种)》,河北教育出版社2003年版,第700页。

"传统"的发明
——"整理国故"运动与王国维"文学革命的先驱者"形象建构

李浴洋

引 言

估定历史人物在历史进程中的价值与作用,既以其功业、道德、文章为基础,也与一个阶段的时代风气、思想潮流、问题意识和接受水平密切相关。并世声名显赫的,隔代未必以为然;隐于当下者,日后也可能"横空出世",被目为正朔与大观。当然,由"时差"造成的"视差"既是客观的,也是相对的,毕竟经过时间淘洗,人们的认识程度与理解能力总会趋向达成某些共识与公论。在文学史上,最能说明这一规律的莫过陶渊明和杜甫的命运:刘勰的《文心雕龙》并无只言片语涉及陶诗,钟嵘的《诗品》仅将之列为"中品",而殷璠的《河岳英灵集》也未选杜诗;凡此,"在后人看来都是很难理解的"。陶、杜两位大诗人的地位沉浮见证了文学史的洞见与公道。某家某派何时隐又何时显,为何边缘又因何中心,这些无不值得关注。如果说"后人对于《文心雕龙》《诗品》以及《唐人选唐诗》仍予以很大重视者,就因为它们代表了当时人们的认识和观点"[①],那

---

① 王瑶:《先驱者的足迹——读朱自清先生遗稿〈中国新文学研究纲要〉》,载朱乔森编《朱自清全集(第八卷)》,江苏教育出版社1993年版,第132—133页。

么后世怎样重塑"经典",再造"规范"与发明"传统",就更是历史研究的题中之义了,因为此中往往关系时风之流转、文运之迁变、不同观念的交错与具体人事的纠葛,很可能正是把握历史进程的重要节点。

在从"晚清"到"五四"的文学发展过程中,戏剧性的一幕出现在了王国维的身上。世人或依据其自述,将其学术生涯分为"哲学"(1907年之前)、"文学"(1907—1912年)与"史学"(1912年以后)三个阶段①;或以辛亥鼎革,王国维随罗振玉东渡为界,将之断为"新人物"与"一轨于正"前后两个时期,甚至指为"两个王国维"②。无论怎样区分,辛亥以前的王国维多在哲学与文学上用力,而此后的他专注国学研究,则是基本事实。在现代中国文学史与学术史上,1917年都是一个关键年份。该年,胡适的《文学改良刍议》与陈独秀的《文学革命论》相继在《新青年》上发表,"文学革命"高调兴起;同年,王国维连续推出三篇重磅文章——《殷卜辞中所见先公先王考》《殷卜辞中所见先公先王续考》与《殷周制度论》,"由此开出一条'古史新证'的路子来"③。但因为两者的话题、论域和受众都存在不小的距离,所以就仿佛是在平行时空中发

---

① "哲学"与"文学"两个阶段的二分,参见王国维1907年撰写的《自序二》。他在文中提出,自己"近日之嗜好","渐由哲学而移于文学"。(参见《自序二》,载谢维扬、房鑫亮主编,胡逢祥分卷主编《王国维全集》第14卷,浙江教育出版社、广东教育出版社2010年版,第121页)至于转向"史学",则参见罗振玉关于王国维东渡之后"尽弃所学"的论述。(罗振玉:《海宁王忠悫公传》,载谢维扬、房鑫亮主编,骆丹、卢锡铭、胡逢祥、邬国义、李解民副主编《王国维全集》第20卷,浙江教育出版社、广东教育出版社2010年版,第228—229页)
② 此说由张尔田发端,参见《张尔田覆黄节书》,载谢维扬、房鑫亮主编;骆丹、卢锡铭、胡逢祥、邬国义、李解民副主编《王国维全集》第20卷,浙江教育出版社、广东教育出版社2010年版,第263—264页。续有罗钢长文加以发挥,参见罗钢《两个王国维》,载《传统的幻象:跨文化语境中的王国维诗学》,人民文学出版社2015年版,第1—65页。
③ 陈以爱:《胡适对王国维"古史新证"的回应》,《历史研究》2008年第6期。

生的故事。

辛亥之后的王国维一向少就"文学"问题发言。对于"文学革命"，他也没有任何公开言说。但从私下场合的记录中，不难获悉在诸如"白话""横排"等"文学革命"的根本诉求上，王国维都持有鲜明的反对态度。[1]胡适在1922年完成的《五十年来中国之文学》是最早对于"文学革命"做出历史叙述的重要论著。在"前史"，即在关于晚清时期的"古文学的变化史"部分中，胡适依次写到了"严复、林纾的翻译的文章""谭嗣同、梁启超一派的议论的文章""章炳麟的述学的文章"与"章士钊一派的政论的文章"，并未提及王国维。[2]但次年胡适为此文日译本作序时，却特意"指出一两处应补充之点"，其中之一便是"近人对于元人的曲子和戏曲，明清人的杂剧传奇，也都有相当的赏鉴与提倡"，而"最大的成绩自然是王国维的《宋元戏曲史》和《曲录》等书"。[3]又过了几年，已经远离文坛的王国维"摇身一变"，成为备受新文学家们推崇的

---

[1] 1922年5月，王国维在致顾颉刚的信中说："顷阅胡君适之《水浒》《红楼》二考，犁然有当于心，其提倡白话诗文则所未敢赞同也。"参见王国维《致顾颉刚（一九二二年五月二十九日）》，载谢维扬、房鑫亮主编，房鑫亮分卷主编《王国维全集》第15卷，浙江教育出版社、广东教育出版社2010年版，第844页。根据桥川时雄的回忆，"北京大学《国学季刊》要出版的时候，胡适先生极力主张第一卷无论如何要登载王先生的论文，很卖力地劝说王先生，王先生也为他的热情所感动，终于答应了下来"，"后来王先生寄去了原稿，但先生听说要横排印刷后非常不高兴，说如是横排印刷那就把原稿退回来，这就起了些纠纷"，"胡适先生数度拜访，竭力解释，好不容易得到王先生的理解得允横排"。参见神田喜一郎等《追想王静安先生》，载陈平原、王风编《追忆王国维（增订本）》，生活·读书·新知三联书店2009年版，第335页。

[2] 参见胡适《五十年来中国之文学》，载《胡适全集》第2卷，安徽教育出版社2003年版，第260—261、273—310页。

[3] 胡适：《日本译〈五十年来中国之文学〉序》，载《胡适全集》第2卷，安徽教育出版社2003年版，第344页。

"先驱",他与"文学革命"的关联开始被由理论而历史地全面建立了起来。待到王国维 1927 年去世以后,他在新文学史上的地位愈加显豁。时至今日,绝大多数现代文学史论著都会在开端处提到王国维的贡献[①],而在书写现代文学批评史时,他更是每每被径直作为这一专史的开篇。[②] 只不过如此"待遇",大概是晚年的王国维实在无法想见,也无意消受的。

历史的发展不以个人意志为转移。这既体现在个体对于历史进程无法独立地发挥作用,也表现为历史对于个体的选择和接受可能不与个人意志同步。具体到"文学革命"而言,章太炎的"文学复古"具有的建设意义,以及林纾的翻译事业提供的视野与资源,都是逐渐被认识与肯定的。在历史现场,章太炎与林纾一度站在文学"革命"阵营的对立面,事后人们才发现,他们对于文学的革命推动了现代文学的发生。以此衡之,王国维在文学史上的戏剧性命运也就难称特例。但不同的是,章、林二人无论是在晚清时期正面论说,还是到了"五四"被从反面弹议,他们都与文坛保持互动,并且本人也直接在场。王国维却不然,他在辛亥以前苦心孤诣探求"文学"义谛时,未有多少反响;而当"五四"之后新文学家们对于他的昔日言论大感兴趣时,他又已经返身离开,无心

[①] 以严家炎主编的《二十世纪中国文学史》为例,就为王国维列有专节《王国维:"文学的觉醒"的重要代表》。参见严家炎主编《二十世纪中国文学史》(上册),高等教育出版社 2010 年版,第 59—66 页。海外的中国现代文学史论著,也向王国维致意。在新刊的《哈佛新编中国现代文学史》中文本中,便有两篇专文——《从摩罗到诺贝尔》与《"独立之精神,自由之思想"》——涉及王国维。参见王德威主编《哈佛新编中国现代文学史》上卷,台湾麦田出版公司 2021 年版,第 233—238、330—334 页。

[②] 温儒敏的《中国现代文学批评史》首章即是《王国维文学批评的现代性》。参见温儒敏《中国现代文学批评史》,北京大学出版社 1993 年版,第 1—22 页。与之形成对照的是,古典文学批评史论著如今也多以王国维为殿军。参见张少康《中国文学理论批评史教程》,北京大学出版社 1999 年版,第 331—343 页。

旧事重提，与之对话。那么，究竟是怎样的机缘促成了早年的王国维被高度关注？又是怎样的动因使得王国维之于"文学革命"的"先驱"形象被确立下来进而被广泛接受？其间的逻辑是怎样的？对于文学史又蕴含了怎样的启示？这一切大概都需要从"文学革命"过后的"整理国故"运动说起。

一、文学研究会与"整理国故"运动

从学术史上看，参与"整理国故"运动者多为北大、清华等高校内外的学人；但从文学史上看，其实也不乏"新文学"作家以社团的力量介入其间。这当然是由于当时诸多文化人物本就身兼"学人"与"作家"的双重身份。不过在文学史的视野中考察"新文学"社团如何回应"整理国故"运动，依旧拥有独立价值。因为"文学"与"国学"的互动是高度内在于"新思潮"的推进——自然也包括"新文学"的建设——的一条重要线索。[1]文坛对于"整理国故"运动最具标志意义的反应，是1921年成立的文学研究会的态度与实践。

作为第一家"新文学"社团，文学研究会在其"简章"中就确立了"以研究介绍世界文学、整理中国旧文学、创造新文学为宗旨"[2]。成立伊始，文学研究会就接编了商务印书馆的《小说月报》，并且在《改革宣

---

[1] 通常认为，"整理国故"运动肇始于胡适 1919 年在《新青年》上发表的《新思潮的意义》一文。胡适在文中构想了"新思潮"展开的四大环节："研究问题""输入学理""整理国故"与"再造文明"。参见胡适《新思潮的意义》，载《胡适全集》第 1 卷，安徽教育出版社 2003 年版，第 691—700 页。是故在"新思潮"的视野中，"文学革命"与"整理国故"也就具有了一种先行后续又相互支撑的关系。

[2] 《文学研究会简章》，《小说月报》第 12 卷第 1 号，1921 年 1 月。

言》中表示"同人认西洋文学变迁之过程有急须介绍与国人之必要，而中国文学变迁之过程则有急待整理之必要"[①]，为此而创设了"研究"栏目。起初，《小说月报》由茅盾编辑，杂志并未特别向"整理中国旧文学"方面倾斜，而是更多致力于"介绍世界文学"与"创造新文学"。次年，《小说月报》改为郑振铎编辑，他"更重视发表有关整理中国古典文学遗产的理论探索和研究成果方面的文章"[②]。就在上任的同年，他就在文学研究会的另外一家副刊《文学旬刊》上发表了《整理中国文学的提议》，主张通过"打破一切传袭的文学观念的勇气"与"近代的文学研究的精神"来"整理中国文学"。[③]郑振铎的这一姿态"明显可见'整理国故'的影响"[④]，而由他接手的《小说月报》便为此提供了绝佳平台。1923年，郑振铎编辑的首期《小说月报》出版。该期不仅头题是郑振铎的长文《读〈毛诗序〉》，而且还推出了"整理国故与新文学运动"专题，刊发了其《新文学之建设与国故之新研究》、顾颉刚的《我们对于国故应取的态度》、王伯祥的《国故的地位》、余祥森的《整理国故与新文学运动》、严既澄的《韵文及诗歌之整理》以及玄珠的《心理上之障碍》六篇文章。郑振铎在介绍专题的"发端"时说，因为有同人"对于现在提倡国故的举动，很抱杞忧"，"以为这是加于新文学的一种反动"，所以他才策划了这一"讨论"，进行公开辩论。不过，专题中发表的文章"都是偏于主张国故的整理对于新文学运动很有利益一方面的论调"。尽管郑振铎解释，

[①] 《改革宣言》，《小说月报》第12卷第1号，1921年1月。
[②] 陈福康：《郑振铎传（修订本）》，上海外语教育出版社2017年版，第94页。
[③] 西谛（郑振铎）：《整理中国文学的提议》，《文学旬刊》第51期，1922年10月。
[④] 罗志田：《从正名到打鬼：新派学人对整理国故的态度转变》，载《国家与学术：清季民初关于"国学"的思想论争》，生活·读书·新知三联书店2003年版，第315页。

这是由于反对者"未曾把他们的意见写下来"①的缘故,但如此一边倒的声音还是足以说明文学研究会同人在这一问题上的基本立场。②其中,郑振铎自己的文章《新文学之建设与国故之新研究》开宗明义:"我主张在新文学运动的热潮里,应有整理国故的一种举动。"同时,他还以"我的整理国故的新精神便是'无征不信',以科学的方法来研究前人未开发的文学园地"③卒章显志。无疑,这是对于胡适此前《新思潮的意义》一文的一种积极响应,也与胡适同月发表的《〈国学季刊〉发刊宣言》交相辉映。

研究者发现,参加"整理国故与新文学运动"专题的作者"大致为参加文学研究会活动的商务印书馆人士",他们积极肯定"整理国故"运动,"主动出面为之正名","很可能受到北大国学门主力顾颉刚的影响"。此时的顾颉刚正在商务印书馆从事编纂工作,也参与文学研究会的活动。更为重要的是,他还是朴社主力。而在"整理国故与新文学运动"专题的背后,呼之欲出的正是朴社这一群体。④日后朴社成为"整理国故"运动中的核心力量之一,所以"可知文学研究会诸君的确是有意识地参与

---

① 西谛(郑振铎):《整理国故与新文学运动·发端》,《小说月报》第14卷第1号,1923年1月。
② 对于"整理国故"运动,文学研究会同人的意见并不完全一致,譬如茅盾就多有保留,郑振铎的态度也有反复。参见罗志田《从正名到打鬼:新派学人对整理国故的态度转变》,载《国家与学术:清季民初关于"国学"的思想论争》,生活·读书·新知三联书店2003年版,第307—358页。但就总体而言,文学研究会仍数支持"整理国故"最力,也是在中国文学研究领域贡献最多的"新文学"社团。
③ 郑振铎:《新文学之建设与国故之新研究》,《小说月报》第14卷第1号,1923年1月。
④ 朴社是由顾颉刚、郑振铎、王伯祥、叶圣陶与周予同等文学研究会同人1923年在上海创办的一家同人性质的出版机构,因为与事者均为文学研究会成员,所以朴社也可谓一家"文学研究会创办的书店"。参见商金林《文学研究会创办的书店——上海朴社始末》,载《求真集》,安徽教育出版社2004年版,第1—14页。

整理国故的活动"①。

在将"整理国故"与"新文学运动"做出正面勾连,并且堂而皇之地在"新文学"最为主要的阵地上为"整理国故"发声之后,郑振铎还有更为宏大的计划,即组织《小说月报》"中国文学研究"专号。②经过多年认真筹备,皇皇两巨册的《中国文学研究》终于在1927年以《小说月报》"号外"的形式出版。在几十万字的书稿前面,郑振铎在"卷头语"中写道:"这是一个初步的工作,这是艰难而且伟大的工作;我们的只是一个引子,底下的大文章,当然不是我们这几个人所能以一手一足之能力写成了的"③。郑振铎谦称他和同人关于中国文学的研究"只是一个引子",但收录在《中国文学研究》中的多篇论著都可谓学术史上当之无愧的"大文章"。一如当年策划"整理国故与新文学运动"时一样,郑振铎再次当仁不让,开篇即是他的雄文《研究中国文学的新途径》。而书中吴文祺的《文学革命的先驱者——王静安先生》同样也是一篇"大文章"。

吴文祺很早就是文学研究会成员④,从1921年开始,他便在《文学旬刊》上发表了文章。⑤1923年,吴文祺的名字出现在郑振铎编辑的《小

---

① 罗志田:《从正名到打鬼:新派学人对整理国故的态度转变》,载《国家与学术:清季民初关于"国学"的思想论争》,生活·读书·新知三联书店2003年版,第316—317页。
② 郑振铎:《通信》,《小说月报》第14卷第2号,1923年2月。
③ 西谛(郑振铎):《卷头语》,载《中国文学研究》(上)(《小说月报》第17卷号外),商务印书馆1927年版,第1页。
④ 参见苏兴良《文学研究会会员考录》,载贾植芳、苏兴良、刘裕莲、周春东、李玉珍编《文学研究会资料》(上),知识产权出版社2010年版,第24页。
⑤ 参见吴文祺《对于旧体诗的我见》,《文学旬刊》第23号,1921年12月;《驳"旁观者言"》,《文学旬刊》第25号,1922年1月;《"又一旁观者言"的批评》,《文学旬刊》第28期,1922年2月。

说月报》上。①1925年，在郑振铎创办的《鉴赏周刊》创刊号上，吴文祺发表了《重新估定国故学之价值》，主张"国故学和文学的性质，绝对不同"，"但是中国文学的研究和整理，却完全建筑在国故学的基础上"。他将"整理国故"定义为"国故学"，认为"国故是材料，国故学是一种科学"，是"用分析、综合、比较种种方法，去整理中国的国故的学问"。而"国故学之价值"，在吴文祺看来是"不容有疑义的"，因为"国故学在一方面固然是研究中国的哲学、文学……的基本学问，在别一方面，研究国故学的人，也可以藉此养成我国人所最缺乏的重征求是的科学精神"，此外"现在国语学上许多问题，或可因国故学之研究而得解决"。②无论是吴文祺"重新估定"的价值立场，还是他对于"国故学"的意涵与意义的理解，都与胡适和郑振铎同调。③1927年，吴文祺在《中国文学研究》上发表的《文学革命的先驱者——王静安先生》一文，即他个人从事"国故学"研究的重要成果，正可以看作他以"科学精神"整理"新文学"历史的发现。

吴文祺是王国维的浙江海宁同乡，其在20世纪20年代的文学与学术活动大都与文学研究会有关。毫无疑问，吴文祺是在"新文学"兼及"整理国故"的双重视野中打量王国维这位因为地缘而拉近了距离的前贤

---

① 参见《通信》，《小说月报》第14卷第3号，1923年3月。
② 吴文祺：《重新估定国故学之价值》，《鉴赏周刊》第1期，1925年5月。吴文祺特别强调"国故学"之于"国语学"的价值，与他个人的学术志趣有关。日后吴文祺主要以语言学家的身份名世。
③ 胡适在《新思潮的意义》中明确提出"新思潮的根本意义只是一种新态度"，"这种新态度可叫做'评判的态度'"，即尼采所谓"重新估定一切价值"。参见胡适《新思潮的意义》，载《胡适全集》第1卷，安徽教育出版社2003年版，第692页。

的。当然，其研究领域与王国维的交集①，使得他更为关注王国维的论著。而由"文学革命"传播开来的新的"文学"观念以及在"整理国故"运动中大行其道的文学史研究的思路，更让他对于王国维在文学史上的地位有了独到而深入的认识。王国维与"文学革命"的关系，便首次在吴文祺的笔下被系统地论述出来。

需要说明的是，吴文祺的《文学革命的先驱者——王静安先生》虽是 1927 年才在《中国文学研究》中发表，但写作却是在 1924 年。郑振铎组织《中国文学研究》专号的想法起于 1923 年，所以可以推知，吴文祺大概很快就被郑振铎确定为撰文人选。而在郑振铎接办的首期《小说月报》上，便已在"读书杂记"栏目中发表过他自己所写的关于王国维的《曲录》的两则札记。郑文表彰王国维是"一位最有头脑，最能作系统的研究的"②从事曲学的文学史家。借此可以想见，郑振铎对于吴文祺的《文学革命的先驱者——王静安先生》一文必然持有欢迎态度。只不

---

① 1923 年，吴文祺发表了《"联绵字"在文学上的价值》(《责任》第 12 期，1923 年 2 月)。这是吴文祺写出的首篇重要的学术文章。他自己十分看重，曾经向郑振铎推荐，希望在《小说月报》上发表。而因为《责任》先行刊出，郑振铎无法直接用稿，可同年还是以"选录"的形式再次发表(《小说月报》第 14 卷第 3 期，1923 年 3 月)。由此可见吴文祺对于此文的钟情。(1923 年 2 月 26 日的《民国日报》也转载了此文)而无独有偶，王国维在此前一年致信沈兼士，为北大研究所国学门开列了四项研究课题，其中之一即"古文学中联绵字之研究"。何之兼等五位同学很快选定此题，王国维又两次复信给他们，予以具体指导。(参见王国维《致沈兼士（一九二二年十月二十日）》《致何之兼等（一九二二年十一月上旬、二十九日）》，载谢维扬、房鑫亮主编，房鑫亮分卷主编《王国维全集》第 15 卷，浙江教育出版社、广东教育出版社 2010 年版，第 853—858、863—865 页)王国维致沈兼士的信，以及与何之兼等同学的来往书信，以《研究所国学门关于学术之通信》之名在 1923 年公布(《国学季刊》第 1 卷第 3 号，1923 年 7 月)。此时，吴文祺已经发表了《"联绵字"在文学上的价值》，如果他看到王国维的书信，想来一定会对于自己和王国维的"所见略同"心有戚戚。

② 西谛：《曲录（读书杂记）》，《小说月报》第 14 卷第 1 号，1923 年 1 月。

过受到《中国文学研究》整体出版进度的影响，此文三年以后才得以发表。而就在吴文问世的当月，王国维自沉，恰好错过此文。

二、"文学革命的先驱者"

有感于当时流行的几种重要的学术史著与文学史论——梁启超的《清代学术概论》与胡适的《五十年来中国之文学》——都未曾提及王国维[①]，蔡元培的《五十年来世界之哲学》与樊志厚的《最近二十年间中国旧学之进步》尽管说到了王国维，可介绍的是他在哲学与史学上的成就[②]，以及陈独秀虽然表示"王静安所长是文学"，但缺乏论述[③]，吴文祺认为"系统的介绍"王国维的文学思想很有必要，于是写就了《文学革命的先驱者——王静安先生》一文。而此文的确也是最早对于王国维的文学史地位做出勾勒的文章。

吴文祺在写作《文学革命的先驱者——王静安先生》时，《人间词

---

① 《清代学术概论》中没有谈到王国维，不过梁启超在《中国近三百年学术史》中是专门论及了王国维的曲学的。但因为在吴文祺撰写《文学革命的先驱者——王国维》时，梁的讲稿尚未连载到这一部分，所以他以为王国维不在梁启超的评述之列。关于《中国近三百年学术史》的发表与出版情况，参见俞国林《校订说明》，载梁启超《中国近三百年学术史》，中华书局2020年版，第9—15页。
② 有研究者推断，樊志厚的《最近二十年间中国旧学之进步》"颇疑经过王国维的提示"，因为樊是王的"早年同窗好友"，"两人交谊深厚"，"细按是文内容及叙述脉络，颇近王国维数年后所撰写的一篇讲词《最近二三十年中中国新发见之学问》"。参见陈以爱《胡适对王国维"古史新证"的回应》，《历史研究》2008年第6期。樊志厚此文在《东方杂志》第十九卷第三号（1922年3月，署名"抗父"）发表以后，影响甚大。如果陈以爱的假设成立，那么王国维则在一定程度上参与了自己的学术史形象建构。而与其他诸家笔下的自己相比，樊文中的面向大概是王国维最想凸显的个人形象。
③ 陈独秀：《寸铁·国学》，载《陈独秀著作选编》第三卷，上海人民出版社2009年版，第101页。此文原刊《前锋》第1期，1923年7月。

话》的朴社标点本尚未问世①，所以其立论主要依据的是《静庵文集》与《宋元戏曲史》。吴文祺开篇谈到中国文学有两大传统，一是功利主义的文学观念，二是对于小说戏曲的轻视。而两者又是联系在一起的，那便是不能"彻底明白文学的真谛"，即"文学"的独立价值。可就在他撰文的20年前，"酸化了的中国文坛里"，"居然有一个独具只眼大声疾呼地以小说戏曲为'文学中之顶点'的人"。在吴文祺看来，此人"见解之卓越，较之现代的新文学家，有过之，无不及"，这便是王国维。②可见，吴文祺是在中国文学史的背景中定位王国维的文学思想的，而他依据的标准则是"现代的新文学家"提供的观念，也就是"文学革命"对于"文学"的定义。

因为时人对于王国维的文学论著不够了解，所以吴文祺选择以缀合介绍王国维的具体观点的方式撰文。吴文主体部分有三，分别论述了王国维文学思想的三个主要方面：其一，是王国维在中西比较视野中对于"文学"本体的发现。王国维认为，文学在中国历史上主要是一种"载道"工具，倘若就对于"文学"本身的认识来说，"我国之重文学不如泰西"。③真正的"文学"应当"以描写人生为职志"，是纯粹的而非功利的。其二，是王国维主张以"自然"为"文学的试金石"，也循此看待文体更替的现象。王国维反对一切束缚文学意志自由表达的因素，所以他认为"文体之解放"与"文体之自由变化"是"文学上的一大进步"。其

---

① 1926年，俞平伯标点的《人间词话》由北京朴社出版。
② 参见吴文祺《文学革命的先驱者——王静安先生》，载郑振铎编纂《中国文学研究》（下）（《小说月报》第十七卷号外），商务印书馆1927年版，第1页。（每文单独起页）
③ 王国维：《教育偶感·文学与教育》，载谢维扬、房鑫亮主编，傅杰、邬国义分卷主编《王国维全集》第1卷，浙江教育出版社、广东教育出版社2010年版，第139页。

三，是王国维主张对于文学进行一种"审美的欣赏"，即更为看重文学的美学价值。而由于他以"自然"为最高的美学尺度，对于"白话胜于文言，俗语优于古语"的规律当然也就积极加以肯定。[①]

以后见之明来看，吴文祺所总结的王国维的文学思想的主要内容与"文学革命"倡导的理念若合符契。但作为首位就此问题做出论述的学者，吴文祺想要厘清其中的关节却并不容易。所以在行文过程中，他很注意勾连王国维的具体论述与"文学革命"的关系。比如，在论及"我国之重文学不如泰西"时，吴文祺强调"王氏于二十年前已能撕去这传袭的自傲的膜"，而20年的距离，连接的正是王国维与"文学革命"；再如，在说到王国维"自然"的文学取向时，吴文祺提示"近年来的新文学运动，只是一种解除文学上的一切镣铐枷锁的运动，只是一种出文学于做作的牢笼而复返于自然的运动"，王国维显然已经就此发出先声，而"在王氏的文体愈自由愈进步的标语之下，一切足以伤自然之美的典故、对偶、韵律……等人工雕琢法，应该绝对地排斥"[②]，这也就和胡适《文学改良刍议》中的"八事"关联在了一起[③]；还有，在述及王国维对于白话的看法时，吴文祺说"王氏是很知道白话的价值的"[④]。凡此，当然都是由王国维的文学理念引申所做的议论，但也无不与"文学革命"的核心主张一一对应。

---

① 参见吴文祺《文学革命的先驱者——王静安先生》，载郑振铎编纂《中国文学研究》（下）（《小说月报》第十七卷号外），商务印书馆1927年版，第3、7、9、10页。
② 吴文祺：《文学革命的先驱者——王静安先生》，载郑振铎编纂《中国文学研究》（下）（《小说月报》第十七卷号外），商务印书馆1927年版，第3、7、8页。
③ 参见胡适《文学改良刍议》，载《胡适全集》第1卷，安徽教育出版社2003年版，第4—15页。
④ 吴文祺：《文学革命的先驱者——王静安先生》，载郑振铎编纂《中国文学研究》（下）（《小说月报》第十七卷号外），商务印书馆1927年版，第10页。

在文章的最后，吴文祺系统地概括道："王静安先生二十年——或十余年——前的文学见解，竟和二十年——或十余年——后的新文学家不谋而合，如胡适之曾斥团圆式的小说为无价值（《文学进化观念与戏剧改良》），王氏也很反对始困终亨先离后和的小说戏曲；胡适之以为白话的词类较文言的精密（《国语的进化》），王氏也以为多节词精密而单节词不精密；胡适之曾说诗宜具体不宜抽象（《谈新诗》），王氏也有'美术之特质，贵具体而不贵抽象'（《静庵文集·红楼梦评论》）之言；又如近来的新文学家都嚷着'文学是表现人生的''文学是人生的图画'的口号，王氏也知道文学的目的在描写人生；近来的新文学家很激烈地反对文以载道的文学观，王氏也很不赞成劝善惩恶的圣谕广训式的文学；近来的新文学家都知道'自然'为文学要素，王氏也说'古今来之大文学，无不以自然胜'；近来的新文学家都知道外国的文学较中国发达，王氏也说'我国之重文学不如泰西'；近来的新文学家都知道雅词和俗词的俗语的价值，并没有什么高下，王氏不但知道'雅俗古今之分，不过时代之差，其间固无界限也'，并且很叹赏元曲之运用俗语为'古所未有'；……我称他为文学革命的先驱者，似乎不是过分的夸大的尊号吧！"[①] 经过这样一连串的对举，吴文祺以相当雄辩的语言论证了王国维之于"文学革命"的"先驱"意义，也将其"文学革命的先驱者"形象建构了起来。

在王国维醉心于"文学"的晚清时期，他的文名并不显赫，而当吴文祺撰文时，王国维又早已放弃了文学研究。所以如何谈论其文学贡献，是一重不小的考验。但吴文祺经由参照系的选择、历史感的建立，以及分寸的拿捏与现实关怀的切入，很好地解决了这一问题。他所构筑的

---

① 吴文祺：《文学革命的先驱者——王静安先生》，载郑振铎编纂《中国文学研究》（下）（《小说月报》第十七卷号外），商务印书馆1927年版，第11—12页。

"文学革命的先驱者"形象及其论述思路,深刻影响了此后学界认识与理解王国维的文学成就的方式。此文一经发表,即迅速引起关注。此中既有《中国文学研究》作为"新文学"阵营重要的学术成果本身具有的加持效果[1],也与恰好遭遇王国维去世带来的巨大新闻效应多少相关。[2] 不过更为主要的,恐怕还是该文的问题意识切中了文坛关切所致。

吴文祺写作《文学革命的先驱者——王静安先生》时,"文学革命"已经初战告捷,并且高潮消歇。但在他看来,"其实误会的绷带,仍旧很牢固地、很普遍地缚在大多数人们的眼上"。具体而言,一是"他们对于白话文,始终没有明确的认识",二是"一般站在新文学旗帜底下的人,在理论上虽然常常发出反对文以载道的主张的呼声,而在实际上有时却不免走到他们自己所反对的主张的牛角尖里去"。[3] 吴文祺所描述的,是整个"新文学"阵营的同感。由此也就可以明白,鲁迅为何会在此时写下"我总要上下四方寻求,得到一种最黑,最黑,最黑的咒文,先来诅咒一切反对白话,妨害白话者"[4],并且呼吁再次进行"思想革命"了。[5] 对此,不同的作家选择不同的角度、资源与方式加以回应,吴文祺发现了王国维早年的文学思想的重要价值,特别是他对于"文以载道"观念的彻底反拨,并且有力地论述了其与"文学革命"先行后续的历史与理

---

[1] 《中国文学研究》1927年6月出版以后,颇受文坛与学界欢迎,1928年4月便再版。

[2] 关于王国维去世的新闻效应,参见王润泽、徐诚《从"国故之争"到"王国维之死":近代报刊空间中的五四新文化思想转型》,《大连理工大学学报(社会科学版)》2021年第3期。

[3] 吴文祺:《文学革命的先驱者——王静安先生》,载郑振铎编纂《中国文学研究》(下)(《小说月报》第十七卷号外),商务印书馆1927年版,第12—13页。

[4] 鲁迅:《〈二十四孝图〉》,载《鲁迅全集》第二卷,人民文学出版社2005年版,第258页。

[5] 鲁迅:《通讯》,载《鲁迅全集》第三卷,人民文学出版社2005年版,第23页。

论关联，这是他提供的方案。此举一方面说明了"文学革命"其来有自，另一方面也通过王国维的国学重镇身份为"文学革命"的合理性与必然性做出论证。后者在具体语境中尤其具有现实针对性，而这正是"整理国故"运动创造的条件，即达成了"新国学"与"新文学"的辩证。

王国维是"新文学"阵营最被认可的国学人物，胡适等人自不必说，鲁迅也认为"要谈国学，他才可以算一个研究国学的人物"[①]。吴文祺意欲表明的是，"今日"从事国学研究的王国维与"昨日"探索文学革新的王国维可以相通，甚至其本来就是"新文学"中人："王氏有这样的高超的见解，若是继续不已地在文艺的园地里尽力，那末我国的文艺之花，或许要开得格外鲜艳些，也未可知。但是，不幸得很，趣味已使王氏转变了研究的对象。现在他已经跋出了艺术之宫，而替国故学先生开掘金矿去了。这在国先生固然有得人之庆，但艺术宫中却失了一个作工的能手了！"[②]至于王国维的转向，到底"幸"还是"不幸"，基于不同预设，答案也会不同，所以反而不必过分较真。吴文祺何尝不是"国故学"的好手，由他来如此论说，自然更增添了几分说服力。

从策略上讲，吴文祺建构王国维的"文学革命的先驱者"形象，当然可以拓展"文学革命"的受众，并且加深其被接受的程度，是一种成功的对于"新文学"危机与生路的回应。他在行文时不忘凸显王国维与"整理国故"的关系[③]，便可见此中用心。但如果以为吴文祺只是借用王国

---

① 鲁迅：《不懂的音译》，载《鲁迅全集》第一卷，人民文学出版社 2005 年版，第 419 页。
② 吴文祺：《文学革命的先驱者——王静安先生》，载郑振铎编纂《中国文学研究》（下）（《小说月报》第十七卷号外），商务印书馆 1927 年版，第 12 页。
③ 吴文祺指出了王国维在《红楼梦评论》中对于作者考证的论述之于胡适的《红楼梦考证》具有先导意义："当王氏说这话时，距胡适之的《红楼梦》考证之出世，已有十七八年了。"参见吴文祺《文学革命的先驱者——王静安先生》，（转下页）

维的学术声望为"新文学"背书,那么则有些"买椟还珠"了。吴文更为重要的贡献是把一段此前未曾为人所注目的"文学革命"的"前史"清理了出来,特别是为"新文学"观念、理论与批评的发生补充了一条至为关键的思想脉络。在吴文祺看来,王国维"关于文学上的论述","真可以说是前无古人"。而他早年的这些"和当时的思想界不曾发生过什么关系"的论著[①],不仅值得认真开掘,还应当将其与"当时",更与"当下"的联系建立起来。因为"前无古人"的思想,此时已然"后有来者"。正是这份历史与理论自觉,吴文祺的论述才在发表以后很快就被有效地接受,转化成为一种共识。

三、"不要忘记了王静安先生"

吴文问世的次年,浦江清发表《王静安先生之文学批评》,在此基础上继续展开讨论,认为王国维的历史眼光、"古雅"美学以及对于"屈子文学之精神"的阐发,也是其文学思想的重要贡献。"至于先生提高文学艺术价值之论,推崇悲剧之说,对于《红楼梦》之批评等等,则某君于《小说月报·中国文学特号》述之已详,余故略而不论。"[②]其实,非独浦江清一文,此后学界对于王国维文学思想及其文学史地位的论述,也多从吴文祺的《文学革命的先驱者——王静安先生》出发。

（接上页）载郑振铎编纂《中国文学研究》（下）(《小说月报》第十七卷号外),商务印书馆1927年版,第6页。
① 吴文祺:《文学革命的先驱者——王静安先生》,载郑振铎编纂《中国文学研究》（下）(《小说月报》第十七卷号外),商务印书馆1927年版,第13页。
② 浦江清:《王静安先生之文学批评》,载张耀宗选编《浦江清文存》,江苏人民出版社2016年版,第133页。此文原刊《大公报·文学副刊》第23期（1928年6月）。

浦江清关于王国维文学思想的发凡，首推王国维的历史眼光。在他看来，"千百年来，能以历史的眼光论文学之得失者，二人而已"，"其一江都焦里堂氏，其又一则海宁王静安先生也"。[①]前者指的是焦循《易余籥录》中的"一代有一代之所胜"之说，而后者是指王国维在《人间词话》中所言"四言敝而有楚辞，楚辞敝而有五言，五言敝而有七言，古诗敝而有律绝，律绝敝而有词"[②]的"文体盛衰"之论，以及在《宋元戏曲史》中的总结——"一代有一代之文学"，"楚之骚，汉之赋，六代之骈语，唐之诗，宋之词，元之曲，皆所谓一代之文学，而后世莫能继焉者也"。[③]浦江清认为，历史眼光是王国维全部文学论述的起点，由此他在"文体盛衰"的过程中更加看重一种文体"当其初起之时"的"自然的美、朴素的美、白描的美"，具体到宋元戏曲而言，则"明其极端其倾向白话也"。[④]而"一代有一代之文学"正是胡适在《文学改良刍议》中高张的核心观点[⑤]，对于白话文学的提倡更是"文学革命"的根本主张。浦江清承认，其后"创文学革命之论，变天下之文章而尽为白话者"是胡适而非王国维，但他同时枚举了胡适对于王国维文论在各个向度上的发展，令"胡氏生后于先生，而推先生之波澜者也"的关系一目了然，即一是"先生之于文学有真不真之论，而胡氏有活文学死文学之论"，"先

---

① 浦江清：《王静安先生之文学批评》，载张耀宗选编《浦江清文存》，江苏人民出版社2016年版，第125页。
② 王国维：《人间词话》，载谢维扬、房鑫亮主编，傅杰、邬国义分卷主编《王国维全集》第1卷，浙江教育出版社、广东教育出版社2010年版，第476—477页。
③ 王国维：《宋元戏曲史》，载谢维扬、房鑫亮主编，胡逢祥分卷主编《王国维全集》第3卷，浙江教育出版社、广东教育出版社2010年版，第3页。
④ 浦江清：《王静安先生之文学批评》，载张耀宗选编《浦江清文存》，江苏人民出版社2016年版，第127、128页。
⑤ 胡适：《文学改良刍议》，载《胡适全集》第1卷，安徽教育出版社2003年版，第6页。

生有文学蜕变之说,而胡氏有白话文学史观";二是"先生推尊《红楼梦》为美术上唯一大著述,且谓作者之姓名与著书之年月为唯一考证之题目,而胡氏以考证《水浒》《红楼梦》著闻于世";三是"先生主张文学之悲剧的结果,而胡氏攻击才子佳人团圆小说";四是"先生论词,取五季北宋而弃南宋,今胡氏之词选,多选五季北宋之作";五是"先生曰,'以《长恨歌》之壮采,而所隶之事,只小玉双成四字,才有余也。梅村歌行则非隶事不办,白、吴优劣,即于此见',胡氏乃与天下约言,同不用典";等等。凡此,无不说明"凡先生有所言,胡氏莫不应之、实行之","一切之论,发之自先生,而衍之自胡氏","胡氏莫不尽受先生之影响"。① 此种论证方式本自吴文祺的《文学革命的先驱者——王静安先生》,但较之吴文,浦文显然更具深度,也更为辩证。② 在建构王国维的"文学革命的先驱者"形象方面,浦江清又夯实了一分。

浦文发表的同年,《小说月报》发表了赵万里辑录的《〈人间词话〉未刊稿及其他》③。不仅有关王国维文学思想的讨论在"新文学"的平台上展开,王国维的"文学"论著也直接发表在了"新文学"刊物上。这自然可见"新文学"阵营对于王国维的兴趣,同时也为更进一步研究王

---

① 浦江清:《王静安先生之文学批评》,载张耀宗选编《浦江清文存》,江苏人民出版社2016年版,第128页。
② 吴文祺的文章重在呈现王国维的文论与"文学革命"的诸多主张之间存在的一致关系,而浦江清的文章既深化了这一方面的讨论,但同时也直面了"创文学革命之论,变天下文章而尽为白话者,胡氏也,非先生也",以及"何以先生能欣赏古代的白话文学,而不赞成现代的白话文学"的问题。浦江清认为,之所以如此,与王国维推崇"古雅"的美学观念有关。参见浦江清《王静安先生之文学批评》,载张耀宗选编《浦江清文存》,江苏人民出版社2016年版,第128—131页。
③ 王国维著,赵万里辑:《〈人间词话〉未刊稿及其他》,《小说月报》第19卷第3号(1928年3月)。

国维的文学思想与"文学革命"的关系问题提供了新的资源。1934年，郑振铎与章靳以主编的《文学季刊》在北平创刊。创刊号上即刊登了两篇专论王国维文学思想的文章：一是李长之的《王国维文艺批评著作批判》，一是吴文祺的《再谈王静安先生的文学见解》。吴文是对于《文学革命的先驱者——王静安先生》一文的"补遗"。吴文祺自认当年撰文时未及见到《静庵文集》与《宋元戏曲史》以外的材料。这篇《再谈王静安先生的文学见解》则根据其发现的《静庵文集》以外的王国维早年文论——主要是发表在《教育世界》上的文章而写成。吴文祺说："关于《静庵文集》，已在《文学革命的先驱者——王静安先生》一文中，详细介绍过，当然没有重述的必要。《人间词话》及其他有关文学之作已见于《王氏遗书》者，则已为世人所习见，不赘述。"①本着这样的原则，吴文集中论述了王国维的《文学小言》《屈子文学之精神》《古雅之在美学上之位置》与《自序二》等文章中的"文学见解"。②经过此番补白，吴文祺的结论是："其能以西洋的文学原理来批评中国文学的，当以王静安为第一人。"他呼吁"如果有人编中国文学批评史的话，我希望他们不要忘记了王静安先生"。③

---

① 吴文祺：《再谈王静安先生的文学见解》，《文学季刊》创刊号（1934年1月）。吴文提到的《王氏遗书》，是指从1927年开始陆续出版的《海宁王忠悫公遗书》。这一《遗书》由罗振玉整理，较多参考了王国维晚年的文化立场，所以其"文学"论著收录不多。1940年，商务印书馆又出版了赵万里增订的《海宁王静安先生遗书》。在新版《遗书》中，王国维的"文学"成就得到了更加全面的展现。
② 吴文祺在《再谈王静安先生的文学见解》一文中介绍的王国维早年发表在《教育世界》上的文论，浦江清的《王静安先生之文学批评》中已有涉及。但由于这批没有收入《静庵文集》的文章截至吴文祺撰文时都未再刊行，所以导致传播不广。根据吴文祺的说明，他是在厦门一位同事处看到的抄本，才得以写出此文。参见吴文祺《再谈王静安先生的文学见解》，《文学季刊》创刊号（1934年1月）。
③ 吴文祺：《再谈王静安先生的文学见解》，《文学季刊》创刊号（1934年1月）。

吴文祺的判断，其实也是时人的感受。与吴文祺同在《文学季刊》创刊号上发表的李长之的《王国维文艺批评著作批判》一文，就可以看作对于吴文祺号召的积极回应。李长之此文较之浦江清又有推进。而靳德峻在朴社标点本基础上完成的《〈人间词话〉笺证》[①]、赵万里辑录的《〈人间词话〉未刊稿及其他》与吴文祺的《文学革命的先驱者——王静安先生》，都是李长之的主要参考文献。可见，李长之得以进行此项研究，是与"新文学"阵营在"整理国故"运动中对于王国维文学思想的一再开采直接相关的。而李长之此文不仅更加系统地勾勒了王国维文学批评的要点，还重申了其与"文学革命"的关系。在他看来，王国维"承了传统的中国式的批评的方式，颇又接受了点西洋的思潮，有他独到的见地，而作了文学革命的先驱"，其"确乎是后此的人的导师"，而且"截至现在论，也还没有人及他"。[②]值得一提的是，李长之在写作《王国维文艺批评著作批判》时，正在清华大学哲学系读书，对于德国哲学用功尤勤。研究者认为，李长之"对德国近代哲学、思想有相当的研习功夫"，使得他与王国维具有相近的学术气质，因此在现代文学批评史上可以视为"同类"[③]，而这对于理解王国维当然多有助益。就在"文学批评"的学科视野中讨论王国维的成就来说，李长之的专业程度高于吴文祺与浦江清。但

[①] 1926年，俞平伯标点的《人间词话》在朴社出版以后，学界出现了多种研究论著。"其中靳德峻《人间词话笺证》、蒲菁《人间词话补笺》、徐泽人《人间词话人间词合刊》中的《人间词话》，收录文本的底本皆为俞平伯标点之一卷本。"参见彭玉平《从文本疏通到价值认同：三四十年代〈人间词话〉的传播》，载《王国维词学与学缘研究》（上），中华书局2015年版，第460页。沈启无的《人间词及人间词话》与徐调孚的《校注人间词话》则不以俞本为限。
[②] 李长之：《王国维文艺批评著作批判》，《文学季刊》创刊号（1934年1月）。
[③] 参见李振声《王国维：一份隐性的遗产》，载《重溯新文学精神之源：中国新文学建构中的晚清思想学术因素》，上海人民出版社2020年版，第198—199页。

他秉持的王国维作为"文学革命的先驱者"的论述逻辑，则与吴、浦一以贯之。

也是在 1934 年，李长之又在郑振铎的启发下，为《静庵文集》撰写了一篇书评，评述王国维早年在"文学"以外的哲学与教育论著。他指出，王国维"顶大的贡献"在于"用了西洋的哲学的思索"来研究中国哲学的重大问题，"他把从前的理论，一齐推翻了，而且指明了人们，不必再走那些不相干的劳而无功的道"。① 李长之从王国维的学术源头上揭出了其治学的一大底色，这与王国维去世以后诸家对于其学术新意的认识可以互相参照；而其决绝的态度，又与胡适在《新思潮的意义》中对于"新思潮"的本质乃是一种"重新估定一切价值"的"评判的态度"互相关联。在这一意义上，王国维就不仅是"文学革命"的"先驱者"了，称之为整个"新思潮"的"先驱者"大概已不为过。

王国维驾驭新旧中西思想的方式，甚至比此后"新文学"阵营的做法更为成熟。他的西学功夫，即便在持论甚严的钱锺书那里，也斩获了"庶几水中之盐味，而非眼里之金屑"② 的高度评价。如果以胡适为"新思潮"树立的最终目标是"再造文明"的标准来看，王国维自是在新旧中西之间支撑这一抱负的理想人选。

讨论王国维与"文学革命"乃至"新思潮"的关系，"从王国维到胡适"是一条主要的论述线索。这一脉络由吴文祺在《文学革命的先驱者——王静安先生》中奠立，浦江清等人续予发挥。同样是在 1934 年，

---

① 李长之：《王国维静庵文集》，载《李长之文集》第 3 卷，河北教育出版社 2006 年版，第 203 页。此文原刊《大公报·文艺》第 27 期（1933 年 12 月）。
② 钱锺书：《王静安诗》，载《谈艺录》，生活·读书·新知三联书店 2008 年版，第 72 页。

正在北大研究所国学门读书的任访秋写作了《王国维〈人间词话〉与胡适〈词选〉》一文。任访秋提出，"王，为逊清之遗老，而胡，为新文化运动之前导，但就彼二人对文学之见地上言之，竟有出人意外之如许相同处，不能不说是一件极堪耐人寻味的事"。任文具体比较了两人在"词体之演变""时代之批评""批评之标准"以及"咏物词之见解"等方面见解的异同，认为他们的观点大同小异。而"他们相同的地方，即批评的方向还算一致，即比较重内容而轻格律"。在任访秋的理解中，"这是新文学运动中一个新的趋向"，"但静安在十年前即有此见解，竟能与十年后新文学之倡导者胡适见解相同，即此一端，已不能不令我们钦佩他的识见之卓绝了"。他以吴文祺的说法为全文作结："吴文祺君称王为'文学革命的先驱者'，信哉斯言！"[1]

任访秋与胡适多有联络[2]，《王国维〈人间词话〉与胡适〈词选〉》发表以后，他寄赠了一份给胡适，胡适很认真地给任访秋回了信。虽然他认为任文"太着重相同之点"，而且花了不小篇幅向任访秋解释他与王国维词学观点的不同，但依旧表示此文"使我很感兴趣"。胡适写道："静安先生的《人间词话》是近年才有印本的，我在他死前竟未见过此书。他晚年和我住的相近，见面时颇多，但他从未提起此书。今读你的比较

---

[1] 任访秋：《王国维〈人间词话〉与胡适〈词选〉》，载《任访秋文集·古代文学研究》（中），河南大学出版社2013年版，第943、954页。此文原刊《中法大学月刊》7卷3期，1935年6月。

[2] 任访秋在北大就读时，正逢胡适主持文科与研究所（1935年改为研究院）工作。1936年，他举行研究生毕业论文答辩，胡适为答辩委员会主任委员。答辩完成以后，任访秋又与胡适等人在中山公园来今雨轩聚会。他早年斋号"同适斋"，即表达了对于胡适与钱玄同的景仰之意。参见关爱和《从同适斋到不舍斋（代序言）》，载《任访秋文集·古代文学研究》（上），河南大学出版社2013年版，第3、2页。

研究，我很觉得我们的见解确有一些相同之点，所以我很高兴。"①由于胡适对于吴文祺、浦江清与李长之等人的文章有无回应一时不得而知，他在给任访秋的回信中表达的意见也就格外值得关注。胡适认可了将他与王国维进行比较研究的方式，更肯定了两人"确有一些相同之点"，并且为此而感到"高兴"。这也就意味着作为当事人，他同意"从王国维到胡适"的论述脉络，以及王国维作为"文学革命的先驱者"的地位。

至此，由胡适、顾颉刚、傅斯年等新派学人在"整理国故"运动中对于王国维的推崇首开其端，使得其"现代的"与"科学的"文学研究论著备受关注②，进而在文学研究会同人的推动下，其文学思想也被置于"文学革命"带来的新的观念视野与问题意识中加以认识，并且其本人也被逐渐建构为"文学革命的先驱者"的过程，大致完成。与此相伴的，是"新文学"在"文学革命"之后自我调整与成长的过程，也是"新思潮"展开内在辩证与突破的过程。王国维的文学思想的"先驱"意义既在如是历程中被"发现"，也参与照亮了这一历史进程。这是一种"传统"的发明，又是对于"新文学"的发明机制本身的迭代与扩容。此番发明的结果，很快便被以文学史书写的形式确认了下来。吴文祺所呼吁的"如果有人编中国文学批评史的话，我希望他们不要忘记了王静安先生"，马上就在实践中得到了回应。王国维的"文学革命的先驱者"身

---

① 参见胡适《致任访秋》，载《胡适全集》第24卷，安徽教育出版社2003年版，第226—227页。胡适认为，就词学而论，他和王国维的最大不同是"我的看法是历史的，他的看法是艺术的"。关于此点以及胡适在信中对于两人差异的解说，学界多有辨析。总体而言，认为胡适在这里"确乎有强立其异的嫌疑"，而事实上，其词学是"大体沿着王国维的方向前行"的。参见彭玉平《王国维与胡适》，载《王国维的词学与学缘研究》（上），中华书局2015年版，第880—885页。
② 参见李浴洋《"现代的"与"科学的"——"整理国故"运动与王国维文学论著的接受》，《文艺争鸣》2022年第2期。

份，开始在文学史书写中被反复确证。

四、新文学史书写中的王国维

随着"整理国故"运动的不断推进，也因为20世纪20年代中期以后政局与时局的激变，文坛与学界对于"整理国故"的评价更趋复杂。到了20世纪20年代后期，胡适本人曾经一度表示"深深忏悔关于研究国故"①，郑振铎等文学研究会同人也多有检讨②。"整理国故"造成的多个方面的复杂效应的确值得关注，但不应忽略的是，如是表态更多针对的是作为一种"思想事件"的"整理国故"。③在学术研究的层面上，胡适、

---

① 《研究所国学门第四次恳亲会纪事》，《北京大学研究所国学门月刊》第1卷第1号，1926年10月。需要说明的是，研究者多以胡适此语作为其"整理国故"观念转变的标志，但胡适发言的主旨实为对于"整理国故"的"辩诬"。例如，他强调"'国故'是过去的'文物'，是历史，是文化史；'整理'是用无成见的态度，精密的科学方法，去寻求那已往的文化变迁沿革的条例线索，去组成局部的或全部的中国文化史"，"我们不存什么'卫道'的态度，也不想从国故里求得什么天经地义来供我们安身立命"，"北大研究所的态度可以代表这副精神，决不会是误解成'保存国粹''发扬国光'"。他所反对的是"多少青年，他也研究国学，你也研究国学，国学变成了出风头的捷径，随便拿起一本书来就是几万字的介绍"，"有许多人，方法上没有训练，思想上没有充分的参考材料，头脑子没有弄清楚，就钻进故纸堆里去，实在走进了死路"。
② 参见郑振铎《且慢谈所谓"国学"》，《小说月报》第12卷第1号，1929年1月。
③ 有研究者将《小说月报》第14卷第1号上的"整理国故与新文学运动"专题与第20卷第1号上的郑振铎的《且慢谈所谓"国学"》等文章对举，认为《小说月报》以"一组激烈反对整理国故或国学的文章，完全站到自己六年前的对立面上"。（罗志田：《从正名到打鬼：新派学人对整理国故的态度转变》，载《国家与学术：清季民初关于"国学"的思想论争》，生活·读书·新知三联书店2003年版，第351页）此说恐怕稍有夸大。《小说月报》第12卷第1号上其实只发表了两篇与"整理国故"有关的文章，一是郑振铎此文，二是何炳松的《论所谓"国学"》。此外便是节选了胡适已刊的《治学的方法与材料》一文。郑振铎在按语中说："适之先生的此作，和我们的意见相差不远，我觉得有使读者们并（转下页）

郑振铎，甚至鲁迅都从未中断研究国故，作为"学术志业"的"整理国故"在20世纪30年代以后继续进行。①

由"整理国故"与"文学革命"的关系问题带来的启发，也在继续促使"新文学"阵营思考。1934年，吴文祺发表了《考证与文艺》一文，主张"考证学与文学的性质不同，但不一定相反"。他认为当时的许多论争都因为昧于二者关系而起，"最近有所谓平派海派之争，也无非演的是这幕老把戏"。在他看来，非但"作者的生平时代及环境，以及作品本身的演变，各种版本的异同"离不开考证，"王国维先生的《宋元戏曲史》，郑振铎先生的《〈水浒传〉的演化》《〈三国志演义〉的演化》，便是以极严密的考证方法来研究文学作品的好例"；对于文本内容的理解，同样也需要多得考证之助，王国维的《殷卜辞中所见先公先王考》之于理解屈原《天问》文义的巨大推进，更说明了"考证学与文学的关系，是如何的密切"。②吴文祺在此彰显的思路，是一种"国学"与"文学"彼此辩证、相互成就的理路。这正是"整理国故"运动的一大积极价值，即在一种"新学"的立场上实现了"国学"与"文学"的对话与互动。而王国维的范式意义，便系于此。所以，王国维在某种程度上不仅是"文学革命的先驱者"，也为"文学革命"如何更进一步展开提供了启示。这自然使得

（接上页）读的必要。"而这三篇文章与其说是"反对"，不如说是意在"纠偏"更加准确。与当初"整理国故与新文学运动"专题的策划精当和文章众多相比，郑振铎和何炳松的文章虽然置于卷首，但大概仍旧不足以说是以"一组"的形式表达"激烈反对"。

① 譬如，1934年出版的《文学》第二卷第六号即郑振铎主编的"中国文学研究专号"。这一专号与《小说月报》的《中国文学研究》专号当然有所不同，但作为"民国时期文学史上的第二个这方面的专号"（参见陈福康《郑振铎论（修订本）》，上海外语教育出版社2017年版，第212页），其间的承传之意，以及郑振铎在这一领域的用心可谓并无二致。
② 吴文祺《考证与文艺》，《文史》第1卷第3号，1934年8月。

"新文学"阵营对于王国维的接受几乎没有任何历史的与现实的障碍,并且乐于通过文学史书写的方式将两者的关系确定下来。①

最早修正了胡适在《五十年来中国之文学》中遗漏王国维的疏失,而把其写进了"新文学"历史的是王丰园。1935年,王丰园的《中国新文学运动述评》出版,该书第一章为"戊戌政变与文章的新趋势",共计八节,分别是"维新运动与文体解放""维新前后的新诗运动""章炳麟先生的文学见解""文艺批评家王国维先生""章士钊派的政论文章""严复西洋近世思想的介绍""林纾西洋近世文学的介绍""小说的提倡与发展"。与《五十年来中国之文学》相比,王丰园在叙述"新文学"的"前史"时,最大的不同便是不但写入了胡适当年没有提及的王国维,而且还为其列有专节。该节主要参考了吴文祺与李长之等人对于王国维的文学思想的论述,明确提出"王氏可以说是最先彻底明白文字价值之一人,他在'文以载道'的风气盛行中,足然能以'描写'人生做文学的目的,竟能够说:'一代有一代之文学',他这种见解,影响于文学革命最大"。王丰园认为"王氏有文学革命的眼光",进而具体从他"看重小说与戏曲""论文学以自然为贵,以真情实感为主"以及"极力反对模仿,反对餔餟文学与文绣文学"三个方面加以条理景然的介绍。王丰园最后写道:"有人把他和梁启超并称为新时代的先趋者,实不为过分。他虽则不曾正式高举文学革命的旗帜,积极提倡这个运动,可是他却种下了文学革命的种子。"行文及此,他特别感慨:"胡适、梁启超诸先生论近代文

---

① 早在1930年,钱基博就在其所著《现代中国文学史》中论及了王国维。不过,他是把王国维与吴梅等人放在"古文学"之"曲"一节中介绍的,不仅没有将其置于"新文学"部分,而且也未对王国维与"新文学"的关系做出任何论述。参见钱基博《现代中国文学史》,上海书店出版社2007年版,第212—225页。

学，没有论及王先生，未免太'殊属非是'了。"王丰园援引了吴文祺的话："如果有人编中国文学批评史的话，我希望他们不要忘记了王静安先生。"① 可见，将王国维的"文学革命的先驱者"地位写进《中国新文学运动述评》，对于王丰园来说是一种高度自觉的选择。这也是吴文祺的号召首次在文学史书写中被落实下来。

其实，就在王丰园写作《中国新文学运动述评》的同时，吴文祺本人也在撰写一部叙述"新文学"历史的著作。1936年，这本未能完稿的《新文学概要》出版。在其导言中，吴文祺指出"五四以来的新文学的产生，并不是突如其来的"，"新文学的胎，早孕育于戊戌变法以后，逐渐发展，逐渐生长，至五四时期而始呱呱坠地"，"胡适、陈独秀等不过是接产的医生罢了"。而在"新文学"的结胎过程中，尤其值得一提者有三：一是梁启超在文体解放上的贡献，二是林纾的翻译小说与李伯元等人的谴责小说，三是王国维的文学批评。② 与胡适和王丰园对于这段历史的叙述相比，吴文祺将之大为精简。王国维在其中占据三分之一，其文学史地位也就得到了空前凸显。吴文祺此处对于王国维的论述，因为有《文学革命的先驱者——王静安先生》与《再谈王静安先生的文学见解》两篇专文打底，所以游刃有余。

接连问世的两部"新文学"史著都突出了王国维的"文学革命的先驱者"身份，也都以《红楼梦评论》《人间词话》与《宋元戏曲史》为其最为重要的文学论著，这就基本奠定了王国维的文学史形象。也是自这

---

① 参见王丰园《中国新文学运动述评》，新新学社1935年版，第17—21页。
② 参见吴文祺《新文学概要》，亚细亚书局1936年版，第1—15页。

一时期开始,从诗学角度讨论王国维的文学思想的研究陆续出现。[1]其文学创作,也被认为参与了为"新文学"开辟道路。[2]王国维对于文学史的多个方面的介入形式,及其在其中的位置,由是勘定。

或许对于吴文祺来说,《新文学概要》未完始终是他的遗憾。1940年,他再起炉灶,终于完成了一部《近百年来的中国文艺思潮》,全面诠释了"文学革命"的发生。[3]按照《新文学概要》总论部分的规划,这是一本一直写到"五卅运动"的"新文学"史著。《近百年来的中国文艺思潮》叙述的也是从"鸦片战争"以后到"五卅运动"之前的文学史。在《新文学概要》中,吴文祺已经显露了受到苏联弗里契理论影响的痕迹[4],待到写作《近百年来的中国文艺思潮》时,他更是明确了马克思主义的立场。所以,此书不仅是对于其自家《新文学概要》后出转精式的最终

---

[1] 以《人间词话》研究为例,朱光潜等人从20世纪30年代开始相继写出了就此进行诗学研究的文章。参见姚柯夫编《〈人间词话〉及评论汇编》,书目文献出版社1983年版;彭玉平《解说与辩难:三四十年代〈人间词话〉的范畴研究》,载《王国维词学与学缘研究》(上),中华书局2015年版,第473—489页。

[2] 缪钺认为,王国维的诗词"含有哲学意味,清邃渊永,在近五十年之作家中,能独树一帜",其"以欧西哲理融入诗词,得良好之成绩,不啻为新诗试验开一康庄"。缪钺:《王静安与叔本华》,载《诗词散论(增订本)》,北京大学出版社2018年版,第392、394页。此文原刊《思想与时代》第26期,1943年9月。缪钺发人所未发。在他之前,论述王国维与"新文学"关系者,大都着眼于其文学思想,而他从创作层面抉发,慧眼独具。

[3] 参见吴文祺《近百年来的中国文艺思潮》,《学林》第一、二、三辑,1940年11月—1941年1月。根据吴文祺的提示,"近人李何林君所编之《近二十年中国文艺思潮论》,其第一编颇采余说"。由于同年在上海生活书店出版的李著日后传播广泛,所以吴著中关于"五四运动与文学革命"的部分也通过这种方式产生了影响。两人立场接近,但在具体论述中也有不同。比如,李何林对于"整理国故"持有批评态度,吴文祺的著作中就没有这一部分内容。吴著直到1944年才在重庆开明书店出版。

[4] 参见黄修己《中国新文学史编纂史(第二版)》,北京大学出版社2007年版,第43页。

写定，也是对于胡适《五十年来中国之文学》的一种"重写"。

《近百年来的中国文艺思潮》的正文部分计有五章，依次是"古文学的余波桐城派与文选派""戊戌变法与文学改良运动""王国维的文学批评""民族革命者章炳麟的文学主张"以及"五四运动与文学革命"。对于吴文祺个人而言，此书较之《新文学概要》最大的变化是专门论述了章太炎的文学成就，并且认为"章氏的文学主张，对于新文学运动的帮助甚大"。[1]吴文祺专门反驳了胡适将章太炎作为"古文学的结束的人物"的论断[2]，提出其"在近代文学史上，实在是一个承先启后的人物"[3]。不过，就对于既有的"新文学"历史叙述框架的冲击与发展来说，《近百年来的中国文艺思潮》最为显豁的贡献还是对于王国维的论述。

与20世纪20年代和30年代的两篇王国维专论相比，吴文祺写作于20世纪40年代的"王国维的文学批评"一章更为纯熟。本章以"王国维的文学批评，是戊戌的文学运动前进一步的路标"总领，认为"王氏对于词曲和小说，都有极深切的研究，极透辟的批评"。吴文祺此前两文都没有涉及王国维"论词"的部分，而这次写作，他首先介绍的便是王国维的《人间词话》，然后才是对于《宋元戏曲史》和《红楼梦评论》的

---

[1] 吴文祺：《近百年来的中国文艺思潮·民族革命者章炳麟的文学主张》，《学林》第三辑，1941年1月。就在《新文学概要》出版之后不久，吴文祺即专门研究了章太炎的"文章"。对于章太炎与"新文学"的关系，他特别指出鲁迅的文章是和章太炎的文章最为相像的，并且具体比较了两人的文风。参见吴文祺《论章太炎的文章》，《立报》1936年7月23日、24日。这是极为犀利的洞见。但可惜的是，在《近百年来的中国文艺思潮》中，吴文祺并未将之写入，或许因为这一话题不属于"文艺思潮"的缘故。

[2] 参见胡适《五十年来中国之文学》，载《胡适全集》第2卷，安徽教育出版社2003年版，第297页。

[3] 吴文祺：《近百年来的中国文艺思潮·民族革命者章炳麟的文学主张》，《学林》第三辑，1941年1月。

讨论。在三者中，吴文祺论述《人间词话》的篇幅最多，这既是他对于旧文前说的某种补正，也代表了此时在综合考察王国维的文学思想时得出的判断。一如当年撰文时，他不时为王国维"二十年前"的识见击节，这回他也不忘点出文中征引的是王国维"三十年前"的观点，"这是何等的识力"，"我们不能不佩服他的卓见"。在对于王国维的词学、曲学与小说评论分别钩玄提要过后，吴文祺写道："中国的文学批评，盛于齐梁，以后便衰落下去"，"读中国文学批评史，真不胜萧条寂寞之感"，"至王国维出，开始以西洋的文学原理来研究中国文学，常有石破天惊的伟论，使中国的文学批评，摆脱了旧的牢笼，而走上了新的途径"。此章最后，他以"在黑暗的中国文艺批评界，王国维是一盏引路的明灯"[1]论定，明显呼应了自己数年以前所作的"如果有人编中国文学批评史的话，我希望他们不要忘记了王静安先生"的倡议。

吴文祺三论王国维，每次皆有新境。《近百年来的中国文艺思潮》中的"王国维的文学批评"专章的特点有三：一是与此前两文更多追求胪列材料，以供学界了解的目标不同，吴文祺此次写作具有更强的理论色彩，以体系化的理解与呈现的王国维的文学思想为宗旨；二是更为具体地将王国维置于文学批评史的背景中加以考察，来论述其作为"一个筚路蓝缕的先驱者"对于"文学革命"的重要作用；三是不仅指出了王国维的贡献，对于其文学思想的"罅漏"也直言不讳[2]，看待王国维的方式由"仰视"转为"平视"，态度更为中正，笔法也更加理性。概而言之，

---

[1] 吴文祺：《近百年来的中国文艺思潮·王国维的文学批评》，《学林》第二辑，1940年12月。
[2] 吴文祺：《近百年来的中国文艺思潮·王国维的文学批评》，《学林》第二辑，1940年12月。

吴文祺不仅为在文学史的视野中定位王国维寻找到了更为恰当的坐标，而且淡去了评论品格，著史的意识更加浓烈。经由此番调整与提升，王国维作为"文学革命的先驱者"的结论也从一种时代共识，开始转化成为历史共识。

余 论

"新文学"阵营建构了王国维的"文学革命的先驱者"形象，而这一形象也将王国维与"新文学"的关系从一种发明的"传统"确立为历史与理论双重层面上的实际联结。此后，学界对于这一问题的认识基本都是以此为前提，继续向前推进的。其脉络大致有四：第一，是在吴文祺、浦江清与任访秋等人建立的"从王国维到胡适"的逻辑线索的基础上，通过更为周密与详尽的考察，确认胡适在文学与学术观念上对于王国维的承继关系，说明王国维之于"新文学"乃至整个"新思潮"的"先驱"身份[1]，这是一种实证主义主导的理解方式，也是在讨论王国维与"新文学"关系时最为主要的研究思路；第二，是在胡适的个案以外，在更大范围内考察王国维对于其他"新文学"人物的潜在影响与先导意义，比如强调周氏兄弟的文学思想与王国维的接近，以及其他推崇文学主体性与艺术创造力的社团流派与王国维的暗合，来彰显在"新文学"的发展历程中，王国维作为"一份隐性的遗产"，其传人与知音一直不绝如缕，

---

[1] 参见周策纵《论王国维人间词》，香港万有图书公司1972年版，第32—33页。

其对于主流的功利主义的文学观念始终"起到了制衡与质疑的作用"①，这是一种谱系学与思想史式的问题意识与学术方法；第三，是在比较文学的视野下，对于王国维的文学思想做出某些带有本质性的概括，认为王国维是"当时最能溶进世界文学的批评家和作家"，"对于新文学的兴起有很重要的启发"②，这是日后在"文学"学科体系中将王国维知识化与资源化的主要方式，即以此论证"新文学"的"世界化"与"现代化"的根本属性，而王国维正是实现"中西交汇"的历史与价值原点③；第四，是通过两种貌似矛盾的言说——或是指出王国维完成了一场"一个人的文学革命"，其文学思想甚至"比'五四'的论述还要高明"④，或是判定王国维是"无法诞生的新时代前驱者"，其主张与"五四新文学"的立场仍有不小距离⑤——共同强化了王国维与"新文学"关系的论述框架，因为两者实则都是对于"文学革命的先驱者"一说的部分修正，是对于这一判断的完善。凡此四者，都在文学史与学术史上以各自的方式推动了对于王国维与"新文学"关系的思考，并且以或总或分、或实或虚、或明或暗、或正或反的形式把王国维纳入了"新文学"的内部，使之成为"新文学"的内在经验的重要组成部分，进而参与了"新文学"和"新思

---

① 参见李振声《王国维：一份隐性的遗产》，载《重溯新文学精神之源：中国新文学建构中的晚清思想学术因素》，上海人民出版社2020年版，第220—225页。关于王国维与鲁迅的诗学关联，还可以参见孟泽《王国维鲁迅诗学互训》，九州出版社2007年版。
② 参见蒋英豪《王国维与世界文学》，《复旦学报（社会科学版）》1997年第2期。
③ 参见周一平、沈茶英《中西文化交汇与王国维学术成就》，学林出版社1999年版。
④ 参见刘锋杰《一个人的"文学革命"——兼论王国维与"五四"文学革命的关系》，载《生命之敞亮：王国维"境界说"诗学属性论》，上海教育出版社2018年版，第245—274页。
⑤ 参见文贵良《王国维与五四新文学：无法诞生的新时代前驱者》，《文艺争鸣》2015年第7期。

潮"的建设，特别是"对生存的根本原理的沉思与深究"以及"有关人的内在心性的改善方案的想象和设计"①，还有"现代的"与"科学的"文学与学术范式的达成。而这些界面与意涵无不在"新文学"的展开进程中发挥了关键作用，迄今依然值得不断探求。

以"整理国故"运动为触媒，王国维的"文学"论著被重新发现；以"文学革命"带来的观念革新为背景，其文学思想开始为"新文学"阵营广泛关注，其本人也成为了"文学革命的先驱者"。"新文学"的发生史叙述由是改写。不过，这一事件却并非仅是一个形象学或者文学史课题，此中辐射所及，还有"晚清"与"五四"、"文学"与"国学"、历史与历史书写，以及"新文学"的内涵与外延等一系列问题，是故也就格外具有认识价值。从不同的文化立场与知识资源出发，对于文学史上的王国维形象或有不同想象②，但王国维的治学心得——"吾侪当以事实决事实，而不当以后世之理论决事实"③——无疑可以提示我们，通过对于诸种形象的建构过程的考掘，能够尽可能逼近一种历史的理解。

（作者单位：北京师范大学文学院）

---

① 李振声：《王国维：一份隐性的遗产》，载《重溯新文学精神之源：中国新文学建构中的晚清思想学术因素》，上海人民出版社2020年版，第219页。
② 以"文学革命的先驱者"形象主导的，是一种将王国维作为"新文学"原点的叙述。学界另有一种以阐释其"境界"学说为核心，将之塑造成为传统诗学的集大成者的努力。但有研究者认为，中国古典诗学中并无"意境"的理论传统，从王国维出发反向建构的这一谱系是一种"被发明的传统"，其实质是"德国美学的中国变体"。参见罗钢《"意境说"是德国美学的中国变体——论"意境说"的现代建构》《学说的神话——评中国古代"意境说"》，载《传统的幻象：跨文化语境中的王国维诗学》，人民文学出版社2015年版，第253—310页。
③ 王国维：《再与林博士论洛诰书》，载谢维扬、房鑫亮主编，谢维扬、庄辉明、黄爱梅分卷主编《王国维全集》第8卷，浙江教育出版社、广东教育出版社2010年版，第18页。

王国维与现代中国"美术"观念的起源

谈晟广

引 言

如今在中国习以为常的"美术"一词,毫无疑义源于日本学者的转译。[①] 目前学界普遍认为,日本本国使用"美术"一词,始于明治四年(同治十年,1871),当年,奥地利筹备万国博览会,收到邀请照会的日本政府译员将展览附件中的分类说明中的德文"Kunstgewerbe"(工艺品)分展场对译为"美术",译者的说明是"美术:在西洋指的是音乐、画图和诗学等内容",随着该说明通过日本明治政府向全国发布,"美术"一词在日本得以传播。[②]

[①] 国内学者关于中国"美术"语源的相关研究,主要有,陈振濂:《"美术"语源考——"美术"译语引进史研究》,《美术研究》2003年第4期;陈振濂:《"美术"语源考(续)——"美术"译语引进史研究》,《美术研究》2004年第1期;邵宏:《西学"美术史"东渐一百年》,《文艺研究》2004年第4期;林晓照:《近代中国的"美术":观念与学科的纠葛(1880-1927)》,博士学位论文,中山大学,2008年;彭卿:《中国现代"美术"观念的形成及其演变——1895—1924年的"美术"观念》,博士学位论文,中国美术学院,2016年;等等。本文即是在相关研究基础之上的进一步讨论。

[②] 参见[日]北泽宪昭《眼の神殿》,美术出版社1989年版;[日]浦崎永锡《日本近代美術発達史》"明治篇",东京美术1974年版;[日]佐藤道信《〈日本美术〉诞生近代日本の「ことば」と戦略》,讲谈社1996年版;陈振濂《近代中日绘画交流史比较研究》,安徽美术出版社2000年版,第62—68页。

1872年，日本近代史上著名的启蒙思想家、哲学家西周（1829—1897）在《美妙学说》中指出"美术"之上的图画、雕刻、音乐、诗歌，要进行"同中求异，异中求同"的研究。①明治初期（1868—1881），日本社会全盘欧化，到了明治中期（1882—1895），传统艺术的地位正严重衰退，美国人芬诺洛萨（Ernest F. Fenollosa，1853—1908）和他的学生冈仓天心（1863—1913）等人献身于恢复日本传统文化的事业中。1882年，费诺洛萨在《美术真说》（*The True Meaning of Fine Art*）中明确把"音乐、诗歌、书画、雕刻和舞蹈"纳入"美术"范畴。②1876年，日本成立了最早的美术学校，即以教授西洋画和机械制图为主的"工部美术学校"，1887年校废，在师徒二人的努力下，同年创立"东京美术学校"③，芬诺洛萨和冈仓天心先后任校长，同时，东亚最古老的艺术杂志《国华》创刊，此二人在后来被视作日本现代艺术的先驱，其历史贡献是难以磨灭的。

　　明治二十二年（1889），东京帝国博物馆的设立构想（最早可追溯至1872年举办的汤岛圣堂博览会，明治二十三年正式开馆）是设立四个部门：历史、美术、工艺美术（开馆时改称美术工艺部）和工艺，而分别对应的英文是：History、Fine Art、Art Industry 和 Industry④，后来在此基

---

① ［日］樱井忠、水野广德等编：《明治文学文集》79，《明治艺术·文学论集》，筑摩山房，1975年，第6页。
② フェノロサ（费诺洛萨）述，大森惟中记：《美术真说》，竜池会，1882年，第3—4页。
③ 此校于1889年正式开校，其课程设置主要为日本画、木雕、金工、漆工等美术工艺科。直至1896年，日本西洋画之父黑田清辉和久米桂一郎从法国带回日本所谓"外光派"，也就是早期"印象派"，创立了印象派画风占主导地位的绘画团体"白马会"，东京美术学校也因这两位画家的归国而首次设立了洋画科。
④ 东京国立博物馆：《东京国立博物馆百年史》，东京国立博物馆，1933年，第251页。

础之上逐渐产生了美术学校、工艺学校、工业学校。①19世纪末20世纪初，"美术"观念在日本深入人心，其概念基本等同于fine art，如1894年出版的《日本大辞林》释"美术"为"指凝思制作出的东西，诗歌、管弦等类皆为美术"；1907年出版的《辞林》释"美术"为"以表现美为目的的技术或制作，即指诗歌、音乐、绘画、雕刻、建筑等，一般尤指绘画、雕刻等"②。

尽管王国维曾被误认为是将"美术"一词引进中国的第一人③，不过仍可确认，他是首位在学术研究中大量用及"美术"概念的中国学者，如1904年《〈红楼梦〉评论》《孔子之美育主义》《论叔本华之哲学及其教育学说》《叔本华与尼采》；1905年《论哲学家与美术家之天职》；1906年《文学小言》《〈奏定经学科大学文学科大学章程〉书后》《去毒篇》；1907年《古雅之在美学上之位置》《人间嗜好之研究》等诸篇文章。长期以来，关于王国维的研究，可谓洋洋大观。不过，王对于"美术"一词的概念运用，常常被论者或等同于"美学"，或等同于"文学"，或等同于当今的"艺术"与"美术"的概念来进行解读，此中种种片面性——在我们回溯到王国维"美术"用词的历史语境之前，恐怕很难得出令人信服的结论。本文对王国维"美术"用词的历史生成和当时的历史语境试做分析，以期重新认知其在近代文化史与观念史中无可替代的特殊贡献。

---

① ［日］佐藤道信：《温知图录の历史的意义》，载《调查研究报告书：温知图录の研究》，东京国立博物馆，1997年。
② 转引自王琢《从"美术"到"艺术"——中日艺术概念的形成》，《文艺研究》2008年第7期。
③ 如陈振濂《"美术"语源考——"美术"译语引进史研究》，《美术研究》2003年第4期；陈振濂《"美术"语源考（续）——"美术"译语引进史研究》，《美术研究》2004年第1期；邵宏《西学"美术史"东渐一百年》，《文艺研究》2004年第4期。

一、1880—1902年：王国维"美术"用词的历史生成

"美术"，对应的英文单词是"fine art"，《简明不列颠百科全书》中文版关于该词条的解释是："美术（fine arts），非功利主义的视觉艺术，或主要以美的创造有关的艺术。一般包括绘画、雕刻和建筑，有时也包括诗歌、音乐和舞蹈。壁画、陶瓷织造、金工和家具制造等一类装饰艺术与工艺，都以实用为宗旨，所以从严格意义上来说，不属于美术范畴。在文艺复兴以前，艺术家与手工艺者几乎没有区别。'美术'这一术语也只是在18世纪中叶才出现。美术与实用艺术的明确区分始于19世纪。"[①]众所周知，"美术"一词在当今中国的含义与其本义已经有较大区别。

2001年出版的《近现代汉语新词词源词典》认为，最早使用现代"美术"语汇的是李筱圃记于光绪六年（1880）的《日本纪游》[②]，是年四月十七日，李记其游"上野博物院"（即今东京国立博物馆），又名"美术会"[③]。光绪十三年（1887）十月二十日，外交官傅云龙（1840—1901）在其《游历日本图经馀纪》中记其"游上野樱冈之华族会馆，观美术协会，言术美也"，"其美术品，曰书画，曰建筑，曰雕刻，曰陶磁、金器，曰漆器、绣工"。[④] 同年（1887），黄遵宪（1848—1905）所撰之《日本国志》成书，其《礼俗志四·社会》记："有关于术艺者，曰书画会，曰名

---

① 《简明不列颠百科全书》第5卷，中国大百科全书出版社1986年版，第800页。
② 香港中国语文学会编：《近现代汉语新词词源词典》，汉语大词典出版社2001年版，第171页。
③ 李筱圃：《日本纪游》，载王晓秋点，史鹏校《早期日本游记五种》，湖南人民出版社1983年版，第101页。按：李筱圃《日本纪游》最初版本不详，最早见于清王锡祺于光绪十七年（1891）辑《小方壶斋舆地丛钞》，上海著易堂排印本。
④ 傅云龙：《游历日本馀纪》，载王晓秋点，史鹏校《早期日本游记五种》，湖南人民出版社1983年版，第131页。

磁会，曰雕刻会，曰七宝会，曰女红会，曰锦织会，曰铜器会；有关于玩赏者，曰古钱会，曰观古美术会，曰珍宝会，此则杂陈古人名物及今人巧手以考其精妙犹博览会意也。"① 早在10年前的光绪三年（1877），黄遵宪以参赞官身份随同乡何如璋（1838—1891）出任清政府第一任驻日外交官，直到1882年离开，以其对日本的深度了解，可以确信，黄遵宪是最早在日本接触"美术"概念并将之带回中国的人之一，尽管他的《日本国志》成书晚于李筱圃之《日本纪游》。从李筱圃、傅云龙和黄遵宪等人的文字来看，他们所理解的"美术会"或"美术协会"，也就是博物馆的概念，这在清人李春生记于光绪二十二年（1896）四月九日的日记是一致的："游上野，观美术会……至即先赴美术院游览。"②

光绪十二年（1886），官方文件《商部奏定京师劝工陈列所章程》中，"凡寄送商品，务将产地、产额、价值、制造人姓名详细注明，俾本所缮写标签，以供众览，所有应采商品种类开列于后"，出现"美术品"一词，并注明这是"凡书画、雕刻等品"，这或许是中国官方文献中最早出现该词的记录之一："工艺教育品（凡书籍、文房具、照相具、度量衡、测量用具、乐器具、化学药品）；美术品（凡书画、雕刻等品）；制造品（凡陶磁器、玻璃器、玉石器、金属器、钟表、竹水器、漆器、纸革、牙角等器各项机器）；机织品（凡织染刺）。"③

除上述记载之外，值得一提的是，光绪十四年（1888），大清游历使，奉派赴日、美及南美诸国考察的顾厚焜（1843—？）在《日本新政

---

① 黄遵宪：《日本国志》卷三十七，光绪刊本。
② 李春生：《东游六十四日随笔》，载沈云龙《近代中国史料丛刊续编》第五十辑影光绪二十二年（1896）福州美华书局活版，文海出版社1978年版，第139页。
③ 端方：《大清光绪新法令》第十类，"陈列所"，商务印书馆，宣统元年（1909）刊本。

考》中首次记录了"东京美术学校"①。光绪二十年（1894），长期从事对外贸易的郑观应（1842—1922）在其对中国近代史的走向产生重要影响的著作《盛世危言》中，《学校》一章之附录《英、法、俄、美、日本学校规制》中就提到了日本东京的"美术学校"②。两年后，郑观应13岁的儿子郑锦（1883—1959）赴日留学，先后就学于京都市立美术工艺学校和京都市立绘画专门学校，成为第一位赴日接受"美术"教育的中国人，又在1918年成为蔡元培倡导成立的中国第一所国立美术学校"国立北京美术学校"的第一任校长。大约始于1894年，《申报》中开始零星出现与"美术"词汇相关的报道，却未发现对于该词的进一步解释。③

尽管旅日的中国人早在1880年的私人游记中、1886年的官方文件中就出现了"美术"一词，但似乎此一新词汇在很长时间之内并未流行开来。特别是晚清时期一些旅行欧美之官员，接触到未经日本人翻译的"美术"之欧美原义，然而，在他们的笔记中，与"美术"相关的概念，出现了五花八门的说法，如同治六年至八年（1867—1869）王韬记其游欧之笔记提到的英国的"博物院""画院""画阁""画会"④，甚至在提到英国的考试制度时，所考科目仍然用了传统的中国词汇："历算、兵

---

① 顾厚焜：《日本新政考》，载梁启超辑《西政丛书》，光绪二十三年（1897）慎记书庄石印本。
② 郑观应：《盛世危言》，华夏出版社2002年版，第97页。
③ 如1894年2月13日《申报》："日本各地人民凡擅一长一技者，必以时集同类，藉以资琢磨，而期艺术日精。上月二十七日午后一点钟时，美术协会开绘画研究会。"1894年5月13日载《日本邮音》，记"春季美术展览会"。1895年5月12日载《日本学校考实》，记"美术学校"。
④ 王韬等：《漫游随录》，载钟叔河主编《走向世界丛书》，岳麓书社1985年版，第113页。

法、天文、地理、书画、音乐，又有专习各国之语言文字者"①；同治九年（1870）张德彝随使欧洲之笔记提到的"画楼""集古楼"②，或"善工局""画阁"③；光绪二年（1876），清政府派员参加在美国费城举办的"赛奇公会"（博览会），李圭记其五所陈物之院之一乃"绘画石刻院"，列有"古玩、五金器、石器、瓷器、木器、雕刻像、书画"等，又有"古铜器、古石器、牙器、铁器"，"皆二千年以上之物，自地内挖得者"④，此"绘画石刻院"，就是如今费城艺术博物馆（Philadelphia Museum of Art）的前身。

除了上述赴日、赴欧美游记中出现的关于"美术"之不同的表述，在来华传教士在中国所创办的报刊中，介绍"art"或"fine art"（包括诗歌、词曲、音乐、绘画、雕刻等概念）时，使用的则是"上艺""雅艺""美艺"等词汇⑤，仍显示"美术"一词并未被广泛传播。

---

① 王韬等：《漫游随录》，载钟叔河主编《走向世界丛书》，岳麓书社1985年版，第125页。
② 张德彝著，左步青点，钟叔河校：《随使法国记（三述奇）》，湖南人民出版社1982年版，第119、135页。
③ 张德彝：《航海述奇》，载钟叔河主编《走向世界丛书》，岳麓书社1985年版，第492、544页。
④ 李圭：《环游地球新录》，载钟叔河主编《走向世界丛书》，岳麓书社1985年版，第201、205、220页。
⑤ 如韦廉臣《续腓尼基原流备考》（使用"雅艺"一词），载《万国公报》，载《清末民初报刊丛编之四》，华文书局股份有限公司印行1968年版，第3747页；斯宾塞：《肄业要览》（使用"雅艺"一词），颜永京译，载袁俊德辑《富强斋丛书续全集》，光绪辛丑（1901）七月小仓山房校印，第2页；花之安：《自西徂东》（使用"上艺"一词），连载于1879年10月至1883年的《万国公报》，1884年印行单行本；林乐知、蔡尔康：《三哀私议以广公见论戊·并引》（使用"美艺"一词），《万国公报》卷一〇三（1897年7月）；等等（参见林晓照《近代中国的"美术"：观念与学科的纠葛》，博士学位论文，中山大学，2008年，第19—27页）

1896年8月9日，黄遵宪、汪康年（1860—1911）、梁启超（1873—1929）在上海创办《时务报》，在报道中开始较多出现"美术"词汇，并有较为深入的相关论述。如1897年8月刊发日人古城贞吉译《意开万国美术博览会》，提到意大利的官员评论日本"美术品"时说："凡欲深通各国美术之妙处，须要深究各国文学之妙处。盖文学之与美术，互相表里也。夫绘画、雕刻等美术，本是发其巧妙于外也，至文学则蕴其妙于内也。故日本人欲知意国美术之妙处，亦当先通意国昔日之史乘。犹欧洲人欲通日本美术，则须要先解东洋人种之性情高义。不然，则虽目能睹日本美术之巧，犹未能得其骨髓也。"① 这里，强调了文学、绘画、雕刻都是属于"美术"的范畴，这种观念在《时务报》刊发的文章中被不断强调。又如，1897年9月古城贞吉译《得泪女史与苦拉佛得女问答》中有云："夫创造绘画之事，未尝与创作小说为之事相异也。况美术之与文学，又本有至密至切之关系乎，诚益人之事也。"② 此外，由康有为筹划出版、梁启超兼理笔政的《知新报》创办于1897年2月，该报文字中，同样也是经常出现"美术"词汇。

　　《时务报》对于"美术"的定义可能相当重要，因为这是该词及相关观念借助报刊这一新媒体开始在中国广泛传播，对时人的"美术"观念产生了先入为主的影响力。对于王国维而言，有一点可以明确，那就是当年的他与《时务报》的关系非常密切，据赵万里《民国王静安先生国维年谱》"光绪二十四年（1898）"所记："汪穰卿舍人创《时务报》于上海，邀上虞许默斋（按：许家惺，1873—1925）孝廉司书记，倩先生

---

① ［日］古城贞吉译：《意开万国美术博览会》，《时务报》1897年8月8日。
② ［日］古城贞吉译：《得泪女史与苦拉佛得女问答》，《时务报》1897年9月17日。

（即王国维）为之代。"①现存王国维于1898—1899年数通写给《时务报》创办人之一汪康年、汪诒年和许家惺的信，多有涉及上述二报。②这就说明，1898年，22岁的王国维从海宁来到上海，不但在东文学社开始接受相对正式的西式教育，大约也是在此时通过《时务报》等报刊接触并深入了解"美术"之概念。

在《时务报》等报刊大力推介"美术"观念的同时，1897年，康有为（1858—1927）的《日本书目志》完稿并刻成，并在1898年春发行。此书卷十一和卷十三分别是"文学门"和"美术门"，其中包含"美术书""绘画书""模样图式""书画类""书法及墨场书""画手本学校用""音乐及音曲""音曲""演剧""体操书""游戏书""插花书""茶汤书（围棋附）""将棋书""占筮书""方鉴书""观相书""大杂书"共计18类，图书720种。③《日本书目志》中的"美术门"图书，包含绘画、书法、音乐、演剧，甚至还包括花道和茶道乃至中国传统的方技术数类。书目类书籍的撰写目的，当是如张之洞在《书目答问略例》中所云，要解决"应读何书，书以何本为善"的问题。尽管康有为没有搞清楚当时日本文化观念中"文学"与"美术"的关系，但是其开创之功不可没，且书中所列具体的书单，无疑是时人缘单求书的指南。

光绪二十四年（1898），年轻的王国维从海宁来到上海，入学于罗振

---

① 赵万里：《民国王静安先生国维年谱》，商务印书馆1978年版，第4页。
② 其中致汪康年和汪诒年信5通，致许家惺信22通。其中，1898年2月17日王国维致许家惺的信中就提到他从海宁坐船到上海，谒见汪康年和汪诒年（康年之弟）二先生，又见《时务报》和《知新报》的主笔欧榘甲（康有为门生），"先生人极和平"。参见房鑫亮编校《王国维书信日记》，浙江教育出版社2015年版，第1—24页。
③ 参见康有为撰，姜义华、张荣华编校《康有为全集》第三集，中国人民大学出版社2007年版，第470—492页。

玉（1866—1940）创办的东文学社，开始接触到西式教育，"社中教师为日本文学士藤田丰八、田冈佐代治二君。二君故治哲学，余一日见田冈君之文集中有引汗德（即康德）、叔本华之哲学者，心甚喜之，顾文字暌隔，自以为终身无读二氏之书之日矣。"[1]1901年2—6月，王国维曾接受罗振玉的资助，赴日本东京物理学校短期留学，同年夏，罗振玉创办专门发表翻译文章的《教育世界》杂志，委王国维任主编。王曾自言："北乱稍定，罗君乃助以资，使游学于日本……抵日本后，昼习英文，夜至物理学校学日文。"[2]王国维日文、英文水平俱佳，否则他也不能胜任主编一职。

10月，王国维译日人立花铣太郎1901年版《教育学》，发表于《教育世界》第9—11期，出现了目前已知王国维文字中最早使用"美术"一词的记录："……第三期之想象为至大至要之物，或现而为美术、为信仰，又使智力与感情结合，亦在此时期之想象力也。然则如何可养成第三期之想象乎？无他，使读文学上之著作而已。"[3]1902年，"体素羸弱，性复忧郁"的王国维，苦于"人生之问题，日往复于吾前"，于是决定"从事于哲学"，在藤田丰八的指导下读书。[4]1902年，王国维译桑木严翼1902年版《哲学概论》，其中提道："抑哲学者承认美学为独立之学科，此实近代之事也。古代柏拉图屡述关此学之意见，然希腊时代，尚不能

---

[1] 王国维：《静安文集续编·自序》，载《王国维遗书》第5册，上海古籍书店1983年版，第19—21页。
[2] 王国维：《静安文集续编·自序》，载《王国维遗书》第5册，上海古籍书店1983年版，第19—21页。
[3] ［日］立花铣太郎：《教育学》，王国维译，教育世界杂志社1901年版，第32页。
[4] 王国维在《静安文集续编·自序》中说："余之研究哲学，始于辛（丑）壬（申）（1901—1902）之间。癸卯（1903）春，始读汗德（康德）之《纯理批评》，苦其不可解，读几半而辍。嗣读叔本华之书而大好之，自癸卯之夏以至甲辰（1904）之冬，皆与叔本华之书为伴侣之时代也。"载《王国维遗书》第5册，上海古籍书店1983年版，第19—21页。

明说美与善之区别。雅里大德勒应用美之学理于特别之艺术上，其所著诗学，虽传于今，不免断片……及汗德著判断力批评，此等议论始得确固之基础。汗德美学分为二部：一优美及壮美之论，一美术之论也。"① 同年，王国维又译日人元良勇次郎所著之《伦理学》，书后附录的"伦理学学语中西对照表"列有"美术，fine art"。② 由此可知，王国维借用源于日本的语词"美术"，对应的英文是"fine art"。显而易见，这是理解1904年以后王国维开始在著述中大量运用"美术"概念的关键。王国维对于日本词源之"美术"的借用，他在1905年是这样解释的："夫普通之文字中，固无事于新奇之语也，至于讲一学，治一艺，则非增新语不可。而日本之学者既先我而定之矣，则沿而用之何可不可之有，故非甚不妥者，吾人固无以创造也……且日人之定名，亦非苟焉而已，经专门数十家之考究，数十年之改正，以有今日者也。窃谓节取日人之译语，有数便焉：因袭之易，不如创造之难，一也；两国学术有交通之便，无扞格之虞，二也。有此二便，而无二难，又何嫌何疑而不用哉？"③

二、王国维的"美术"语汇

了解了王国维在20世纪初"美术"用词的历史生成，我们再来看他当时使用该语汇的内涵。

首先需要明晰的是，王国维的"美术"不等同于"图画"（或"画图"，或今天的"美术"所指的"绘画"，即drawing）。1904年，王国维

---

① ［日］桑木严翼：《哲学概论》，王国维译，教育世界杂志社1902年版，第84页。
② 谢维扬、房鑫亮主编，胡逢祥分卷主编：《王国维全集》第14卷，浙江教育出版社、广东教育出版社2009年版，第743页。
③ 王国维：《论新学语之输入》，《教育世界》第96号，1905年2月。

任主编的《教育世界》第 75 期刊发了《图画教授法》（未著撰人），这里就需要追溯一下当时"图画"的确切语义。

尽管中国人对于"图"和"画"有着悠久的历史和相当深刻的理解（此处不赘），在西学东渐的近代中国，"图画"却在"洋务运动"过程中被赋予新的含义——主要是指利用直尺、丁字尺、三角板、分规、绘图板等绘图工具以几何、透视、剖视和投影之法绘制的机械图或工程图，如沈葆桢（1820—1879）于 1867 年在福建马尾设立的"绘事楼"（后名"绘事院"），招收"画图生"，习船图和机器图；1871 年，在江南制造总局翻译馆供职的徐寿（1818—1884）父子等人翻译的《器象显真》（V. Lebland, Jacquer E. Arsoungaud, *The Engineer and Machinist's Drawing Book*，工程师与机械师制图手册），是首部引进西方机械制图的译著[①]；光绪六年（1880）创建的天津电报学堂设有"制图"课程；光绪十六年（1890）创办的江南水师学堂开设"图画学"课程；光绪二十二年（1896）天津中西医学堂明确规定学生在三年的学习过程中，前一年学习"笔绘画"，后两年习"笔绘画并机械绘图"；等等。[②]1872 年，日本颁布《学制》，普通教育里包含"图画""手工"等教程，此后，日本在逐次更新的教则大纲中逐渐完善相关课程（特别是 1891 年日本《小学校教则大纲》），"图画"课主要分"用器画"（即使用器具辅助绘制的图）和"自在画"（即绘画），这种"图画"的课程设计，对中国影响甚大。1897 年，康有为《日本书目志》中，"美术门"之"手本学校用七十五

---

① 参见白力盖辑，傅兰雅口译，徐建寅删述《器象显真》，江南制造总局，同治十年（1871）。
② 张恒翔：《中国近代美术教育的发端》，《中国美术教育》1987 年第 3 期。

种"记录了"用器画"和"自在画"的书目。①1898年,"戊戌变法"中的梁启超草拟、清政府制定了《奏拟京师大学堂章程》,其中预备科艺科和师范馆均有较为全面的"图画"课程设置,变法失败后,此章程流产。1902年,管学大臣张百熙(1847—1907)拟定《钦定学堂章程》(即所谓"壬寅学制"),未及实行,次年张百熙和荣禄(1836—1903)、张之洞(1837—1909)等人又受命重新拟订。1904年1月,清政府公布新的《奏定学堂章程》(即所谓"癸卯学制"),其中表述的图画课功能为:"其要义在练习手眼,以养成其见物留心、记其实象之性情"②;"练成可应实用之技能,并令其心思习于精细,助其愉悦"③;"教自在画,俾得练习意匠,兼讲用器画之大要,以备他日绘画地图、机器图,及讲求各项实业之初基"④;图画课的宗旨则为:"以期发达实科学派。"⑤同在1904年,张之洞在江宁(今南京)倡议创办、李瑞清(1867—1920)主持的三江师范学堂(后更名为两江师范学堂)开学⑥,该校正式将"图画""手工"列为公

---

① 康有为撰,姜义华、张荣华编校:《康有为全集》第三集,中国人民大学出版社2007年版,第480—482页。
② 《奏定初等小学堂章程(选录)》,载章咸、张援编《中国近现代艺术教育法规汇编(1840—1949)》,教育科学出版社1997年版,第51—53页。
③ 《奏定高等小学堂章程(选录)》,载章咸、张援编《中国近现代艺术教育法规汇编(1840—1949)》,教育科学出版社1997年版,第51—54页。
④ 《奏定中学堂章程(选录)》,载章咸、张援编《中国近现代艺术教育法规汇编(1840—1949)》,教育科学出版社1997年版,第91—93页。
⑤ 《学部奏请宣示教育宗旨折(选录)》,载章咸、张援编《中国近现代艺术教育法规汇编(1840—1949)》,教育科学出版社1997年版,第5—8页。
⑥ 以湖广总督署理两江总督之任的张之洞于光绪二十九年正月初八日上奏折,拟创办三江师范学堂(参见张之洞《张文襄公全集》卷五十八"奏议",第15—18页),当年张离任两江总督之后,接任的魏光焘继续其教育事业,由其1903年《筹建江南三江师范学堂经费折》可知(参见《南大百年实录》编辑组编《南大百年实录》,南京大学出版社2002年版,第6—7页)。

共科目，此举通常被认为是中国现代"美术"教育的起源。①事实上，"图画"课程与后来专门的"美术学校"教育还是有较大差别的。

1904年，王国维主编的《教育世界》刊发《图画教授法》的时代背景，正是如上所述。此时的"图画"，包含"用器画"（制图）和"自在画"（绘画），即英文"drawing"层面的含义，并不等同于当时普遍认知的"美术（fine art）"概念。尽管《图画教授法》传授的是"自在画"和"用器画"具体的方法论，明确"图画之性能如是，其为效于实用者"，然而与当时流行的"图画"观念所不同的是，《教育世界》首先注意到它的美育功能，"图画"有"修养心灵之效用"，"得以美的伦理的论理的，而保持之"，从而实现"以养审美之观念，符情育之本旨"。②同在1904年，王国维在《孔子之美育主义》中，将瑰杰的"宫观（建筑）"、优美雄丽的"雕刻"、简淡冲远的"图画"、直诉人之肺腑的"诗歌"和"音乐"，视为使人达于"无欲之境界"的"人工之美"，强调无功利的"美"。文中，王声称"我中国非美术之国也"，究其原因，乃是"一切学业，以利用之大宗旨贯注之，治一学，必质其有用与否，为一事，必问其有益与否"所导致的"美之为物，为世人所不顾久矣"，因而，除了"图画一技，宋元以后，生面别开，其淡远幽雅实有非西人所能梦见者"和"诗词亦代有作者"之外，"我国建筑、雕刻之术，无可言者"。③这就清晰地表明了王国维眼中包含"图画"（drawing）与"美术"（fine art）的

---

① 课程设置详情，可参见崔卫《学校制度下中国美术教育的起源与早期发展——三江师范学堂与两江师范学堂图画手工科研究》，博士学位论文，南京师范大学，2005年。
② 《图画教授法》，《教育世界》第75期，1904年。
③ 谢维扬、房鑫亮主编，胡逢祥分卷主编：《王国维全集》第14卷，浙江教育出版社、广东教育出版社2010年版，第13—18页。

关系。也就是说，王国维同在1904年发表《〈红楼梦〉评论》时，开始大量使用的"美术"语汇，确切所指亦正是他在1902年所译《伦理学》书后附录的术语表列出的——"美术，fine art"。

常有学者在分析王国维之"美术"时，等同于"美学"的概念，甚至认为他混用"美学"与"美术"的概念，其实不然。1903年，他在《哲学辨惑》中将"美学"和"伦理学"视为"哲学"的两大部："若伦理学与美学，则尚俨然为哲学中之二大部。今夫人之心意，有知力，有意志，有感情，此三者之理想，曰真，曰善，曰美。哲学实综合此三者而论其原理者也。"[1] 1904年，王国维在《叔本华之哲学及其教育学说》中论述："叔氏始由汗德之知识论出而建设形而上学，复与美学、伦理学以完全之系统。"[2] 也就是说，王又认为"哲学"包括"形而上学""美学"与"伦理学"三个分支。1906年，王国维在《奏定经学科大学文学科大学章程书后》中言："且夫人类岂徒为利用而生活者哉？人于生活之欲外，有知识焉，有感情焉。感情之最高之满足，必求之文学美术；知识之最高之满足，必求诸哲学。"[3] 这就确定了"文学美术"和"哲学"的层次是不同的，按照王国维的逻辑，因"美学"是"哲学"的一大部，从而便可推知"文学美术"与"美学"也是不同的，前者满足情感，后者满足知识。由于"哲学"包含"形而上学""美学"与"伦理学"，而"美术"则包含"图画""建筑""雕刻""诗歌"和"音乐"等，王国维经常将"哲

---

[1] 谢维扬、房鑫亮主编，胡逢祥分卷主编：《王国维全集》第14卷，浙江教育出版社、广东教育出版社2010年版，第6—9页。
[2] 谢维扬、房鑫亮主编，傅杰、邬国义分卷主编：《王国维全集》第1卷，浙江教育出版社、广东教育出版社2009年版，第34—53页。
[3] 谢维扬、房鑫亮主编，胡逢祥分卷主编：《王国维全集》第14卷，浙江教育出版社、广东教育出版社2010年版，第32—40页。

学"与"美术"与对举——至少二者在层级上是对等的。例如他在1905年发表的《论哲学家与美术家之天职》中说："天下有最神圣、最尊贵而无与于当世之用者,哲学与美术是已。天下之人嚣然谓之曰'无用',无损于哲学、美术之价值也。至为此学者,自忘其神圣之位置,而求以合当世之用,于是二者之价值失。夫哲学与美术之所志者,真理也;真理者,天下万世之真理,而非一时之真理也;其有发明此真理(哲学家),或以记号表之(美术)者,天下万世之功绩,而非一时之功绩也。"在王的眼中,"哲学"与"美术"虽是不同的概念,二者却又有着相同点,即都是"真理",而"美术"的独特价值就在于:"今夫人积年月之研究,而一旦豁然悟宇宙人生之真理,或以胸中惝恍不可捉摸之意境,一旦表诸文字、绘画、雕刻之上,此固彼天赋之能力之发展,而此时之快乐,决非南面王之所能易者也。"[①]这种"快乐",就是王国维所强调的无功利性。

在王国维当时的语境中,"文学"是"美术"(fine art)的一部分,关于这一点,最集中的分析即是其1904年著名的《〈红楼梦〉评论》,第一章即为"人生及美术之概观",重点讨论的还是"美术"与人生的关系:"兹有一物焉,使吾人超然于利害之外,而忘物与我之关系。此时也,吾人之心无希望,无恐怖,非复欲之我,而但知之我也……然物之能使吾人超然于利害之外者,必其物之于吾人无利害之关系而后可;易言以明之,必其物非实物而后可。然则非美术何足以当之乎?"文中,王国维大量使用了"美术"一词,其关键原因,还在于"小说"(文学)不仅是属于"美术"的一部分,而且还是为其"顶点"的一部分:"今既述人生与美术之概略如左,吾人且持此标准,以观我国之美术。而美术中以诗歌、

[①] 谢维扬、房鑫亮主编,傅杰、邬国义分卷主编:《王国维全集》第1卷,浙江教育出版社、广东教育出版社2009年版,第131—133页。

戏曲、小说为其顶点，以其目的在描写人生故。"王认为，"美术"之务，"在描写人生之苦痛与其解脱之道，而使吾侪冯生之徒，于此桎梏之世界中，离此生活之欲之争斗，而得其暂时之平和。此一切美术之目的也"。他视《红楼梦》为"悲剧中之悲剧"，由于叔本华将"诗歌"置于"美术"的顶点，又置"悲剧"于"诗歌"之顶点，而"悲剧"又是最能揭示人生之真相的，因此，王国维最终得出的结论便是《红楼梦》乃"自足为我国美术上之唯一大著述"。[①]王国维特别重视"美术"中之"文学"的观点，在其1906年的《去毒篇——鸦片烟之根本治疗法及将来教育上之注意》一文里又得到强调。他直言社会上之所以吸毒成风，"虽非与知识、道德绝不相关系，然其最终之原因，则由于国民之无希望、无慰藉。一言以蔽之，其原因存于感情上而已"。正如他在《叔本华之哲学及其教育学说》中所说的"感情之最高之满足，必求之文学、美术"——"美术"便被认为是疗救感情问题的最佳选择，甚至比宗教还要高级，因为"宗教之慰藉理想的，而美术之慰藉现实的"，从而得出的结论便是："美术者，上流社会之宗教也。"而"美术之慰藉中，尤以文学为尤大"，何故？因为绘画、雕刻不易得，而文学求之书籍而已。[②]

三、余论：王国维"美术"用词的历史语境

王国维作为首位在研究中大量持用"美术"语汇的近现代学者，对于该词的理解并不是他个人的创见，而是当时正在逐渐流行的关于"美

[①] 谢维扬、房鑫亮主编，傅杰、邬国义分卷主编：《王国维全集》第1卷，浙江教育出版社、广东教育出版社2009年版，第54—80页。
[②] 谢维扬、房鑫亮主编，胡逢祥分卷主编：《王国维全集》第14卷，浙江教育出版社、广东教育出版社2010年版，第63—66页。

术"之普遍观念的体现。下面试举数例。

1903年正月二十七日，《时务报》的主要撰稿人之一孙宝瑄（1874—1924）[①]在日记中记述："书画篆刻、诗赋词曲皆为支那之美术。精其技者，亦足雄于一时。而诗赋及书法，朝廷竟用以取士者千百年，然而应制之作渐渐精神销亡，故善写朝殿试卷者必病书法，善制馆阁诗赋者必不能为诗赋。盖日习于光整、圆美、恬熟，而古茂苍劲之意荡然无存，安得不趋于卑也。"[②]1908年正月初九，孙宝瑄在日记中又记："诗、文、书法，我国三大美术，然皆推唐以前。盖有唐一代为古今嬗变之枢轴，故唐人之篇制碑版虽已逊古，犹可味也，后乎唐者，弥不及矣。是何也？科举盛行，以此取士，应制一体，务趋工巧，以投时好，失其天然矣。"[③]孙宝瑄将中国传统的书画篆刻和诗赋词曲均视为"美术"，这是相当超前的认识，遗憾的是，时人宋恕（1862—1910）评论他"闭门都下，萧然著书，斟酌古今，极多心得"[④]，其"心得"却终究只是属于他个人的认识，未能广为人知。

1906—1907年，严复（1854—1921）翻译发表英国倭斯弗《美术通诠》三篇，分别是《艺术》《文辞》和《古代鉴别》。严复在翻译史上有特殊的贡献，他所确立的"信、达、雅"之翻译标准，对后世产生了深远影响。严复是继王国维之后，第二位系统论述"美术"的中国学者。《艺术》主要谈"美术"的价值与意义。所谓"美术"，即"如营

---

① 孙宝瑄，一名浙，字仲玙，浙江钱塘（杭州）人。其父孙诒经光绪时任户部左侍郎，岳父李瀚章（李鸿章之兄）任两广总督，兄孙宝琦1902—1908年曾先后出任驻法、驻德公使，回国后任顺天府尹，1914年任国务总理。
② 孙宝瑄：《忘山庐日记》，上海古籍出版社1983年版，第643页。
③ 孙宝瑄：《忘山庐日记》，上海古籍出版社1983年版，第1140页。
④ 胡珠生编：《宋恕集》，中华书局1993年版，第400—401页。

建 achitecture,如刻塑 sculpture，如绘画 painting，如音乐 music，如诗赋 poetry"。"艺术"有两大分支，即"美术"与"实艺"（如"匠冶梓庐之所操，乃至坯者陶人红女车工之业"，即工艺品），二者最大区别在于，前者是形而上的，后者是形而下的；前者"娱心"，是精神层面的，后者是"适用"，是物质层面的。《艺术》强调"文学"的重要性，指出"美术之极境者，则谓词赋诗歌""诗歌为美术之极致"——这正是王国维在《〈红楼梦〉评论》《去毒篇》等文章中所持之以论的基本观点，也为严复所强调，他在《古代鉴别》按语中批评中国不像西方国家重视词曲小说，"如词曲、小说之属，中国以为乱雅，摈不列于著作之林；而西国则绝重之……皆以词曲为一国之宗匠"，而国人对于"文学"的这种落后的认识，正是他"刻不容缓"翻译此文的目的："故美术者，教化之极高点也。而吾国之浅人，且以为无用而置之矣。此逐译是篇所为不容缓也。"[1]1909年，严复在翻译出版孟德斯鸠的《法意》（即《论法的精神》）卷十九"论关于国民精神行谊风俗之法典"所作按语中，再次阐述其对于"美术"的理解："吾国有最乏而宜讲求，然犹未暇讲求者，则美术是也。夫美术者何？凡可以娱官神耳目，而所接在感情，不必关于理者是已。其在文也，为词赋；其在听也，为乐，为歌诗；其在目也，为图画，为刻塑，为宫室，为城郭园亭之结构，为用器杂饰之百工，为五彩彰施玄黄浅深之相配，为道涂之平广，为坊表之崇闳。"[2]

1905年年初，由邓实（1877—1951）、黄节等人发起，在上海成

---

[1] 严复译：《美术通诠》，《寰球中国学生报》第3期（1906年10月）、第4期（1907年3月）和第5、6期合刊（1907年6月）。
[2] 《〈法意〉按语》，载王栻主编《严复集》第四册，中华书局1986年版，第988页。

立"国学保存会",随后,其机关刊物《国粹学报》创刊,是为后世所谓"国粹派"的宣传阵地,而刘师培(1884—1919)就是该杂志的主笔之一。该刊创办3年后,从1907年第1期始,开设"美术篇"专栏,从此,刘师培便在该栏目刊发了数篇关于"美术"的文章。当年第5期,刘师培在其《中国美术学变迁论》中,像孙宝瑄同样将书画篆刻、诗赋词曲视为"美术"的组成部分:"诗语则以神韵为宗,图画则以传神为美。二王书法,间逞姿媚,遂开南派之先,推之奏音、审曲、调琴、弄筝,亦必默运神思,独标远致。旁及博弈,咸清雅绝俗,以伸雅怀。美术之兴,于斯为盛。"① 早在第3期"美术篇",已经刊发了金松岑(1873—1947)的《文学上之美术观》,开篇即通过讨论"文学"与"美术"的关系来阐发其"美术"观:"余尝以为,世界之有文学,所以表人心之美术者也,而文学者之心,实有时含第二之美术性……若夫第二之美术者,则以人之心,既以其美术表之于文。而文之为物,其第一之效用,故在表其心之感。其第二之效用,则以其感之美,将俪乎物之美以传,此文学者之心,所以有时而显其双性也。"②

1905年,"弃医从文"的鲁迅,从仙台来到东京,因感于留学生中没有人"治文学和美术"而打算要"推文艺"。③1908年2、3月,鲁迅在东京的留学生杂志《河南》上发表了他最早的一篇关于外国文学的文章《摩罗诗力说》,文中阐明了"文学"为"美术"之一的观点:"由纯

---

① 刘师培:《中国美术学变迁论》,《国粹学报》1907年第3卷第5期。
② 金一(金松岑):《文学上之美术观》,《国粹学报》1907年第3卷第3期。
③ 鲁迅在《呐喊·自序》中说:"……所以我们的第一要着,是在改变他们的精神,而善于改变精神的是,我那时以为当然要推文艺,于是想提倡文艺运动了。在东京的留学生很有学法政理化以至警察工业的,但没有人治文学和美术。"参见《鲁迅全集》第1卷,人民文学出版社1981年版,第416—417页。

文学上言之，则以一切美术之本质，皆在使观听之人，为之兴感怡悦。文章为美术之一，质当亦然……"①正因为"文学"具有"美术"的特质，于是，便逐渐产生了"实用文"和"美术文"之区分的概念，后者最终演变成所谓"美文"②，从而成为新文化运动中"文学革命"争论的焦点之一。

综上所述，王国维的"美术"语汇，并等同于今日之"美术"概念，也不能仅仅从"美学"或"文学"的视角来追溯其本义，只有将他的"美术"用词放入当时的历史语境中，才能接近其正确所指。同时，我们还需认识到，王国维对于"美术"语汇的利用和阐释，并不是他的个人创见，而是20世纪初的中国正在逐渐流行的关于"美术"（fine art）之普遍观念的体现，他敏锐地把握了此一概念并用以研究，其确义，正如1908年商务印书馆出版《英华大辞典》"Fine arts"之所指："Fine arts, the arts which depend chiefly on the imagination, and whose object is to please, as poetry, music, painting, and sculpture, 美术，文物，美艺，细手艺，细行业（诸如诗词音乐绘画雕刻之类）。"③

至于"美术"用词随着历史语境的变迁而发生新义的变化，则是新文化运动之后的新议题了。④

（作者单位：清华大学艺术博物馆）

---

① 令飞（鲁迅）：《摩罗诗力说》，《河南》第二号，1908年。
② 如1917年上海中华书局出版谢无量的《实用美文指南》；周作人于1921年6月8日在《晨报·副刊》发表一则短论《美文》。
③ 颜惠庆主编：《英华大辞典》，商务印书馆1908年版，第891页。
④ 笔者另有专文讨论。

观堂与选堂

陈民镇

王国维（1877—1927），字静安、伯隅，初号礼堂，晚号观堂，中国新旧学术交替时期的代表人物。饶宗颐（1917—2018），字伯濂、伯子，号固庵，又号选堂[①]，博通诸学，并擅书法、绘画、古琴。观堂名列"甲骨四堂"，选堂亦有"甲骨第五堂"之誉。学界有将他们相提并论者，如日本汉学家池田温在《饶宗颐二十世纪学术文集》[②]的推荐辞中写道：

> 20世纪前半之代表汉学者可屈指王观堂先生（1877—1927），而后半者应当举饶选堂先生（1917— ）。
> 比观堂先生活动限于东亚，选堂先生讲学远及印度、法京、美国等，寿又近倍，宜矣其业绩丰富多彩，更为学艺并茂！公刊十四卷全集，一定鼓舞世界汉学进展。

就学术生涯而言，观堂集中于20世纪前三个十年；选堂则起步于1932年，一直持续至21世纪初。二者的学术历程前后相续，共同勾勒出

[①] "选堂"是"字"抑或"号"，尚有歧异，参见郑炜明、陈玉莹《选堂字考——兼及先生名、字、号的其他问题》，载贾益民、李焯芬主编《第一届饶宗颐与华学国际学术研讨会论文集》，齐鲁书社2016年版，第145—159页。
[②] 饶宗颐：《饶宗颐二十世纪学术文集》（共14卷，20册），台湾新文丰出版公司2003年版；中国人民大学出版社2009年版。

一百多年来中国现代学术兴起、发展的历程。在治学领域与具体观点方面，二者亦多有交集。通过比较观堂与选堂学术的异同，可略窥20世纪以来中国现代学术的发展与变迁轨迹。

一、选堂论观堂

选堂曾在多个场合论及观堂。如他在回顾自己20岁之前的读书经历时指出：

> 观堂的书（《观堂集林》）我那时也看得到，如上海仓圣明智大学刊行的《学术丛刊》，《先公先王考》等都看了。观堂学问的巅峰时期还是在上海时，到清华讲《古史新证》时已不大有新东西出来了。张尔田说观堂学问境界还只是比量，没有现量，这个话我信。现量是很高级的境界，是有识再加上有亲证的悟。亲证了，就说不出，也不必说出。近人惟马一浮先生有点现量的境界。[①]

可见选堂很早便读过观堂的著作，诸如《殷卜辞中所见先公先王考》这样的名作，对选堂影响甚深。选堂后来研治甲骨、古史，其最初的因缘当追溯于此。选堂还认同清末民初学者张尔田的看法，认为观堂的学问只是"比量"，没有"现量"。"比量"与"现量"是古印度因明学的概念，公元5—6世纪的瑜伽行派论师陈那说道："由所量唯二相，谓自相与共相，缘自相之有境心即现量，现量以自相为所现境故。缘共相之有

[①] 饶宗颐述，胡晓明、李瑞明整理：《饶宗颐学述》，浙江人民出版社2000年版，第7页。

境心即比量，比量以共相为所现境故。"① 所谓"现量"，是由感官直接觉知事物状态；所谓"比量"，是指用意识比较类推而得。② 王夫之论诗，便推崇"现量"："禅家有三量，唯现量发光，为依佛性。比量稍有不审，便入非量。"③ 选堂亦认为"现量"是"很高级的境界"，"是有识再加上有亲证的悟"。在他看来，观堂与"现量"的境界尚有一定距离。

选堂还谈到清末民初硕儒沈曾植（号乙庵，晚号寐叟）对观堂的影响：

> 我最佩服的是沈寐叟先生。我是因为看了王国维的书才受到沈曾植先生的影响的，观堂的很多学问实际上是从他那里来的。王国维到了哈同以后，做事情时已经与乙庵先生接触，乙庵先生把很多学问给他讲。比如说他讲刘熙《释名》，观堂就写了《尔雅草木虫鱼释》，里头都说明意见是乙庵先生的。王国维的学问有两样是从沈曾植那里来的，一是文字音韵训诂，一是蒙古史。我通过王国维了解到乙庵先生的事情，乙庵先生是不大著书的，但是他的学问规模却很大，他几句话人家可以写上几本书，很精粹的。我觉得做学问应该有这种开阔轩昂的格局，这样才可以把学问做得圆融，有通识。④

---

① ［印］陈那（Dignaga）：《集量论略解》，法尊译编，中国社会科学出版社1982年版，第2页。
② 谢无量：《佛学大纲》，商务印书馆2018年版，第182页。
③ 王夫之著，戴鸿森笺注：《夕堂永日绪论·内编》，载《姜斋诗话校笺》卷二，人民文学出版社1981年版，第153页。
④ 饶宗颐述，胡晓明、李瑞明整理：《饶宗颐学述》，浙江人民出版社2000年版，第85页。

选堂指出观堂的文字音韵训诂之学和蒙古史研究都受到沈曾植的影响，并推崇沈氏学问"开阔轩昂的格局"，以及"圆融""有通识"的境界。选堂也以"圆融""有通识"作为自己的学术追求。李学勤曾评价选堂的学问"几乎涉及中国传统文化的一切方面，无不融会贯通"①，选堂本人也主张"做学问也须贯通"，因为"上下古今、万界万物，都是互相牵连的"②。在《文辙——文学史论集》一书的小引中，选堂夫子自道："平生为学，喜以文化史方法，钩沉探赜，原始要终，上下求索，而力图其贯通。"③可见其治学旨趣。

选堂还指出，观堂只学到沈曾植的考据功夫，却未曾学到沈曾植的义理：

"尊王"最厉害的是王国维，很可惜他讲乙庵先生是通儒的时候，就没有提到他的佛学，《海日楼札丛》序是他写的。王国维只学到乙庵先生的考据部分，义理部分没有学到手，这很可惜。王国维如果懂得佛学，他就不会死，他就不会那么介执，沾沾于"南书房行走"这样一层同清室的关系。他实际上是殉清，但是皇室那些人不死，他却死了。他一生可佩，但结局却是一个悲剧，才51岁就死了。他不懂得佛学，不懂生死的问题，境界还差了那么一点，这点我对王先生不

---

① 李学勤：《"南饶北季"非偶然——读〈饶宗颐二十世纪学术文集〉》，《光明日报》2010年5月29日。
② 施议对编纂：《文学与神明：饶宗颐访谈录》，生活·读书·新知三联书店2011年版，第7、31页。
③ 饶宗颐：《小引》，载《文辙——文学史论集》，台湾学生书局1991年版。

大佩服。①

选堂推崇沈曾植,除了推崇其考据之学,也推崇其包括佛学在内的义理研究。选堂本人对佛学也有更多认同,曾自谓"人们都把我看做'儒家',实际上我是倾向于'佛家'的"②,并撰写了一系列佛教史论著。在选堂看来,观堂忽略了沈曾植的佛学,也未能懂得佛学,未能超脱,这是他投湖自杀的重要原因。因观堂"不懂得佛学,不懂生死的问题",故选堂认为其境界不够高远,这也成为选堂对观堂"不大佩服"之处。可见,选堂服膺观堂的考据之学,但对其人生境界的态度有所保留。选堂惋惜观堂之早逝,观堂的学术抱负未能完全实现,因而感慨"身体才是做学问的本钱"③。

在论及观堂的词学成就时,选堂同样指出观堂"未能真正超脱":

王国维是一位了不起的学问家,只可惜多方面条件尚不具备,未能真正超脱,其于学问乃至词学创造上之成就,也受到一定限制。首先,观堂只到过日本,未到西洋,未曾走入西方大教堂,不知道宗教的伟大。而且对于叔本华哲思,也不可能真正弄明白。这是阅历的限制。其次,观堂对佛教未曾多下功夫,对道教也缺乏了解,不知道如何安顿自己。这是学识与修养的限制。所以,观堂做人、做学问,乃

---

① 饶宗颐述,胡晓明、李瑞明整理:《饶宗颐学述》,浙江人民出版社2000年版,第110页。
② 饶宗颐、[日]池田大作、孙立川:《文化艺术之旅:鼎谈集》,广西师范大学出版社2009年版,第157页。
③ 施议对编纂:《文学与神明:饶宗颐访谈录》,生活·读书·新知三联书店2011年版,第17—18页。

至论词、填词，都只能局限于人间。即专论人间，困在人间，永远未能打开心中之死结。[①]

在选堂看来，观堂是了不起的学问家，但由于未能真正超脱，限制了其词学等领域的成就。选堂再度提到观堂对佛教未下功夫，同时对道教也缺乏了解，对宗教缺乏理解之同情，这也导致其人生过于拘执，进而使得论词、填词只能限于人间。

通过上述选堂对观堂的评论，可以看出选堂为学与为人的旨趣所在。

二、观堂与选堂治学领域之交集

观堂与选堂治学皆以广博著称，二者的治学领域亦多有交集，尤其以甲骨学、简帛学、敦煌学这三大显学最为典型。

观堂曾指出"古来新学问起，大都由于新发见"[②]，殷墟甲骨文字、敦煌塞上及西域各处之汉晋木简、敦煌千佛洞之六朝及唐人写本书卷、内阁大库之元明以来书籍档册作为当时的"四大发现"，催生了甲骨学、简帛学、敦煌学等显学，观堂便是重要的先行者。选堂则沿着观堂所创辟的道路，进一步开拓。在《饶宗颐二十世纪学术文集》的《小引》中，选堂对平生学术有所回顾：

余之生，值1917年，实为王静安考证殷代先公先王之年。洹水

---

① 施议对编纂：《文学与神明：饶宗颐访谈录》，生活·读书·新知三联书店2011年版，第215页。
② 王国维：《最近二三十年中中国新发见之学问》，载姚淦铭、王燕编《王国维文集》第4卷，中国文史出版社1997年版，第33页。

甲骨之面世，至于今岁1999年，恰当期颐大齐之数，而余年且八十有五矣。当代学术之显学，以甲骨、简帛、敦煌研究之者成就最高，收获丰富，影响至为深远，余皆有幸参预其事。他若楚辞与楚学之恢弘、滋大，而垂绝复兴之赋学与文选学，余皆曾致力，不无推动之绩。至余所开拓之新业，如潮学、比较史前文字学与悉昙之学，则亦薄著微劳。

前文提到观堂的《殷卜辞中所见先公先王考》等名文，选堂在20岁之前便已读过。选堂生于1917年，正是观堂发表《殷卜辞中所见先公先王考》《殷卜辞中所见先公先王续考》《殷周制度论》等名作的年份[1]，同时也是留美归来的胡适初登北大讲坛、以"我们对于东周以前的中国古史，只可存一个怀疑的态度"[2]讲授中国哲学史的年份。"古史新证"与"疑古"这两条古史研究路径，从此分途并进。选堂成长于"信古""疑古""释古"相交锋的时代，最初与顾颉刚等古史辨派学者过从甚密，后转而反思古史辨派之失。

选堂写作《小引》，时值1999年，正是殷墟甲骨发现一百周年之际，他颇重视这一层因缘。选堂治学极为广博，但在总结自己的学术成绩时，他首先提到的便是甲骨学、简帛学、敦煌学这三大显学，指出其"成就最高""收获丰富""影响至为深远"，并以"皆有幸参预其事"为荣。选堂正是陈寅恪所谓"得预于此潮流者"[3]。

---

[1] 刊于上海仓圣明智大学《学术丛编》。
[2] 胡适：《中国哲学史大纲》，商务印书馆1919年版，第23页。
[3] 陈寅恪：《陈垣燉煌劫余录序》，载《陈寅恪集·金明馆丛稿二编》，生活·读书·新知三联书店2001年版，第266页。

选堂的甲骨学、简帛学、敦煌学研究，在沿承观堂等先驱治学路径的基础上，续有开拓。

罗振玉（雪堂）、王国维（观堂）、董作宾（彦堂）、郭沫若（鼎堂）因其在早期甲骨学研究中有开创性贡献，被世人誉为"甲骨四堂"。选堂之号亦有"堂"字，且同样致力于甲骨学研究，故有人称选堂为"甲骨第五堂"。如刘钊指出："综合看来，在甲骨学研究方面，饶宗颐教授（号选堂）的贡献足以与甲骨学研究的四位大师，即所谓'甲骨四堂'相并列而成为甲骨学研究史上的'第五堂'。"[1] 史树青曾说："大家称古文字研究中有四堂，即（罗）雪堂、（王）观堂、（郭）鼎堂、（董）彦堂。现在我看应该加上（饶）选堂，称为五堂。"[2] 刘以焕称甲骨学中坚五氏同"堂"[3]，强调选堂的世界性眼光。据选堂弟子、著名武侠小说作家梁羽生所言，早在20世纪60年代便已经有人将选堂与"甲骨四堂"并提了[4]。当然，选堂始终是谦虚辞谢这一美誉的。[5] 对此，陈炜湛有过很好的论述：

> 相对四堂而言，选堂为后学，且所处时代不同，各人遭际境遇大异，诚不宜妄加比拟评议。然就治学而论，选堂别具特色，与四堂亦不无可比处。选堂才气横溢，极富联想，与郭近；熟读典籍，左右逢源，与王近；不落窠臼，勇创新说，则与郭、董近；而摩挲甲骨实

---

[1] 刘钊：《谈饶宗颐教授在甲骨学研究上的贡献》，《中国图书评论》2010年第3期。
[2] 据俞伟超所引，见俞氏为选堂《西南文化创世纪——殷代陇蜀部族地理与三星堆、金沙文化》（上海古籍出版社2010年版）一书所作序言。
[3] 刘以焕：《赓扬"四堂"又一"堂"——甲骨学五氏同"堂"——兼谈古文字的破译与释读》，《北方论丛》2001年第6期。
[4] 参见梁羽生《"四堂"之后有选堂》，载《笔·剑·书》，湖南文艺出版社1988年版，第43页。
[5] 参见沈建华编《饶宗颐甲骨书札》，中西书局2017年版，第113页。

物，目验手摹，不如董、罗而与王、郭近。选堂复精通日、英、法诸国文字及梵文，学贯中西，将文明古国之古文化古文字作比较研究，则又足与四堂相抗衡者也。四堂为四堂，代表一个时代；选堂为选堂，与洹宗（胡厚宣）等学者代表另一个时代。①

陈氏是从治学旨趣来讨论选堂与"四堂"之间的异同的。从研究内容看，选堂治甲骨学所及，可谓综括"四堂"之长而自成一家。唐兰曾指出："卜辞研究，自雪堂导夫先路，观堂继以考史，彦堂区其时代，鼎堂发其辞例，固已极盛一时。"②唐氏谓罗振玉"导夫先路"，这固然是罗氏的重大功绩，而罗氏注重刊印材料与考释文字，"其搜集保存传播之功，罗氏当居第一，而考释之功亦深赖罗氏"③，选堂亦在此着力；王国维"继以考史"，以甲骨卜辞研求古史，其《殷卜辞中所见先公先王考》《殷卜辞中所见先公先王续考》两篇宏文便是著例，以甲骨材料研治古史亦为选堂治学的重要方面；董作宾"区其年代"，选堂的《殷代贞卜人物通考》研究贞卜人物并据以断代，主要便是承自董氏；郭沫若"发其辞例"，郭氏重要的贡献是以甲骨材料研究中国古代社会，选堂亦致力于此。可见，"四堂"治学的长处，选堂可谓兼而有之，这正与其讲求贯通的治学旨趣相一致。而选堂对各时期古文字的综合性认识、旁涉域外文字的世界性眼光以及他为内地与香港、中国与世界之间的甲骨学研究架起沟通的桥梁，则是其特出之处。就此而言，选堂在甲骨学领域卓然成

---

① 陈炜湛：《饶宗颐先生之甲骨文研究——为庆贺饶宗颐先生九十华诞而作》，载《华学》第9、10辑（上），上海古籍出版社2008年版，第46页。
② 唐兰：《序》，载《天壤阁甲骨文存并考释》，上海古籍出版社2016年版，第4页。该书最早于1939年由辅仁大学出版社出版。
③ 郭沫若：《中国古代社会研究》，人民出版社1954年版，第170页。

家，无愧于"甲骨四堂"之后的一代巨匠。

古地理是观堂与选堂甲骨学研究的共同致力方向。观堂曾撰《殷虚卜辞中所见地名考》《三代地理小记》，选堂亦极注意利用甲骨卜辞研究古地理问题，如在《甲骨文通检》第二册《地名》（香港中文大学出版社1989年版）前言中，选堂对甲骨文所见地名与方国做了较系统的梳理。在1992年之后，选堂又对卜辞所见方国地名做出一系列新的论证，相关论文结集为《西南文化创世纪：殷代陇蜀部族地理与三星堆、金沙文化》（上海古籍出版社2010年版）一书。但观堂与选堂在古地理研究方面的一些具体观点，则存在分歧。

在简帛学方面，限于时代，观堂所涉及的，唯有西北汉简。选堂自20世纪50年代开始涉足简帛学，不但接触当时已有一定基础的汉简研究，还积极投身于兴起未久的楚帛书研究和楚简研究，是楚简帛研究的先行者之一。随着马王堆帛书、郭店简、上博简相关材料的披露，选堂亦参与讨论，通过新出简帛材料以及其倡导的"三重证据法"证经补史，多有创获。选堂所涉及的材料和领域，都是观堂的时代所不能想象的。

敦煌学为选堂赢得了极高的国际声誉，同时他本人是中国敦煌学发展壮大、国际敦煌学研究重心逐渐转移到中国的见证者和推动者。荣新江于《饶宗颐教授与敦煌学研究》一文将选堂的敦煌学成就分为道教、文学、乐舞、历史、语文、文献、书法、绘画。[1] 选堂对敦煌学的各个方面皆有涉及，其接触材料之多、研究领域之广，也是观堂等前辈所未能

---

[1] 参见荣新江《饶宗颐教授与敦煌学研究》，载复旦大学中文系编《选堂文史论苑——饶宗颐先生任复旦大学顾问教授纪念文集》，上海古籍出版社1994年版，第265—278页。

及的。

季羡林在《饶宗颐史学论著选》一书的序言中援引陈寅恪评价王国维语，认为"取地下之实物与纸上之遗文互相释证""取异族之故书与吾国之旧籍互相补正""取外来之观念与固有之材料互相参证"三点都可以应用到选堂身上。选堂不断追踪甲骨学、简帛学、敦煌学的新材料，并积极借鉴域外文献和"外来之观念"，长期站在学术前沿。他是"学术之新潮流"的见证者，也是参与者。

除了甲骨学、简帛学、敦煌学这三大显学，观堂与选堂在文学研究及创作亦有交集。选堂于1953年出版《〈人间词话〉平议》[1]，对观堂《人间词话》加以评骘，并提出了自己的文论观念。对于观堂"境界""隔""伸北宋黜南宋"诸说，选堂均提出商榷意见。此后在香港地区发表的黄维樑、徐复观等学者的论著，亦延续选堂对于《人间词话》的批评态度。[2] 此外，观堂编有《词录》，选堂编有《词籍考》[3]、初纂《全明词》[4]；观堂作《宋元戏曲考》，选堂作《潮剧溯源》[5]《〈明本潮州戏文五种〉说略》[6]。均可见二者在文学研究方面的共同兴趣。

在诗词创作方面，钱仲联为《选堂诗词集》作序称："观堂、寒柳，

---

[1] 该书原为线装，后又分上、下2辑分别刊于《人生》（香港）第115号（1955年8月）、第116号（1955年9月）。

[2] 参见刘绍瑾《20世纪香港地区中国古代文论研究鸟瞰》，载蒋述卓等《二十世纪中国古代文论学术研究史》，北京大学出版社2005年版，第457页。

[3] 饶宗颐：《词籍考》，香港大学出版社1963年版。增订本为《词集考（唐五代宋金元编）》，中华书局1992年版。

[4] 饶宗颐初纂，张璋总纂：《全明词》，中华书局2004年版。

[5] 饶宗颐：《潮剧溯源》，载薛君谦主编《泰国潮州会馆三十周年·论述》，泰国潮州会馆1968年版，第45—46页。

[6] 饶宗颐：《〈明本潮州戏文五种〉说略》，载《明本潮州戏文五种》，广东人民出版社1985年版，第4—18页。

我国近世学人通中西之邮以治学者也，余事为诗，亦非墙外。今选堂先生之学，固已奄有二家之长而更博，至于诗，则非二家之所能侔矣。"①钱氏将选堂之诗与观堂、陈寅恪之诗相比，认为选堂之学更为淹博，诗词亦更胜一筹。诗词成就自可见仁见智，观堂与选堂作为著名学人，他们的作品无疑是研究学人之诗的重要材料。

三、观堂与选堂的古史观

观堂的古史研究，通常被称作"新证"或"释古"一派。观堂曾在清华国学研究院讲授"古史新证"的课程②，在《古史新证》讲义的《总论》中，观堂讨论了"信古之过"与"疑古之过"这两种背离科学精神的治学倾向。③《古史新证》显然不同意顾颉刚等人的疑古倾向，观堂批判"疑古之过"，正是基于疑古运动的缺失。事实上，观堂的古史观念，多针对古史辨派而发，即便是《古史新证》的书名，也很可能是与《古史辨》针锋相对的。观堂的古史倾向，以及《古史新证》论及的"二重证据法"、对史料的审查，均有可与古史辨派相呼应之处。不过观堂虽然

---

① 钱仲联：《序》，载饶宗颐《饶宗颐二十世纪学术文集》卷十四《文录、诗词》，中国人民大学出版社2009年版，第293页。
② 这门课的讲义以《古史新证》为题行世，最初刊印于1925年8月。在观堂投湖自杀后，《古史新证》曾刊载于《国学月报》第2卷8、9、10号合刊《王静安先生专号》（1927年10月）及《燕大月刊》第7卷1、2期合刊（1930年2月）。
③ 早在1911年，观堂便在《国学丛刊序》中强调"今之君子，非一切蔑古，即一切尚古。蔑古者出于科学上之见地，而不知有史学；尚古者出于史学上之见地，而不知有科学"，与《古史新证》所论大体一致。只不过在此前观堂将"信古"表述为"尚古"，将"疑古"表述为"蔑古"。据罗振玉的《丁戊稿》，罗、王二人早年便讨论过"信古""疑古"的问题，只不过罗氏批判"疑古"，却倾向于"信古"。

认为古史辨派的观点不可取，但也肯定了古史辨派的"怀疑之态度及批评之精神"[①]，这是对疑古运动较早的客观评价。

至于选堂，他最初得到顾颉刚器重，未及弱冠便加入禹贡学会，与古史辨派学者过从甚密，并被顾氏委以编辑《古史辨》第八册的重任。《古史辨》第八册主要讨论的是历史地理问题，故该册又称《古地辨》。但《古史辨》第八册的书稿毁于战火，未能付梓。由于选堂史学观念的转变，他后来放弃了该书的重编工作。尤其是1949年之后，选堂定居香港，其学术格局进一步扩大，开始着手研究甲骨文以及新近发现的楚帛书和楚简，利用新材料研治古代文史，其治学旨趣实际上趋于偏向观堂"新证"的路径。

选堂对疑古运动也有辩证的反思：

> 古史记载出于后代许多增饰附会，王仲任谓之"虚增"，是应该加以廓清的，这无疑是《古史辨》工作的最大贡献。但把古代文明过于低估（如说湘水流域汉初文化尚低之类），把古代空间缩得太小，反而离开史实。[②]

古史辨派"疑古"之"古"，一为古史，一为古书。在《古史之断代与编年》中，选堂结合历年来的出土材料论述古史辨派在疑古史与疑古书方面的缺失，最后指出：

[①] 王国维：《古史新证——王国维最后的讲义》，清华大学出版社1994年版，第2页。
[②] 饶宗颐：《论古史的重建》，载《饶宗颐二十世纪学术文集》卷一《史溯》，中国人民大学出版社2009年版，第7页。

总括一句，出土简帛，大体证明古籍的古史记录都有它的来历，最少是秦以前口耳流传的事实，不是出于汉后人的捏造。过去不少被认为伪书，现在可得到公正的平反。①

在选堂眼中，古史辨派的怀疑往往没有必要，20世纪70年代以来出土的先秦两汉简帛（如与《老子》《孙子兵法》《礼记》等相关的出土文献）可以说明古史辨派的一些观点需要修正。疑古书是"疑古"的起点，从简帛佚籍出发为一些古书平反昭雪，则是"走出疑古"的起点。正如裘锡圭所指出的："我们亟需立足于新出文献（当然同时也不能忽略有关的其他出土文献和各种传世文献），对先秦典籍的真伪、年代进行一番全面、深入的新的研究，纠正过去疑古过头的倾向，尽可能搞清事实真相。"②裘氏在指出古史辨派在古书辨伪方面有些方面需要纠正的同时，也承认他们在对古史认识的大方向上是正确的，强调我们今天对于疑古思想和学说应持继承与批判相结合的态度。③选堂则认为，古史传说大多是"秦以前口耳流传的事实，不是出于汉后人的捏造"④，古史辨派"把古代某些制度演进的硕果尽量推迟，使古籍上的许多美丽的记录完全无法

---

① 饶宗颐：《古史之断代与编年（傅斯年讲座）》，载《饶宗颐二十世纪学术文集》卷一《史溯》，中国人民大学出版社2009年版，第133—134页。原为"中央研究院"历史语言研究所傅斯年汉学讲座（2001）内容，"中央研究院"历史语言研究所2003年出版。
② 裘锡圭：《出土文献与古典学重建》，载《出土文献》第4辑，中西书局2013年版，第1—18页。
③ 参见裘锡圭、曹峰《"古史辨"派、"二重证据法"及其相关问题——裘锡圭先生访谈录》，《文史哲》2007年第4期。
④ 饶宗颐：《古史之断代与编年（傅斯年讲座）》，载《饶宗颐二十世纪学术文集》卷一《史溯》，中国人民大学出版社2009年版，第133页。

理解而受到贬视"①。我们并不能简单地将选堂的古史倾向定位为"信古",他主张许多古史传说产生于先秦时期,并非汉以后才兴起,从而将这些古史传说产生时代的下限提前,是相对审慎的态度。至于这些传说能追溯到何时,它们是如何产生、演变的,仍有待我们进一步探究。

《古史新证》在批判"信古""疑古"之过的同时,实际上也确立了新的研究范式,有的学者称作"释古"。冯友兰在为《古史辨》第六册所撰的序言中指出:"中国现在之史学界有三种趋势,即信古,疑古,及释古。"②冯氏对"信古""疑古""释古"的区分,主要是针对当时业已充分开展的疑古运动提出的。冯氏认为"信古""疑古""释古"是正、反、合的过程,其中"释古"包含了"信古""疑古"的合理因素。冯氏所说的"释古",强调历史背景的探求。后来论者所说的"释古",与冯氏的初衷实际上并不完全相同。"释古"目前通常被等同于雪堂、观堂"罗王之学"的治学倾向③,亦大致相当于"新证派"④,即运用新材料(主要是出土材料)、新方法(主要是"二重证据法")来探索上古的文史问题,以观堂、于省吾、陈直、李学勤等学者为代表,选堂在古史方面的研究亦可被归入此列。

古史辨派所疑古史,又包括"时"和"地"两端,选堂在《论古史

---

① 饶宗颐:《论古史的重建》,载《饶宗颐二十世纪学术文集》卷一《史溯》,中国人民大学出版社 2009 年版,第 6 页。
② 冯友兰:《冯友兰先生序》,载罗根泽编著《古史辨》第 6 册,上海古籍出版社 1982 年版,第 1 页。该册《古史辨》出版于 1938 年,冯氏此说早在 1935 年所作《近年史学界对于中国古史之看法》(载《骨骾》第 62 期,1935 年 5 月)一文中业已提出。
③ 参见李学勤《读王国维先生〈古史新证〉》,载孙敦恒、钱竞编《纪念王国维先生诞辰 120 周年学术论文集》,广东教育出版社 1999 年版,第 2—9 页。
④ 参见冯胜君《二十世纪古文献新证研究》,齐鲁书社 2006 年版,第 7 页。

的重建》中指出:"以前对于古史的看法,是把时间尽量拉后,空间尽量缩小。我们不能再接受那些的理论。"[①] 过去学者多只关注古史辨派关于古史年代和古书年代的讨论,而忽视了古地理的方面。顾颉刚在《古史中地域的扩张》中提出时代越后,历史传说对地域的知识愈加扩大的看法。这一"地名层累"的学说,便由"层累地造成的中国古史"观延伸而来。选堂对古史辨派"地名层累"的观念向有反思,"仍岁以来,重理旧业,欲以甲骨金文及简帛新材料,合出土情况与旧书文献作为三重论证,重理古代地理方国部族之错综问题,提出新看法"[②],"近年考古资料证明这一种自我限制,即相信地域扩张是秦汉统一后来的事,原是一种误解"[③]。选堂通过对牙璋分布、长江流域商代遗物的研究,重新审视商文化的影响范围,均出于对顾氏"古史中地域扩张"观念的反思。

选堂的古史观虽然近于观堂,但他对观堂的某些古地理认识也有不同看法。在《甲骨文通检》第二册《地名》前言中,选堂曾提出古地理研究存在"三蔽",一曰囿于殷疆局于河域之蔽,二曰泥于主观拟构时月及同版联系与行程推测之蔽,三曰限于方隅与地名关涉之蔽。其中第一蔽,选堂便以观堂考殷商畛域限于大河南北为例,指出近年四川、江西各地殷商器物陆续出土,然后知甲骨卜辞所见"至蜀",当指四川之蜀。选堂指出,"过去许多狭隘的看法认为殷人活动只限于大河南北的成见,

---

[①] 饶宗颐:《论古史的重建》,载《饶宗颐二十世纪学术文集》卷一《史溯》,中国人民大学出版社 2009 年版,第 6 页。
[②] 饶宗颐:《古地辨二篇》,载《九州学林》第 7 期,复旦大学出版社 2005 年版,第 2 页。
[③] 饶宗颐:《殷代地理疑义举例——古史地域的一些问题和初步诠释》,载《饶宗颐新出土文献论证》,上海古籍出版社 2005 年版,第 78 页。

便太过不符事实了"①。在《道教与楚俗关系新证——楚文化的新认识》一文中，选堂亦强调：

> 自王国维以来，把古史地域，尽量加以缩小，他考证商人活动不出大河附近，这种狭隘观点影响所及，遂有以上不必要的推想。他们把历史估计得太低了！目前由于地下新材料的层出不穷，在在证明纸上记载的可靠性。新的看法，不但不是缩小，而反是扩大。②

选堂反思"古史中地域的扩张"，不但针对古史辨派，也针对观堂的观点。选堂的反思，自然是基于考古学的进展。

纵观选堂古史研究的轨迹，其学术起步于疑古运动兴起之前，后与古史辨派过从甚密，继而古史倾向发生转变，经历了"信古""疑古""释古"诸阶段。选堂这一转变的发生，一方面与其个人的学术经历有关，另一方面与简牍帛书不断涌现、学界愈加注重考古发现的背景密切相关。在层出不穷的考古发现面前，先秦古史与典籍的许多问题，得以被重新审视。选堂的古史研究，与观堂有着相近的倾向，走的也是"新证"或"释古"的道路。同时，选堂与观堂在具体观点方面亦存在分歧，突出体现在古地理方面。

---

① 饶宗颐：《如何进一步精读甲骨刻辞和认识"卜辞文学"——附说"毁"》，载《饶宗颐二十世纪学术文集》卷二《甲骨》，中国人民大学出版社2009年版，第845页。
② 饶宗颐：《道教与楚俗关系新证——楚文化的新认识》，载《饶宗颐二十世纪学术文集》卷五《宗教学》，中国人民大学出版社2009年版，第91页。原载《明报月刊》（香港）第20卷第5期，1985年5月。

四、从"二重证据法"到"三重证据法"

选堂古史研究的基本倾向,是与观堂相一致的,而其古史研究的基本方法论,也与观堂的"二重证据法"一脉相承。选堂在"二重证据法"的基础上提出"三重证据法"及"五重证据法",在选堂的学术研究中,这一方法论并不局限于古史研究,而是贯穿其学术研究的诸领域。

观堂在《古史新证》中指出:

> 吾辈生于今日,幸于纸上之材料外更得地下之新材料,由此种材料,我辈固得据以补正纸上之材料,亦得证明古书之某部分全为实录;即百家不雅驯之言,亦不无表示一面之事实。此二重证据法,惟在今日始得为之。虽古书之未得证明者,不能加以否定;而其已得证明者,不能不加以肯定,可断言也。①

"二重证据法",即以"纸上之材料"与"地下之新材料"互相证释的考据方法。②所谓"地下之新材料",《古史新证》指的是甲骨文与金文,既不包括没有文字的考古遗存,也不包括简牍帛书,基本不离传统

---

① 王国维:《古史新证——王国维最后的讲义》,清华大学出版社1994年版,第2—3页。
② 在此之前,观堂在《明堂庙寝通考·通论一》(1913年)中曾指出:"宋代以后,古器日出。近百年之间,燕、秦、赵、魏、齐、鲁之墟,鼎彝之出盖以千计,而殷虚甲骨乃至数万。其辞可读焉,其象可观焉。由其辞之义与文之形,参诸情事,以言古人之制,未知视晚周秦汉人之说何如?其征信之度固已过之矣。……故今日所得最古之史料,往往于周秦两汉之书得其证明,而此种书亦得援之以自证焉。吾辈生于今日,始得用此二重证明法,不可谓非人生之幸也。"参见罗振玉校补《明堂庙寝通考》,载《雪堂丛刻》之三,北京图书馆出版社2000年版,第298—299页。《观堂集林》卷三收入的《明堂庙寝通考》未见以上论述。

金石学的窠臼。而且，"纸上之材料"是居主要位置的，"地下之新材料"则居其次，后者为前者服务。故观堂强调以地下材料"补正"纸上材料，以证明传世文献记载的可靠或疏误。

虽然"二重证据法"由观堂正式提出，但其具体运用则要追溯到更早的时期[①]，可以说是学者面对出土文字材料的自然选择。"二重证据法"的提出，与甲骨文等新材料的发现密不可分，观堂运用"二重证据法"考订殷商世系，便是著例。此外，这一方法论的提出，在很大程度上也是为了针对古史辨派在研究方法上的缺失。古史辨派的研究方法在过去一直颇受诟病，张荫麟认为其滥用"默证"[②]，李学勤认为古史辨派辨伪最大的缺点在于以古书论古书[③]，观堂则在方法论上有新的尝试与总结。选堂曾指出"治殷史者，莫先于缀辑资料，其途有三"：一曰经传子史之疏通；二曰甲骨资料之搜采参证；三曰考证杂记之钩索。[④]这实际上是"二重证据法"的另一种表述。

由于"二重证据法"的"地下之新材料"仅限于甲骨文与金文，故选堂在其基础上提出了"三重证据法"。在1982年4月28日于香港中文大学召开的夏文化研讨会[⑤]上，选堂发表《谈"十干"与"立主"——殷

---

① 譬如《尚书·大诰》中的"甯王"，旧注虽指出是"文王"，但解释仍显牵强。陈介祺、潘祖荫、王懿荣、吴大澂、孙诒让、方濬益等学者根据金文材料指出"甯王"实为"文王"之讹，千古积疑遂得冰释，是为"二重证据法"的早期运用。
② 张荫麟：《评近人对于中国古史之讨论》，《学衡》第40期，1925年4月。
③ 参见李学勤《谈"信古、疑古、释古"》，载《走出疑古时代》，长春出版社2007年版，第219页。
④ 饶宗颐：《〈商殷帝王本纪〉序》，载《饶宗颐二十世纪学术文集》卷二《甲骨》，中国人民大学出版社2009年版，第1062—1065页。
⑤ 参见《中大召开夏文化研讨会——郑德坤、饶宗颐、严耕望等八学者作专题论述，林寿晋主持》，《大公报》（香港）1982年5月17日。

因夏礼的一、二例证》①一文，强调"将田野考古、文献记载和甲骨文的研究，三个方面结合起来"的"三重证据法"。选堂的这一看法是针对夏文化的探索而发的，选堂认为学者多把注意力集中在田野考古中探索夏文化的遗存，这无疑是十分重要的，但甲骨文这种文字材料也具有特殊价值。甲骨文之所以被列为"一重"证据，是"由于它是殷代的直接而最可靠的记录，虽然它亦是地下资料，但和其他器物只是实物而无文字，没有历史记录是不能同样看待的，它和纸上文献是有同等的史料价值，而且是更为直接的记载，而非间接的论述，所以应该给以一个适当的地位"②。选堂尤其强调甲骨文的重要性："我一向提倡三重证据法，其中一项是甲骨文，由于向来治古史者注意出土实物，对于甲骨记录，采用者不多，此项资料犹未能尽其用。"③但这并不意味着选堂不注重田野考古的材料，他在1950年印行的《韩江流域史前遗址及其文化》是潮汕乃至整个广东地区第一部考古调查资料，虽着眼于粤东但目光不限于粤东，此后更是长期关注并推动田野考古的开展。

选堂有意区别有文字的出土文物与没有文字的先民遗存："余所以提倡三重史料，较王静安增加一种者，因文物之器物本身，与文物之文字记录，宜分别处理；而出土物品之文字记录，其为直接史料，价值更高，

---

① 载《文汇报》（香港）1982年5月11日，笔汇版。后以《谈三重证据法——十干与立主》（附补记）收入《饶宗颐二十世纪学术文集》卷1《史溯》。
② 饶宗颐：《谈"十干"与"立主"——殷因夏礼的一、二例证》，载《饶宗颐二十世纪学术文集》卷一《史溯》，中国人民大学出版社2009年版，第12页。
③ 饶宗颐：《古史的二元说》，载《饶宗颐二十世纪学术文集》卷1《史溯》，中国人民大学出版社2009年版，第115页。原载《首都师范大学学报（社会科学版）》1999年第4期。

尤应强调它的重要性。"①这与观堂将地下材料限定于甲骨文与金文的做法不同，也与一些学者混淆有文字出土材料与无文字出土材料的做法不同。李学勤在著名的《走出疑古时代》一文中介绍了选堂"三重证据法"的区分②，使其为内地学人所知。经过选堂的完善、补充，古史研究中的出土材料已不局限于观堂所提出的甲骨文、金文，还扩展至简帛文献以及没有文字的先民遗存。李学勤曾指出"王国维先生的'二重证据法'实际是对古史研究中历史学与考古学关系的表述"③，"从王国维先生提出二重证据法到现代考古学的建立所形成的考古学与历史学相结合的传统，正是中国考古学的特色"④。中国的考古学与历史学关系密切，这与西方考古学与人类学的亲密关系有所不同。选堂则进一步明确了田野考古与出土文献的区别，将两者分列为两重证据，并且强调"出土文物如果没有文献作为媒介说明的根据，直接的报导，只有考古学上的数据。这和当时的人地关系无法取得某历史事件的联系与说明。仅有'物'的意义、没有'史'的实证。许多人轻视纸上记载，我认为二者要互相提携，殊途而必同归，百虑务须一致，才是可靠可信的史学方法"⑤。选堂的"三重证据法"反映了考古学的蓬勃发展给古史研究带来的影响，正如俞伟超指出的："由于大量的考古发现，也由于考古学理论的进步，已大致构

---

① 饶宗颐：《论古史的重建》，载《饶宗颐二十世纪学术文集》卷一《史溯》，中国人民大学出版社2009年版，第5页。
② 参见李学勤《导论 走出疑古时代》，载《走出疑古时代》，长春出版社2007年版，第2页。
③ 李学勤：《"二重证据法"与古史研究》，《清华大学学报（哲学社会科学版）》2007年第5期。
④ 李学勤：《中国古代文明研究一百年》，载《中国古代文明十讲》，复旦大学出版社2003年版，第9页。
⑤ 饶宗颐：《论古史的重建》，载《饶宗颐二十世纪学术文集》卷一《史溯》，中国人民大学出版社2009年版，第8页。

筑起了中国的考古学文化谱系的框架，也越来越清楚地看清了各考古学文化相互之间的联系与影响。正是在具备了这种新的研究基础的条件下，选堂先生便提出了'三重证据法'。"①李学勤亦指出："文献、考古与古文字各成专门之学，彼此犄角，互相贯通，必将为中国古代文明的探讨拓辟一新局面。"②

除了选堂的"三重证据法"，还有学者将民俗学、民族学、人类学等方面的材料视作第三重证据。如徐中舒除了遵循"二重证据法"之外，还进一步将对照范围扩大到边裔的民族，包括民族史、民族学、民俗学、人类学等各个方面③，杨向奎等先生的看法亦相近。④叶舒宪主要从文化人类学的角度出发，将民间地方的口传叙事、仪式礼俗以及少数民族乃至域外民族的材料视作第三重证据，并将比较图像的材料视作第四重证据。⑤无论是哪一种说法，均是基于观堂"二重证据法"的补充，不离观堂之范式。选堂结合杨向奎的看法指出：

> 我个人认为，民族学的材料只可帮助说明问题，从比较推理取得一种相关应得的理解，但不是直接记录的正面证据，仅可作为"辅佐资料"，而不是直接史料。民族学的材料，和我所采用的异邦之同时、

---

① 俞伟超：《序》，载饶宗颐《西南文化创世纪：殷代陇蜀部族地理与三星堆、金沙文化》，上海古籍出版社2010年版。
② 李学勤：《论三重证据法与三星堆的意义——饶宗颐先生三文"读后记"》，《中国文化研究》2021年夏之卷。
③ 参见彭裕商《徐中舒："古史三重证"的提出者》，《中国社会科学报》2009年8月27日。
④ 参见杨向奎《宗周社会与礼乐文明》，人民出版社1992年版，第1页。
⑤ 参见叶舒宪《国学考据学的证据法研究及展望——从一重证据法到四重证据法》，《证据科学》2009年第4期。

同例的古史材料，同样地作为帮助说明则可，欲作为正式证据，恐尚有讨论之余地。如果必要加入民族学材料，我的意见宜再增入异邦的古史材料，如是则成为五重证了。①

其层次关系，则如下图所示：

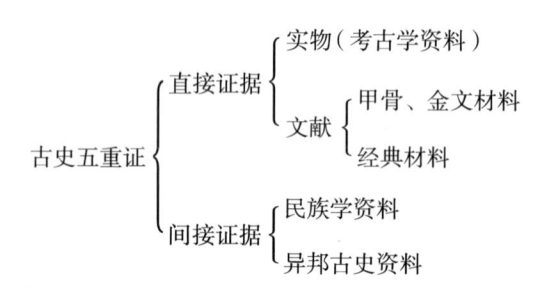

$$\text{古史五重证}\begin{cases}\text{直接证据}\begin{cases}\text{实物（考古学资料）}\\ \text{文献}\begin{cases}\text{甲骨、金文材料}\\ \text{经典材料}\end{cases}\end{cases}\\ \text{间接证据}\begin{cases}\text{民族学资料}\\ \text{异邦古史资料}\end{cases}\end{cases}$$

选堂所说的"古史五重证"仍以"三重证据法"为基础，同时辅以其他间接材料，可视作一种"多重证据法"②。"异邦古史资料"虽是间接证据，但在选堂的学术研究中极为重要。陈寅恪曾在《王静安先生遗书序》中将观堂的学术内容及治学方法归纳为三类：其一为"取地下之实物与纸上之遗文互相释证"；其二为"取异族之故书与吾国之旧籍互相补正"；其三为"取外来之观念，与固有之材料互相参证"③。但"取异族之故书与吾国之旧籍互相补正"，主要体现于观堂有关辽金元史事及边疆地理的著述，与选堂所指不同。选堂视野宏阔，与国际汉学界联系密切，通过研习梵文、楔形文字等异域古语文，对中国文明之外的其他古代文

---

① 饶宗颐：《谈三重证据法——十干与立主》之《补记》，载《饶宗颐二十世纪学术文集》卷一《史溯》，中国人民大学出版社2009年版，第13页。
② 曾宪通：《选堂先生"三重证据法"浅析》，载饶宗颐主编《华学》第9、10辑，上海古籍出版社2008年版，第35页。
③ 陈寅恪：《陈寅恪集·金明馆丛稿二编》，生活·读书·新知三联书店2001年版，第247页。

明有较深了解，故善于运用异邦古史资料，这是其特出之处，大致相当于文化人类学的取径。譬如在揭示楚人先祖与域外族群相接触的可能性的前提下，将中外"胁生"母题的传说加以比较研究[①]；再如联系《天问》以及《梨俱吠陀》《奥义书》《阿维斯陀》《圣经·旧约·约伯传》等域外材料，讨论世界范围内的"发问"文学现象。[②] 诸如此类，不胜枚举，均属于异邦古史资料的运用。同时，他对这方面的材料也有清醒的认识，强调只能作为间接证据使用。此外，《古史新证》所提出的"二重证据法"主要针对古史，而在此之前"二重证据法"的雏形则主要针对经学。[③] 至于选堂的"五重证据法"，被广泛运用于其文学、史学、经学、宗教史、艺术史等领域的研究，这也是其突出特点。

结　语

选堂虽然认为观堂的人生境界不够高远，对观堂在词学、古地理等方面的观点也有不同看法，但总体而言服膺观堂的学问，其古史研究基本沿承的是观堂的"新证"之学，研究方法也发展了观堂的"二重证据法"。选堂在少年时代便阅读过观堂著作，受观堂影响颇深。选堂的文集冠以"选堂集林"之名，也是追慕《观堂集林》的表现。

胡晓明曾指出："饶宗颐的博学多通的治学格局有一个形成发展的过

[①] 参见饶宗颐《中国古代"胁生"的传说》，载侯仁文、周一良主编《燕京学报》新3期，北京大学出版社1997年版，第15—28页。清华简《楚居》亦提供了"胁生"传说的新材料。

[②] 参见饶宗颐《〈天问〉文体的源流——"发问"文学之探讨》，《考古人类学刊》（台北）第39、40期之合刊（庆祝李济先生八十岁论文集）中册，1976年6月。

[③] 参见侯书勇《"二重证明法"的提出与王国维学术思想的转变》，《郑州大学学报（哲学社会科学版）》2008年第2期。

程。这个过程的大背景即本世纪由沈曾植、王观堂、陈寅恪等近现代学人发端的新'通儒'之学。"[①]观堂之学，可谓广博，而选堂涉猎之广，又胜过观堂。观堂与选堂的主要治学领域存在交集，主要体现在甲骨学、简帛学、敦煌学、史学、文学等领域。观堂导夫先路，选堂续作开拓。就甲骨学、简帛学、敦煌学的研究而言，选堂所达到的广度与深度，又是超越前贤的，这无疑得益于考古发现的进一步涌现与学术的总体进步。从观堂到选堂，呈现出中国现代学术在继承中不断发展的脉络。

（作者单位：北京语言大学首都国际文化研究基地、文学院）

---

① 胡晓明：《最后的通人：饶宗颐》，《社会科学报》2002年11月28日。